ボランティア論
「広がり」から「深まり」へ

柴田謙治・原田正樹・名賀 亨 ── 編

㈱みらい

執筆者および執筆分担一覧（執筆順）

＊	柴田　謙治	金城学院大学	第1章・終章
	渡邊　昌行	全国社会福祉協議会	第2章
＊	原田　正樹	日本福祉大学	第3章
＊	名賀　　亨	華頂短期大学	第4章
	新崎　国広	大阪教育大学	第5章
	佐藤　　陽	十文字学園女子大学	第6章
	西村　仁志	広島修道大学	第7章
	石井布紀子	コラボねっと	第8章
	中神　洋子	元同朋大学	第9章
	松岡　廣路	神戸大学	第10章
	大井智香子	皇學館大学	第11章
	脇坂　博史	桃山学院大学	第12章
	永田　　祐	同志社大学	第13章

はじめに

　今日の日本では「ボランティア」ということばも定着し、ボランティアについての教科書や入門書も、数多く出版されている。これは日本の「社会の質」の向上を示している、といってもよいかもしれない。しかし他方では、2008年9月のリーマン・ブラザーズの破綻に象徴されるようにアメリカで金融危機が生じ、その影響は2008年12月の「トヨタ・ショック」など日本にも及んで、「派遣切り」とよばれる派遣労働者の解雇や契約終了によって生き残りを図る企業も見られた。

　今日の社会では、ボランティアという「人間や環境を大切にする活動」が成長する一方で、グローバル資本主義の名のもとで「人間の尊厳や生活の安定よりも、企業の経済的な利益を優先する経済」も威力をふるっている。それゆえに日本のボランティアには、「広がり」だけでなく、社会的な視点をもって、人間の尊厳や環境の重要性をアピールする「深まり」も求められているように思われる。本書をボランティアについての入門書にとどめず、現場で喜怒哀楽を体験しているボランティアの方々の悩みによりそい、新たなアイディアや元気の素となり、ささやかではあるがボランティアについての考え方の「深まり」に貢献できるものにしたい、というのが本書の出版の目的であり、編者たちの願いである。

　当初は柴田が本書の企画について相談され、そのような大それた目的を実現するには微力なため、途方にくれていたが、原田正樹氏（日本福祉大学）と名賀亨氏（華頂短期大学）に編者として加わっていただいたことで企画が進み、それぞれの章がわかりやすく、かつ、体温や熱意、想いが込められた「ボランティア論」を上梓することができた。原田氏、名賀氏、執筆者の皆様、そして「先人から学ぶ」でご協力いただいた岡本榮一先生、木谷宜弘先生、貴重な文献をお送りくださった阿部志郎先生に、感謝申し上げたい。

　最後に、厳しい出版事情のなかで本書を出版してくださった株式会社みらいの竹鼻均之代表取締役、安田和彦氏、吉村寿夫氏に感謝申し上げたい。

2010年1月

　　　　　　　　　　　　　　　　　　　編者を代表して　柴田　謙治

目　次

はじめに

第1章　ボランティアとは何か
　　　　―ボランティアにかかわる思想の歩みを中心に―

1　なぜボランティアをするのか―「自発性」とボランタリズム―　1
　1　ボランティアとは何か―ボランティアの性格―　1
　2　なぜ自分から進んで活動するのか―「自発性」とは何か―　2
　3　なぜ自発性が芽生えるのか―ボランタリズムという思想―　3

2　なぜ「相手や世の中のため」に動くのか
　　　　　　　　　　―利他主義を掘り下げる―　4
　1　「相手や世の中のため」とは何か―利他主義という考え方―　4
　2　なぜ利他主義が芽生えるのか―バーネット夫妻と罪の意識―　4

3　「私のため」もボランティア―ボランティアの目的と成果―　6
　1　「あなたのために」ボランティア？　6
　2　「私もいただく」ボランティア　6
　3　「私のため」とボランティアの成果　7

4　ボランティアは「お互いのため」―互酬と関係性―　8
　1　「ボランティアは自分のため」でよいのか？　8
　2　互酬という考え方　8
　3　「他人のため」「自分のため」から「関係性」へ　9

私にとってのボランティア──社会について学ぶ「もう一つの学校」　12

第2章　ボランティア活動の現状と課題

1　ボランティア活動の現状と広がり　14
　1　全国のボランティアとボランティア団体　14
　2　全国のNPO法人と活動種類　15
　3　各地のNPO法人の活動状況　16
　4　各地のボランティア活動の広がり　20

2 ボランティア活動の課題と動向　21
　1 地縁型組織とテーマ型組織の相互関係　21
　2 活動への参加希望と実際の活動参加　22
　3 活動支援への地方自治体施策の動向　23
　4 企業が実施する社会貢献活動の動向　24

私にとってのボランティア
　　　　　――ボランティアとは出会いと共感の旅、そして祈り　26

第3章　ボランティアと現代社会

1 ボランティアと現代社会を読み解く　28
　1 市民社会、共生文化の創造的機能と価値　28
　2 生涯学習社会の自己実現と教育的機能　30
　3 インフォーマルサービスの担い手と福祉コミュニティ　32
　4 ボランティア活動の構造化　34
2 ボランティア活動と社会福祉協議会　36
　1 善意銀行の設立　36
　2 ボランティアセンター事業の広がり　37
　3 ボランティアの計画的推進　38
　4 福祉援護・災害ボランティアへの取り組み　40
3 ボランティア元年の意味すること　40
4 「広がれボランティアの輪」連絡会議の意義　41

私にとってのボランティア――ユウジとの出会い　44

先人から学ぶボランティア――木谷宜弘先生からのメッセージ　45

第4章　日本におけるボランティアの普及・推進の歩み

1 大阪ボランティア協会の「想い」　51
2 民間ボランティア活動推進機関の胎動　53
　1 ボランティアグループの支援から　53
　2 一貫した学習支援と主体形成　54
　3 参加システムを通した民主主義の実践　55

       4　ボランティア活動の変化のなかで　56
  3　新しい市民社会創出に向けて　57
       1　新しいミッションを生み出した阪神・淡路大震災　57
       2　重要な役割を果たしたボランティアコーディネート　58
       3　新時代に向けた企業社会貢献活動　59
       4　新しい市民社会の創出に向けて　61

私にとってのボランティア──チョボラって…？　70

先人から学ぶボランティア─岡本榮一先生からのメッセージ　72

第5章　人と人とのかかわり
―児童・障害者・高齢者―

  1　人生を変える出会い─ボランティアという学びの装置─　77
       1　学びの装置としてのボランティア活動へ　77
       2　ソーシャルワーカーへの契機
             ─児童相談所の一時保護所の子どもたちとの出会い─　78
       3　「施設の社会化」をめざすパートナーとしてのボランティア
             ─理想と現実の乖離を埋めるボランティアの役割─　79
       4　短期体験型ボランティアの福祉教育・ボランティア学習としての意義
             ─「たかが5日間、されど5日間」─　80
  2　人生を豊かにする─ボランティアという自己実現の装置─　83
       1　自己実現の装置としてのボランティア活動　83
       2　ボランティアに年齢制限はない
             ─「社会参加の要求」の充足のためのボランティア活動─　83
       3　「人は必要とされることを必要とする」
             ─自己有用感と社会貢献意識─　84
       4　権利擁護およびソーシャル・アクションとしてのボランティア活動
             ─手話をきっかけに権利擁護活動─　85
  3　ボランティア活動に期待される社会的役割　86

私にとってのボランティア
             ──かつて、私は「ボランティア」という言葉が嫌いだった　91

第6章　地域社会のボランティア

1 地域福祉の推進の必要性が高まるなかで　92
　1 住み慣れた地域で安心して暮らし続けるために　92
　2 地域社会のボランティア活動とは　95
2 地域社会を豊かにするボランティア活動事例　97
　1 サロン活動から自治会活動へ　97
　2 住民による支え合いのネットワークとミニボランティアセンター　99
3 これからの社会に必要とされる地域社会のボランティア　102
私にとってのボランティア
　　　　──人とのかかわりを大切に常に行動しながら学ぶ　105

第7章　環境とボランティア

1 今、なぜ環境とボランティアなのか　107
2 環境活動−アメリカの先達たち−　109
　1 環境活動家の先駆け：ミューア　109
　2 環境問題の歴史を変えた女性研究者：カーソン　110
3 日本の環境活動　111
4 環境NGO／NPOにおけるボランティア　113
5 環境学習施設におけるボランティア　114
6 「環境カウンセラー」と「地球温暖化防止活動推進員」　117
　1 環境カウンセラー　117
　2 地球温暖化防止活動推進員　117
7 持続可能な社会に向けて　119
私にとってのボランティア──新しい世界との架け橋　122

第8章　災害ボランティア

1 なぜ？　いつから？　どのように？　災害ボランティア　123
　1 阪神・淡路大震災以降、定着する災害ボランティア　123

  2　災害ボランティアの多様な活動　125
 2　誰のため？　何のため？　災害ボランティアセンター　128
  1　被災者本位のボランティア活動　128
  2　災害ボランティアセンターとボランティアコーディネート　132
私にとってのボランティア──ボランティア活動を通しての出会い　137

第9章　国際ボランティア
―「地球市民」としての役割―

 1　国際ボランティアとは？　138
  1　世界に視野を広げて　138
  2　さまざまな分野と活動　138
  3　国際ボランティアへのステップ　139
  4　「地球市民」をめざして　140
 2　日本における国際ボランティアの背景と歴史　141
  1　国際交流から国際協力へ　141
  2　主な国際ボランティア組織　143
 3　国際ボランティア活動のなかでのジレンマや問題　146
  1　自立を損ねる過剰な支援　146
  2　NGO同士の目的がぶつかるとき　146
  3　水平関係のパートナーシップ　147
  4　人道支援とは　147
  5　国家の壁　148
  6　中立の難しさ　148
  7　生命の危険と自己責任　149
  8　活動の持続性を求めて―シンパシーからエンパシーへ―　150
 4　海外でのボランティア実践から　151
  1　自分の"当たり前"や思い込みがひっくり返る　151
  2　発想の転換　151
  3　視野が広がる　152
  4　次世代へつなげる　152
 5　国際ボランティアの醍醐味　154
  1　喜びと充実感　154

2　ボランティアを楽しむためのアドバイス―ア・ラ・カルト―　154
私にとってのボランティア
　　　　　――人間としての「原点」を問い直すチャンス　159

第10章　ボランティア学習

1　ボランティア学習の不確定性と豊かさ　161
2　教育力の低下が危ぶまれる時代において期待される役割　162
　1　インフォーマル・エデュケーションとしてのボランティア学習　162
　2　「サービス・ラーニング」としての期待　164
　3　社会的に抑圧されている人々のエンパワメント過程に位置するボランティア学習　166
3　新しい社会づくりに資するボランティア学習　167
　1　専門職主義を変えてゆく活動としてのボランティア活動　167
　2　葛藤を契機とするボランティア学習　168
　3　新しい専門家を育成するボランティア学習　169
4　ボランティア学習の成立する環境・条件　171
　1　インフォーマル・エデュケーションを豊かにする正統的周辺参加　171
　2　不定形性の高い意識化プロセス　172
5　持続可能な開発のための教育としての総合化の可能性
　　　　　　　　　　　　　　　　　―まとめにかえて―　175
私にとってのボランティア
　　　　　――葛藤や問題を乗り越えて人が成長する摩訶不思議な空間　178

第11章　ボランティア活動支援とボランティアコーディネーター

1　ボランティア活動の支援とは何か　180
　1　ボランティアセンターへのある相談から　180
　2　ボランティア活動に対する意識―意欲と行動のギャップ―　182
　3　誤解がボランティア活動へのかかわりを妨げる　183
　4　ボランティア活動を通しての成長、主体形成　185
　5　ボランティア活動の自由意志、主体性を支援する　186
　6　ボランティア活動支援の対象　187
　7　ボランティア活動支援の内容　187

2　ボランティアセンターとボランティアコーディネーター　　189
        1　ボランティアセンターの位置づけ　　189
        2　ボランティアセンターとボランティアコーディネーター数の推移　　190
        3　ボランティアコーディネーター　　191
        4　ボランティアコーディネーターの役割　　192
        5　ボランティアコーディネーター業務の特徴　　193
        6　ボランティアコーディネーターの専門性向上のために　　194

    私にとってのボランティア――ボランティア活動は魔法の切符⁉　　197

第12章　ボランティア組織の運営

    1　個人から組織へ―活動の変化―　　199
    2　グループ活動事始め　　200
        1　個人活動から初期の組織活動へ　　200
        2　会合の定例化　　201
        3　機関紙の発行　　202
        4　会費をはじめから集めない　　202
    3　テーマ型組織の運営　　203
        1　メンバー間のコミュニケーション　　203
        2　リスクの解決　　204
        3　当事者との関係　　205
    4　エリア型組織の運営　　205
        1　地域診断・住民アンケート　　205
        2　活動展開と住民との関係づくり　　206
        3　グループ運営に住民代表を　　206
        4　住民との共通基盤や共有づくり　　207
        5　地域活動のこれからの方向性　　207
    5　人材育成　　208
        1　3つの研修　　208
        2　3つの講座形態　　210

    私にとってのボランティア――出会い、ネットワークは人生の宝物　　213

第13章　ボランティアの可能性と展望

1　ボランティアへの第一歩　214
 1　「かかわること」で生まれる新しい「出会い」と「つながり」　214
 2　ボランティアの「関係性」　216
 3　ボランティアを求めるということ　217
 4　問題を知り、解決に動く　217

2　福祉の原点としてのボランタリズム
   ―ボランタリズムの逆説を超えて―　218
 1　福祉はボランティアから始まる　218
 2　ボランタリズムの逆説を超えて　221
 3　ボランタリズムの可能性　222
 4　ボランティア活動の展望　223

私にとってのボランティア――Iさんとの出会いとかかわり　226

終章　先人から学ぶボランティア
 ―阿部志郎先生のボランティア論をどう受け止めるか―

1　連帯性と「自己にとっての不利益の選択」を問い直す　228
 1　連帯性と「重荷を負う人々」との共生の選択　228
 2　「自己にとっての不利益の選択」を問い直す　229

2　日本社会における「主体性」と互酬、双方向性　230
 1　主体性と日本社会の特質　230
 2　日本社会の特質とボランティア、互酬　230
 3　自他の「共同」開発と双方向性　231

3　現代における「社会性」とボランティアの役割　231
 1　社会性とボランティアの価値の質的意味　231
 2　「ボランティアの価値の質的な意味」の現代的役割　232
 3　行政、コミュニティとボランティア―公共性と市民社会―　233

索引　236

第1章
ボランティアとは何か
―ボランティアにかかわる思想の歩みを中心に―

1 なぜボランティアをするのか
―「自発性」とボランタリズム―

1 ボランティアとは何か ―ボランティアの性格―

　読者のなかで、「ボランティア」ということばをこれまで一度も聞いたことがない人はいるだろうか（おそらく、ほとんどいないであろう）。それでは読者のなかで、「ボランティアとは何か」と問われて、端的に答えられる人はいるだろうか（もしかすると、あまり多くはないかもしれない）。

　会社員は会社という職場で利益をあげ、給料をもらうというハッキリした目的のために、組織の一員として就業規則のもとで働いている。しかしボランティアの世界では、利益をあげるという目的はなく、就業規則やタイムカードにしばられることはめったにない。ボランティアは、自由で楽しいこともあるが、ことばではなかなか説明しにくい行為なのである。

　中央社会福祉審議会の意見具申ではボランティアは「自発的な意志に基づき他人や社会に貢献すること」と定義され、ボランティアの性格として、①自発性、②無給性、③公益性、④創造性があげられている[1]。また興梠寛はボランティア活動の理念として、①主体性、②非営利性、③公共性、④先駆性をあげている[2]。東京ボランティア・市民活動センターはボランティア活動の4原則として、①自主性・主体性、②社会性・連帯性、③創造性・開拓性・先駆性、

④無償性・無給性をあげている[3]。

　これらの説明を要約すると、ボランティアとは「自分から進んで」(自発性・主体性などの「動機」により)、「お金のためではなく相手や世の中のために」(無給性・無償性・非営利性、公益性・公共性・社会性・連帯性などの「目的」をもって)、「まだ国や地方自治体が取り組んでいないことに挑戦する」(先駆性・開拓性・創造性などの「役割」を果たす) 行為といえるであろう。また新崎国弘はボランティアについて、①自発性・主体性、②公共性・福祉性・連帯性、③無償性・非営利性、④自己成長性、⑤継続性、と説明している[4]。後で述べるように、「自己成長性」もまた、ボランティアの「成果」にかかわる、重要なキーワードである。

2　なぜ自分から進んで活動するのか ―「自発性」とは何か―

　就職する人や会社を作る人に対して「なぜそんなことするの？」と質問する人は、多くないであろう。なぜなら、「給料を得て生活するため」「お金を儲けるため」という答えがかえってくることが、予想できるからである。しかし初期のボランティアは、「なぜそんなことをするの？」という質問を何度も受けたことであろう。質問した人は、なぜ「お金にならないこと」を自分から進んで行うのか、見当がつかなかったのかもしれない。

　なぜボランティアで「自発性」が大切なのか。それはVoloというラテン語 (英語では"will"にあたる) に人名称のerがついて、Volunteerということばができたからといわれている[5]。またVolunteerの語源を遡ると、ラテン語のVoluntarious (切に求める) にたどり着く、という説もある[6]。

　そして自発的な行為であるボランティアは、政治家が好む「奉仕活動」とは異なる。高萩盾男は「奉仕は滅私奉公から連想されるように、私 (わたくし) をなくして公 (おおやけ) につかえるという意味をもち、それは公 (おかみ) からの強制や命令による行為をさすという歴史をもつからである。奉仕は、ボランティアのもつ私 (わたくし) の自発性＝私的な自由性とするどく対立する」

と述べている[7]。

　岡本榮一によると、ボランティアの自由には「国家からの自由（freedom from）」だけではなく「課題解決への自由（freedom to）」も含まれる。ボランティアの自発性とは、「役所から頼まれたから動く」のではなく、「いわれなくてもするが、いわれてもしない」という姿勢であり、「いわれてもしない」とは、「いわれたことだけをするのではなく、『おかしい』と気づいたことについて、解決方法を探る姿勢をもつ」ことを意味している[8]。

3　なぜ自発性が芽生えるのか ―ボランタリズムという思想―

　それではなぜ、ボランティアの「自発性」が芽生えるのだろうか。通常ボランティアの動機として、「恩返し」や「困った人を助けたい」「自分の成長のため」「社会を知るため」「生きがいを得るため」などがあげられる。これらの動機が他人の苦しみや痛みを自分のことのように感じ、放っておけない気持ちである「ボランタリズム（voluntarism）」に成長することで、自発性が芽生えるのかもしれない（⇒キーワード、p.10）。

　田尾雅夫は、ボランタリズムの自発的で自由な意思を始点として、それに絡まるさまざまの価値がそれを肉付けし、人によって価値観や考え方がさまざまなため、個人の間に違いがあることを認めるようになり、互いの自由を尊重するようになる、と述べている[9]。「自発性」という共通の動機によって活動するボランティアのなかでも、それ以外には価値観や意見がバラバラなこともある。この「ボランティア活動の難しさ」を一緒に活動する「楽しさ」に変えるためには、個人の間の違いや自由を認める、成熟した関係と「自由な意思を肉付けする価値」が重要である。

2　なぜ「相手や世の中のため」に動くのか
　　―利他主義を掘り下げる―

1　「相手や世の中のため」とは何か　―利他主義という考え方―

　それでは「ボランタリズム」の源泉である、「苦しんでいる人や環境問題などを放っておけず、その人や環境などのために何かしたい」という気持ちとは何だろうか。それは英語では「利他主義（altruism）」と呼ばれるが、『論語』の「己の欲せざる所、人に施すこと勿れ」や仏教の「慈悲」、陽明学の他人の苦しみを放っておくことが「人に忍びざる心」である「惻隠の心」など、東洋でも類似の考え方がみられる[10]（➡キーワード、p.10）。
　慈悲のうち「悲（カルナー）」はうめきや哀れみを意味しており、「慈」と組み合わさることで、「自己のうめきを知る者は他人の苦悩にも共感でき、苦悩する者に対して同情をもち、親近感・友情をもつようになる」ことを意味するようである[11]。「利他主義」とは、「何かしてあげたい」という素朴な感情にとどまらず、苦労した経験がある人が、他人の苦労に共感し、放っておけないことなのかもしれない。利他主義という考え方をもつ人は、苦労している人と出会うと「苦労していた自分」を思い出すから、その人を放っておけず、ボランティアなどの行動が産まれるのではないだろうか。

2　なぜ利他主義が芽生えるのか　―バーネット夫妻と罪の意識―

　バーネット夫妻（Barnett, S.& H.）は、イギリスで1884年にトインビー・ホールを設立し、オックスフォード大学の学生たちに住居を提供して、彼らと貧困地区の住民との間に人格的な交流をすすめ、大学公開講座や美術展、読書会などの文化活動を行って、セツルメント運動を世界に広げた[12]。バーネット夫妻には裕福な住民が多いオックスフォードで牧師を務めるという選択肢もあった

が、夫妻はそれを断り、貧困地域での活動を選択した。夫妻の利他主義の背景には、「身分は義務を負う」(nobléss oblíge) という考え方も含めた慈善・博愛の思想や「罪の意識」があったようである（▶キーワード、p.10）。

　当時はビクトリア朝の繁栄のなかで富めるものと貧しいものの二極分解が進行し、バーネット夫妻は上流階級に所属することに罪悪感をもっていた。そして教会は貧民を憐憫と施与の対象とみなし、冷淡な態度をとりがちであったため、夫妻は「キリスト教を天国の宗教から現世の宗教にするためになにごとかをなさねばならない」と決意し、貧困地区の住民に上から施しを与えるのではなく住民と友人としてかかわるためにトインビー・ホールを設立したのであった[13]。

　ベヴァリジ (Beveridge, L. W.) は「博愛」について、隣人が物質的に不快であるうちは精神的な安らぎを得ることはできないという社会的良心を用いて説明し、そのような活動に参加する人について"have fire in their bellies"と表現している[14]（▶キーワード、p.11）。バーネット夫妻もまた、当時の社会構造により産み出されていた、貧困層が物質的に不快な状態にあることに罪の意識を感じたから、強者が弱者を足下に蹂躙しがちな競争を緩和するためにセツルメント運動を始めたのかもしれない。

　阿部志郎もまた、「憐れむ」の原語は内臓（肝）が動くであり、「肝が痛み、全人格がゆり動かされるゆえに、『弱り果てている』人に全人格的にかかわろうとする。それを『サービス』という」と述べ、高萩盾男も「ボランティアは他者の辛さ、痛みを共有したいとの想いであるという」と記述している[15]。「相手や世の中のため」という利他主義を掘り下げると、「その人の苦しみや環境問題を放っておくと、自分もまた苦しい」という、「私のため」につながる回路を見出すことができるのである。

5

3 「私のため」もボランティア
―ボランティアの目的と成果―

1 「あなたのために」ボランティア？

　利他主義には、かつての慈善事業のように上下関係が入り込む危険性もある。そして利他主義を「私のため」につなげる場合にも、「ボランティアされる側」がボランティアに「なぜ私にボランティアをするの？」と質問した際に、ボランティアがストレートに「あなたの苦しみを放っておくと、自分も苦しいから」と答えるならば、本当に同じような苦労をした人同士でなければ、真意が伝わらないかもしれない。

　利他主義を掘り下げて「『私のため』もボランティア」にたどりつくためには、「なぜボランティアをするのか」を「ボランティアの動機」とは角度を変えて、「私はボランティアを通じて何を得るのか」（ボランティアの成果）という側面から、問い直すことも有意義である。

2 「私もいただく」ボランティア

　実は「あなたのためにボランティアをしている」という考え方だけでは、ボランティアをする側もまた、疲れてしまうことがある。たとえばかつて著名な俳優として活躍し、世田谷ボランティア協会を設立した牟田悌三も以下のように、「かわいそうだからしてあげる」という発想では対等な関係は生まれず、心理的負担で疲れてしまうが、自分のための体験学習であると考えるようになって目からウロコが落ちたという経験をした。

　私も活動し始めた頃は疲れてしまった。自己犠牲による奉仕という思いがあったからだろう。そして一つの活動をしてみると、さまざまな問題が見えて

くる。放っておけなくて、並行して動き出す。そんな状況になると、あげてもあげても、また明日もあげなくてはならなくなって欲求不満になった。疲れ果て「何で俺はこんなことを……」とまで考えるに至って、振り出しに戻った。必死に考えて思い当たったのが「そうか、あげたら貰えばいいじゃないか」という簡単なことだった。それからいただくことに精を出した。今までより目を凝らして相手を見詰め、耳を澄ませたり、あせらずじっと待つことによって、徐々にではあるが、いただけるようになってきた[16]。

3　「私のため」とボランティアの成果

　牟田がいう「いただけるようになってきた」とは、「ボランティアの成果」を指すのかもしれない。一般には「ボランティアの成果」として、「ボランティア活動を通じて仲間ができた」や「活動が楽しい」「地域とのつながりができた」「新しい知識や技術を習得できた」「社会に対する見方が広がった」「役に立っている実感」「生きがい」などがあげられている。「ボランティアとは何か」について、自発性も含めて動機から掘り下げることも重要だが、動機よりもお金と異なる働きがいや「成果」が、ボランティアの背中を押し、ボランティア活動の目的となることもある[17]。また前述のボランティアの「自己成長性」も、ボランティアの成果であろう。

　興梠寛はボランティア活動がボランティアにとってどのような意義をもつかについて、以下のように述べている。

　もし、あなたが他の人々から"意味ある他者"としてかけがえのない存在になり、必要とされたり、認められたり、喜ばれたりしたらどうだろう。あなたは、他者のなかに"意味ある自分"を発見することができるだろう。もし、私が他の人々から"意味のない他者"として扱われ、誰にも必要とされず、認められず、不愉快な存在として扱われたとすればどうだろう。あなたは、他者のなかに"意味のない自分"を見つめつづけるだろう。

7

ボランティア活動は、人々が他者や社会との交わりをとおして、その活動のなかに"必要とされる自分"を発見するプロセスである。もし他者にとって、私が必要とされ、かけがえのない"意味ある他者"であればあるほど、私はその瞬間"意味ある自分"となることができる。人は"必要とされる自分"や"かけがえのない自分"の物語のなかに生きることができるときに、そこにはじめて"自分らしさ"を確認できるのではないだろうか[18]。

　「あなたのため」という動機から始まったボランティアが、成果という観点から「私のため」と説明されるようになると、上下関係という気まずさが薄まるのかもしれない。

4　ボランティアは「お互いのため」—互酬と関係性—

1　「ボランティアは自分のため」でよいのか？

　しかし興梠寛は、「ボランティアは自分のため」という動機は、ボランティア活動をする人の拡大ではプラスになっているが、自己のニーズを満足させることに専念して、他者の立場からものを考えたり、自分の活動をふりかえり検証してみるという客観的な視点が弱くなる傾向があるとも指摘している。阿部志郎もまた、自己成長はボランティアの動機だが、目的ではないと述べている[19]。「ボランティアは自分のため」は大切な視点だが、結論ではない。

2　互酬という考え方

　興梠寛は、ボランティア活動に参加する動機を「外発的動機（問題解決型動機）」と「内発的動機（自己実現型動機）」に区分し、実際は後者の方が多く、ボランティア活動に参加する動機として「互酬性」や「精神的な癒し」をあげる人も少なくはない、と述べている[20]。ボランティアの目的や成果では、「あ

なたのため」や「私のため」にとどまらず、「お互いのため」や「互酬」という考え方もあり得るのである。

社会学では「互酬」(reciprocity)について、「財を一方から他方へと移転させる贈与行為と、これに対する返礼行為との両者を含めた相互的な関係」であり、金銭のやりとり以外に市民参加による福祉活動もまた住民がサービスの提供者であるとともに受益者でもあり、「互酬」的な意味をもつと説明されている[21]。

3　「他人のため」「自分のため」から「関係性」へ

そもそもボランティア活動で「他人のため」と「自分のため」を明確に区別することは、難しいことなのかもしれない。長谷川匡俊は「自己の完成をめざす」ことと「利他的な行為は表裏一体」であると述べている[22]。

そしてボランティアでは、「相手のため」か「自分のため」かを問うのではなく、相手との関係を問い、「相手と共に」を考えることが、最も大切なのかもしれない。阿部志郎は、ボランティアは「他人のために」ではなく、「他人と共に」行う行為だが、人とかかわりをもちながら人と共に生きることは、なまやさしいことではないと述べ、「ボランティア活動という人間と人間の心と心のふれあいをとおして、相手がそれによって支えられ、自分もそこで育てられていく――それが『共に生きる』ことの内実ではないでしょうか」と記述している[23]。その「なまやさしいことではない」経験がどのように人を育てるのかについては、一人ひとりのボランティアが体験するであろう。

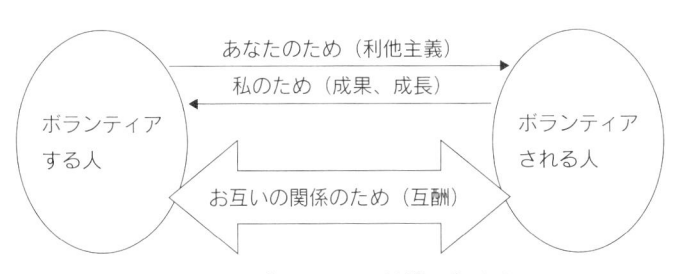

図1-1　ボランティアは誰のため？

読者の皆さんへの質問

Q1 学校のカリキュラムでボランティアが義務化されることについて、あなたはどう思いますか？

Q2 あなたはなぜ、ボランティアに関心をもちましたか？

Q3 あなたが悩んだり、苦労したことで、ボランティアを必要としている人の悩みや苦労につながりそうなことはありますか？

ボランティアを読み解くキーワード

➡ボランタリズム[24]

ボランタリズム（voluntarism）とは個人の意思に基づいて、他者との連帯をめざした主体的・創造的・自律的な行為であり、他者の苦しみに痛みを感じることと、「いのち」の尊重と生活を支える「しくみづくり」への展開の過程が重要である。なおキリスト教の歴史から産まれ、国家からの結社や表現の自由を意味するようになった"voluntaryism"ということばもある。

➡利他主義[25]

田尾雅夫によると利他主義とは自らの利益を顧みず、極端な場合は犠牲にしてでも、他者を援助し、その人の苦難な状況を助けようとする心情であり、さらにその行為に至る過程を支えるメンタリティであって、等価交換の原理とは対極にある。そしてボランタリーな活動は利他主義によって成り立っているが、それを強調しすぎると堅苦しくなり、自由ではなく他者への奉仕が強調されるようになる。

➡慈善・博愛の思想[26]

慈善（charity）とは宗教的動機であり、神の愛を指すギリシア語のアガペーとラテン語のカリタスが、神への献身に隣人への愛を含めた社会的弱者の救済を指す慈善へと変形したものである。一方博愛（philanthropy）とはギリシア語とラテン語の人類愛の訳語であり、市民層の文化活動を発展させる人道的な動機となったが、奴隷解放や貧困者への施与にはつながらなかった。

▶ボランタリー・アクションの動機[27]

　ベヴァリジ（Beveridge, L.W.）によるとボランタリー・アクションが産まれるためには、相互扶助と博愛という２つの動機がある。前者は自分の不運に備える必要から生じ、仲間にも同じニードがあることに気づいて、互いに助け合うことから生じるが、後者の博愛は、隣人が物質的に不快であるうちは精神的な安らぎを得ることはできないという、物質的に快適な人間のもつ社会的良心から生まれる。

【引用文献】

1）中央社会福祉審議会地域福祉専門分科会意見具申『ボランティア活動の中長期的な振興方策について』1993年
2）興梠寛『希望への力』光生館　2003年　p.61
3）安藤雄太監修『ボランティア丸ごとガイド』ミネルヴァ書房　2002年　p.15
4）新崎国弘「第１章　ボランティア活動とは」守本友美・河内昌彦・立石宏昭編著『ボランティアのすすめ―基礎から実践まで』ミネルヴァ書房　2005年　pp.24－26
5）大阪ボランティア協会編『ボランティア―参加する福祉』ミネルヴァ書房　1981年　p.24
6）前掲書２）　p.40
7）高萩盾男「高齢社会とボランタリズム」高橋勇悦・高萩盾男編『高齢化とボランティア社会』弘文堂　1996年　p.5
8）岡本榮一「序章　ボランティア活動の土台」守本友美・河内昌彦・立石宏昭編著『ボランティアのすすめ―基礎から実践まで』ミネルヴァ書房　2005年　p.7、村井雅清「第３章　たった一人を大切に」似田貝香門編集『ボランティアが社会を変える』看護出版　2006年　p.140
9）田尾雅夫『ボランティアを支える思想』アルヒーフ　2001年　pp.20－21
10）中川義基「第１章　現代社会とボランティア」渡辺武男監修『ボランティア　いきいきと生きる』相川書房　2000年　p.5、小谷直道『市民活動時代のボランティア』中央法規出版　1999年　p.341
11）吉田久一『吉田久一著作集１　日本社会福祉思想史』川島書店　1989年　pp.87－88
12）Asa Briggs & Anne Macartney "Toynbee Hall the First Hundred Years" Routledge & Kegan Paul　1984（邦訳、アサ・ブリッグス・アン・マカートニー（阿部志郎監訳）「トインビー・ホールの100年」全国社会福祉協議会　1987年）　p.15、43、45、49、52、67
13）市瀬幸平『イギリス社会福祉運動史』川島書店　2004年　pp.171－172
14）Lord Beveridge "Voluntary Action―A report on methods of social advance" George Allen & Unwin　1948　p.154

15）阿部志郎「新しい福祉コミュニティの形成へ」岩波書店編集部編『ボランティアへの招待』岩波書店　2001年　p.33、前掲書7）p.14
16）牟田悌三「いのちと人権を守る社会づくり」岩波書店編集部編『ボランティアへの招待』岩波書店　2001年　p.18
17）前掲書9）p.69
18）前掲書2）pp.50－51
19）前掲書2）p.72、前掲書15）p.35
20）同上書　p.71
21）武川正吾他編『福祉社会事典』弘文堂　1999年　p.306
22）長谷川匡俊「ボランティアの理念」淑徳大学エクステンションセンター編『ボランティアの時代』中央法規出版　2003年　p.10
23）阿部志郎『福祉の心』海声社　1987年　p.76、85
24）西山志保『ボランティア活動の論理』東信堂　2005年　p.ⅱ、大阪ボランティア協会編『ボランティア―参加する福祉』ミネルヴァ書房　1981年　pp.25－26
25）田尾雅夫『ボランティアを支える思想』アルヒーフ　2001年　p.78、80
26）吉田久一・岡田英己子共著『社会福祉思想史入門』勁草書房　2000年　pp.20－21、pp.30－31
27）前掲書14）pp.8－9

私にとってのボランティア

社会について学ぶ「もう一つの学校」

　私のボランティア体験は、1981年の大学入学初日に始まった。私が入学した上智大学には1975年に発足した「めぐこ―アジアの子どもたちの自立を支える会」（現在の名称）というボランティア・サークルがあり、兄がそのサークルに所属していたため、私は入学初日からそのサークルに入り、新入生なのに同じ新入生を「ボランティア・サークルに入りませんか？」と勧誘してしまった。

　このボランティア・サークルは、インドとフィリピンの子どもたちが教育を受け、自立する手段を得るために募金を集め、両国のスラム地区や農村で子どもの教育や地域改善にかかわるプロジェクトに送金し、支援している（「めぐこ」は大学教員と学生ボランティアが実務を担当する、「職員がいない」ユニークなNGOとして、設立以来30年以上活動を続けている。詳細は

http : //www.meguko.com/を参照)。

　私にとって印象的だったのは、インドとフィリピンを訪れて募金を届け、現地の状況と活動の意義について学ぶ「スタディ・ツアー」だった。事前にインドとフィリピンについて学習し、夏休みに現地で研究者から貧困と社会構造のかかわりについてレクチャーを受け、ソーシャルワーカーからプロジェクトについて説明を受けて、スラム地区や農村の家庭にホームスティさせていただき、子どもたちを始めとする住民と交流する、というプログラムは、大学のなかでは学べない社会について学ぶ「もう一つの学校」だったような気がする。南北問題はスケールが大きすぎるため「どうすれば解決できるか」まではたどり着けなかったが、「単純ではない問題だからこそていねいに、『しつこく』考える姿勢」と「現地の人から学ぶ姿勢」だけは得ることができた。

　私は社会福祉学科に入学したため、私の関心は日本国内の貧困へ、そして足は横浜の寿町というドヤ街（日雇い労働者向けの簡易宿泊所が密集する地区）へと向かった。そこでも寿生活館（当時）と識字学級という「もう一つの学校」で、貧困が社会の仕組み（社会構造）から生じることや「当事者の想い」を学ぶことができた。

　結局私は「ボランティアとして何かをした」というよりは、「学んだだけ」で今日に至っている。お恥ずかしい。

（柴田謙治）

第2章
ボランティア活動の現状と課題

1 ボランティア活動の現状と広がり

　近年、ボランティア活動の広がりについては、いろいろなところで報道されているが、実際にはどうなのであろうか。全国各地でボランティア活動を支援してきた社会福祉協議会（以下、社協）（▶キーワード、p.25）のボランティアセンターの取り組みを中心に傾向をとらえてみる。

1　全国のボランティアとボランティア団体

　全国各地の社協が把握しているボランティアの人数は、個人で活動するボランティア人数とボランティア団体に所属するボランティア人数との合計で、2007（平成19）年10月現在で約833万人となっている。

　年次別のボランティア人数、ならびにボランティア団体数の推移は、表2－1の通りであり、社協が把握しているボランティア人数およびボランティア団体数の調査が開始された1980（昭和55）年から、近年2007（平成19）年までの27年の間で5.2倍と着実に増加してきている。

　ボランティア活動には、ボランティア団体に所属して「会」として活動をしている場合と、「会」には所属せずに個人として活動している場合がある。市町村社協のボランティアセンターは、ボランティア活動保険に加入するための窓口をしていることもあり、団体であれ、個人であれ登録をすることが多い。よってその数をもとにまとめたものがこのデータである。

第2章　ボランティア活動の現状と課題

表2-1　社協が把握するボランティア人数およびボランティア団体数（単位：団体、人）

調査時期		個人ボランティア人数	団体所属ボランティア人数	ボランティア団体数	ボランティア総人数
1980（昭和55）年	4月	50,875	1,552,577	16,162	1,603,452
1985（昭和60）年	4月	119,749	2,699,725	28,462	2,819,474
1991（平成3）年	3月	102,862	4,007,768	48,787	4,110,630
1995（平成7）年	3月	249,987	4,801,118	63,406	5,051,105
2000（平成12）年	4月	362,569	6,758,381	95,741	7,120,950
2005（平成17）年	4月	376,085	7,009,543	123,926	7,385,628
2007（平成19）年	10月	742,322	7,585,348	146,738	8,327,670

出典：全社協・全国ボランティア活動振興センター『ボランティア活動者数調査』2009年

　個人で活動するボランティアとボランティア団体に所属するボランティアと、それぞれの経過をみてみると、1980（昭和55）年と比較して個人のボランティアは14.6倍になり、団体所属のボランティアは4.9倍、その団体数も9.1倍にも拡充してきている。

　これはボランティア活動の普及啓発が進んできた結果でもあり、人々のなかにボランティアが定着してきたからといえる。

　ただしこのデータは日本のボランティア活動をしているすべての人の数ではない。あくまでも社協が把握している数である。ボランティアが活動をしていくうえで、ボランティア活動保険に加入しておくことが必要だという認識が広がってきていることから、このデータはそうした認識を有している団体や個人の数とみることができる。しかしながらこうしたボランティア登録をせずに、個人が行っているボランティア活動は、把握できないくらい日常のなかでは数多くあるのである。

2　全国のNPO法人と活動種類

　特定非営利活動促進法（以下、NPO法）が1998（平成10）年に施行されて

以来、同法に基づいて法人格を取得する団体（以下、NPO法人）は着実に増加の方向を歩み、その結果、表2－2の通り、2007（同19）年には3万団体を超え、2008（同20）年12月現在においては約3万6,000団体が認証を受けている。

その活動種別の内訳をみると、法律により17の活動分野に規定されているが、特に大きな活動分野は、第1号の保健・医療または福祉の推進を図る活動であり、約6割にもなる約2万1,000団体がその活動内容として、表2－3の通りそれぞれの定款に明記している。

活動分野ごとの対前年度末での増加率をみてみると、経済活動活性化、職業能率開発・雇用機会拡充、消費者の保護を図る活動、これらの活動分野がそれぞれ13％以上の、比較的大きな増加率となっている。

表2－2　NPO法人数

年	法人認証数[1]
1999（平成11）年	1,176
2000（平成12）年	3,156
2001（平成13）年	5,625
2002（平成14）年	9,329
2003（平成15）年	14,657
2004（平成16）年	19,963
2005（平成17）年	24,763
2006（平成18）年	29,934
2007（平成19）年	33,390
2008（平成20）年	36,300

※1　各年の、12月末時点の法人認証数。なお、その後の解散数等は勘案していない
出典：内閣府NPOホームページ（http://www.npo-homepage.go.jp/）

第1号の保健・医療・福祉の分野が最も多いのは、そもそも日本では福祉系の活動をしているボランティア活動が多く、そうした団体がNPOの法人格を取得してきたということがある。その際に2000（平成12）年から導入された介護保険制度のなかで、事業として実施していくためには法人格が必要になったという背景もある。こうした従来のボランティア団体の延長によるものと、新たに介護保険事業をするためにNPO法人として参入してきた事業者もある。

3　各地のNPO法人の活動状況

毎年、内閣府ではNPO法人の活動実態を全国的に把握するために、特定のテーマを定めて、市民活動実態調査を実施しているが、2007（平成19）年度に

表2-3 NPO法人の活動分野

	活動分野	法人数	割合※1	増加率※2
第1号	保健・医療又は福祉の増進を図る活動	20,987	57.8%	7.3%
第2号	社会教育の推進を図る活動	16,705	46.0%	8.1%
第3号	まちづくりの推進を図る活動	14,805	40.8%	9.0%
第4号	学術、文化、芸術又はスポーツの振興を図る活動	11,917	32.8%	9.2%
第5号	環境の保全を図る活動	10,304	28.4%	8.5%
第6号	災害救援活動	2,331	6.4%	5.4%
第7号	地域安全活動	3,589	9.9%	9.6%
第8号	人権の擁護又は平和の推進を図る活動	5,664	15.6%	8.4%
第9号	国際協力の活動	7,125	19.6%	7.5%
第10号	男女共同参画社会の形成の促進を図る活動	3,048	8.4%	6.8%
第11号	子どもの健全育成を図る活動	14,697	40.5%	8.9%
第12号	情報化社会の発展を図る活動	3,151	8.7%	11.3%
第13号	科学技術の振興を図る活動	1,698	4.7%	11.7%
第14号	経済活動の活性化を図る活動	4,698	12.9%	13.5%
第15号	職業能力の開発又は雇用機会の拡充を支援する活動	6,616	18.2%	14.1%
第16号	消費者の保護を図る活動	1,982	5.5%	13.0%
第17号	前各号に掲げる活動を行う団体の運営又は活動に関する連絡、助言又は援助の活動	16,602	45.7%	8.7%

※1 「割合」は、法人認証数(36,300団体)に対する割合
※2 「増加率」は、前年同時期との対比
出典：内閣府NPOホームページ (http://www.npo-homepage.go.jp/)

は、市民活動への参加や支援に必要な情報に関する調査を実施した。

　この調査結果から、ボランティアと協働するための取り組みとして、特に多かったものは、表2-4の通り、「活動経験のあるボランティアや関係者への働きかけ」が63.6%であり、次には、「機関紙やニューズレター・チラシ」で募集が32.1%、「ホームページやブログ・メールマガジン」で募集が24.6%の順位となっている。

　NPO法人が活動をしていくためには、ボランティアの力が必要である。NPO

表2-4　ボランティアを確保する取り組み（複数回答）

活動参加者、関係者への働きかけ	63.6%
機関紙やニューズレター、チラシ	32.1%
ホームページやブログ、メールマガジン	24.6%
イベントや説明会等を利用	22.9%
ボランティア体験の学生等を積極的に受け入れ	19.4%
行政や中間支援組織等の広報誌	15.6%
インターネット上のNPOサイト	9.5%
マスメディアの広告やCM	7.5%
地域通貨やタイム・ストック制の参加団体として登録	2.8%
その他	8.3%
募集を行わなかった	22.3%

出典：内閣府国民生活局『平成19年度市民活動団体基本調査報告書』

　法人が経営的に成り立っていくためには、有償のスタッフだけでは困難な場合が多い。使命に賛同してくれた市民によって支えられているのが現状である。しかしそれは単に経営的な側面だけではない。そもそもNPOの基本はボランタリーな意識に根ざしているわけであるから、ボランティアによって支えられるということは基本であるともいえる。

　NPO法人の人材確保の状況としては、「ボランティアを確保（協働）できている」が43.7%、「活動の中心となる人材を確保（協働）できている」が44.6%である（表2-5）。この結果から、約40%が人材を確保できていると回答しているが、それが十分な数なのかどうかはわからない。実際に表2-5の通り、人材がなかなか見つからないことを課題としているところが、約30%あるという状況も明らかにされている。

　NPO法人にとって自分たちの使命を実現していくために、地域社会へ情報発信をしていくことも重要な活動である。過去1年の間に、実行している情報発信の方法としては、「ホームページやブログを開設」しているが特に多く59.0%が取り組んでいる（表2-6）。次に、「イベントのチラシを作成・配布」

表2-5　人材の確保状況

	ボランティア	活動の中心となる人材
確保できている	43.7%	44.6%
応募が少なく、人材が見つからない	29.2%	28.6%
応募はあるが、求める人材が見つからない	13.5%	13.9%
その他	7.8%	5.7%
無回答	5.9%	7.3%

出典：内閣府国民生活局『平成19年度市民活動団体基本調査報告書』

表2-6　情報発信の状況（複数回答）

ホームページやブログを開設	59.0%
イベントのチラシを作成・配布	52.8%
活動内容を示したパンフレットを配布	50.2%
機関紙やニューズレターを発行	47.7%
シンポジウム等を利用して活動を紹介	40.9%
行政や中間支援組織等の広報誌で紹介	40.2%
NPOサイトやボランティア・サイトに登録	31.4%
マスメディアの広告やCMを利用	17.5%
街頭や公民館等にポスターを掲示	14.6%
登録された会員等にメールマガジンを送付	11.6%
その他	9.5%
情報発信は行っていない	6.5%

出典：内閣府国民生活局『平成19年度市民活動団体基本調査報告書』

するが52.8%、「活動内容を示したパンフレットを配布」するが50.2%である。

　不特定多数の人たちに対して、あまり費用をかけずに情報発信をしていく方法としてホームページなどの活用は有効である。もちろんパソコンなどの初期投資やクオリティーの高いものにするには専門業者に作成を依頼したり、頻繁に更新していくと費用はかかる場合もある。ただし多くの場合、市販のソフト

を使用して手作りでホームページを活用しているところも多い。従来のようなチラシやニュースなどを作成して配布するといった諸費用やその波及効果を比較すると、ホームページやブログなどインターネットを活用した方法は、今後も広がっていくであろう。

　いずれにしても、ボランティア活動は「人知れずいいことをしている」時代ではない。ボランティア活動を通して、より住みやすい地域社会をつくっていくためには、多くの仲間が必要である。またそれぞれの活動を活性化していくためにも、情報を発信することが大切である。それは情報を発信することで、新たな情報や人材が集まるからである。

4　各地のボランティア活動の広がり

　従来から、ボランティア活動は、地域や社会における新たな課題や潜在的なニーズへの対応、また多様なニーズのある人たちの代弁機能やその支援活動等に率先して取り組み、自ら問題解決を図りつつ社会への課題提起を行うなど、先駆的・開拓的な役割を果たしてきた。

　ボランティア活動は、他者のための活動にとどまることなく、自らの地域社会づくり、自治につながる活動であること、活動を通じてボランティアが生きがいや自己実現の機会、学びや成長を得られることも自他共に広く認識されてきている。また今日、活動は福祉分野を中心に、教育・文化・環境・災害・地域・人権・国際等、実に多様な分野に広がりをみせている。

　ところが一方で、こうした住民のボランティア活動は、行政の補完的なものであったり、その要請のもとに活動が行われるといった関係でとらえられることもあった。ところが、最近ではボランティア自らが固有の役割を担い、行政と住民のボランティア活動が対等であるといった、自覚的な活動が生まれてきている。

　またボランティア活動では、一方的にボランティアをする人、される人といった関係を固定してしまうことはよくないと考えられるようになってきた。たと

えば重度の障害があって日常生活では介護を必要とする人も、自分のできるボランティア活動をしたり社会参加をするといった機会が増えてきている。こうした双方向のかかわりを大切にするということは、人間関係・社会関係を共有する意義が明確になってきたからである。このことは広く人と人とのつながりや信頼を再生して、支え合いの気風を高める力、ソーシャルキャピタル（社会関係資本）を醸成する機能につながっている。

　ソーシャルキャピタルとは、古くから研究はされていたが、最近とくに注目を集めている考え方である。人間関係の社会的なネットワークから発生する「規範」や「信頼」のことである。ソーシャルキャピタルの高い地域では、犯罪や失業が少ないとか、逆に安心感や健康な人が多いといった地域生活の質に影響があることが実証されている。ボランティア活動を活性化するということは、このソーシャルキャピタルを高めていくためには、有効な手段の1つである。

　こうして、ボランティア活動が社会に浸透・定着し、固有性・自律性を深め、その役割・位置を明確なものにしていることは重要であり、活動の広がりと深まりを積極的にとらえて、推進・支援を図ることが求められてきている。

2　ボランティア活動の課題と動向

1　地縁型組織とテーマ型組織の相互関係

　地縁型組織（■キーワード、p.25）の活動は、従来は「男性中心の封建的なしきたり」に支配されがちで、「社会奉仕」という精神面が強調されていた。地域課題といっても高齢者のことなどに中心がおかれ、ホームレスや外国籍の住民など少数者の生活問題には関心が十分行き届かなかったこともみられた。しかし最近では、小地域ネットワーク活動、食事サービス、ふれあい・いきいきサロンなどの活動を通して、福祉やボランティアに対する意識も変わりつつある。地域によっては住民自身が要援助者の個別相談支援等を行うといった活動

をしているところもある。

　テーマ型組織（▶キーワード、p.25）の活動は、自分たちの活動の使命が明確で、問題を解決していこうという意志や活動力が高い。近年、NPO法の定着もあり、組織的に新たな福祉課題に取り組み、要援助者に対する具体的な支援に大きな成果をあげてきている。また従来の福祉の枠にこだわらずに、ホームレス・自殺・虐待等への新たな社会的課題への取り組みを実現してきている。

　こうしたなか、約10年前は地縁型組織とテーマ型組織が対立しがちなところがあった。地縁型組織からすれば、テーマ型組織は地域と乖離しがちで足下の活動ができてないといった批判もあった。ところがこの間、いろいろな活動を通して相互理解がすすんできたところがある。それぞれアプローチの方法は違っても共通の目標を共有できたところもある。ただし、地域によってはなお相互理解が進んでいないことも多々あり、連携の実現をどう図るかが大きな課題となっている。

2　活動への参加希望と実際の活動参加

　各種調査からみると、ボランティア活動への参加希望と実際の活動参加には大きな差異があることが指摘されている。調査をすると、ボランティア活動への参加意欲は非常に高い。機会があればボランティア活動をしてみたいという人は多いのである。しかし実際に活動に参加しているかというとその数は半減してしまう。

　また活動に参加しない理由としては、時間がない、自分にあった活動がない、こうしたことが多くあげられるが、かつての活動のイメージにとらわれていたり、具体的な活動情報を得ることがわからないことなども考えられる。

　活動の担い手の中心の現状は、やはり中高年の女性であり、活動後継者・リーダー育成が問題となっており、勤労者・男性の参加促進や定年退職者・シニア層の地域活動への参加促進も、今後の重要課題となっている。

　その際には活動の主な担い手や狭い活動のイメージを広くとらえて、積極的

にアピールしていくことが必要である。ボランティア活動を担える人がいないという地域、人口が減少し、高齢化率が高くなり活路を探し求めている状況もあるが、高齢者自身が創意工夫をしてまちおこしを進めている地域もある。

ボランティア活動と意識して活動をしているかは問わず、自発的・主体的に地域課題に取り組んでいる人々はいる。

一人ひとりができることから実行に移していくことが大切なことであり、それを可能とするのがボランティア活動であることを改めて周知し、多様な活動プログラムを開発・提案していくことが、活動を広げるために重要なことなのである。

3　活動支援への地方自治体施策の動向

今日、地方自治体は、市民活動の支援については積極的に力を入れている。行政と市民の「協働」や「パートナーシップ」などは重要な政策課題になっている。ただし従来のボランティア活動への支援と市民活動への支援は担当部局等の違いなどもあり、行政組織の縦割りから全く別のものとして展開されている実態がある。自治体によっては、市町村社協のボランティアセンターは主に福祉分野のみを担当し、一方NPO支援においては福祉の所管以外との見解から、市民活動・NPO支援を社協以外に位置づける傾向がみられる。こうしたなか、ボランティア活動と市民活動の違いよりも共通性をふまえて、一体的・総合的に支援していくことの重要性があるのではないだろうか。

実際に自治体からの委託・補助事業を主とするNPO団体では、事業維持のために本来の先駆性・開拓性が充分発揮できなくなっている状況や、自治体からの経費削減で不安定な事業運営、公募入札方式・指定管理者制度等により事業・組織運営困難、協働の名による安易な行政下請けにならないかという点も指摘されている。

それぞれの地域のなかで、どのようなボランティア・市民活動が必要とされていくか、それらの主体性や自主性を活かし、自治体とどういう関係性を築き

ながら、まちづくりを進めていくかを行政としても考えていかなくてはならない。それらを検討するときに重要な行政計画の1つが地域福祉計画である。

4　企業が実施する社会貢献活動の動向

　社会的責任を果たすべきとするCSR（Corporate Social Responsibility：企業の社会的責任）の推進に、企業は積極的に取り組んできているが、その一環としての社会貢献活動は、地域や社会に貢献する企業市民としての責任を果たすものであり、企業に対する信頼度を高め、活動に参加する社員の有用感や所属企業へのプライドという価値も生み出してきている。

　社会貢献活動は、企業実績に余裕があるから実施するものではなく、社会の一員として必要だから実施するものへと、企業意識も今日では着実に変化してきている。

　それぞれの企業の本業を生かした活動が活発になり、企業のもつ多様な資源を積極的に活用して、さまざまな地域課題・社会課題の解決につなげていく事例が蓄積されつつある。

　今まで、若い人たちが地域のボランティア活動に参加できない、あるいはそうした住民層は無関心であるといわれることもあったが、企業に勤めている人たちが無理なく参加できる環境をつくらなければならない。そのときに地元の企業や商工会などとつながることはこれからの大きな可能性である。

読者の皆さんへの質問

Q1　全国各地におけるボランティア活動の輪は、質的にも量的にも着実に本当に広がってきているでしょうか。

Q2　町内会・自治会等に代表される地縁型組織とNPO団体等に代表されるテーマ型組織があります。それぞれの組織の特徴をあげてみましょう。

Q3　ボランティア活動に参加したくてもなかなか実現できない人々に対しては、具体的にどういう支援が必要でしょうか。

ボランティアを読み解くキーワード

➡社会福祉協議会

　社会福祉協議会（略称：社協）は、地域福祉を推進する民間非営利団体。2000（平成12）年改正の社会福祉法（旧・社会福祉事業法）に基づき都道府県・市区町村に設置され、地域に暮らす人々、民生委員・児童委員、社会福祉施設・社会福祉法人、保健・医療・教育関係者等の参加・協力により、住民の福祉活動の支援と住民の福祉活動との協働の2つの柱を基本として、組織と事業が形成され、福祉のまちづくりをめざした多様な活動に取り組んでいる。

➡地縁型組織

　ある一定の地域の住民が、その地域に居住することを契機にして、身近な地域社会の多様な問題を解決することを目的として活動する組織・グループであり、町内会ならびに自治会等、また、老人クラブや婦人会・女性会ならびに青年団そして子ども会等、既存の地域を基盤とした団体等で、小地域における助け合い活動的なものが多い。

➡テーマ型組織

　特定のテーマや関心を共有する人々が、居住する地域とは関係なく集まり、そのテーマに自発的に活動する組織・グループであり、福祉・保健・医療・教育・環境・国際等、特定の分野や目的が明確なボランティアグループやNPO等で、特定の地域に限定されるより、市区町村全域またはそれ以上の広域的に活動する傾向が多い。

【参考文献】
- 『ボランティア活動年報2008―ボランティア活動のいま―』全国社会福祉協議会・全国ボランティア活動振興センター　2009年
- 『社会福祉協議会における第3次ボランティア・市民活動推進5ヵ年プラン』全国社会福祉協議会・全国ボランティア活動振興センター　2008年
- 『地域福祉論―地域福祉の理論と方法（社会福祉学習双書8）』全国社会福祉協議会　2009年

私にとってのボランティア

ボランティアとは出会いと共感の旅、そして祈り

　自分のボランティアとの出会いは、小学校高学年の時に高校生の兄に同行して当時の養護施設を初めて訪問した時である。田畑のなかに実に古い施設ではあるが、底抜けに明るい同年代の子どもたちと、子ども心にまさに清く正しく美しく感じる職員との強烈な出会いだった。

　そして、自分のボランティア活動をとおしての共感は、小学校時代の放送部、そして中学校時代の剣道部の多様な体験をふまえて、高校時代に参加した青少年赤十字（JRC）と大学時代に開始した学生赤十字奉仕団（SRC）の活動で得ることができた。健康・奉仕・親善を目標としたJRCと献血・施設・学習を実践としたSRCにより、多くの利用者や支援者そして仲間たちとのふれあいの共感であった。

　社会人となり仕事として活動の振興・推進に暫くかかわり、新たに多くの出会いと共感を得ることができたが、やはり何か満たされないもどかしさを感じていたなか、2001（平成13）年「ボランティア国際年（IYV）」の前年に仕事が契機となり、ある医療施設の緩和ケア病棟（PCU）の出発に出会い、応募・面接・研修をへて一ボランティアとして再びスタートすることができ、さらに共感の一時を体験できている。

　最近、再び仕事の都合や家族への介護や地域との関係等で毎週はできなくなってきているが、マイペースでしかしチームワークで、なんとか11年目の活動をむかえている。こうしたなか、私が尊敬する木谷宜弘氏（全国ボラン

ティア活動振興センター初代所長／ボランティア研究所主宰）がかねてから言われている、「ボランティアとは出会いと共感の旅」という名言。まさにこの言葉を自分は今改めて深く感じている。

　毎週のように新たな患者・家族と出会い、共感し、そして別れ。その繰り返しでまさにボランティアの旅を続けているようだ。こうした「旅」での貴重な体験を自分だけの思い出や体験で終わらせるのではなく、医療活動のさらなる向上や地域社会のために、まことに微力ではあるが少しでも役に立たせなくてはいけないと深く感じている。そのことが福祉の仕事への大きな力にもなると思っている。

　それが私の「ボランティア」であり、そして、「ボランティア」は、社会の平和と人々の幸福への私の「祈り」でもある。

（渡邊昌行）

第3章
ボランティアと現代社会

1 ボランティアと現代社会を読み解く

　ボランティアは個人の内発的な行為であると同時に、それは社会的な行為である。本章では社会の側からボランティアを考えてみたい。そのことにより、なぜ現代社会がボランティアに注目しているのか、あるいは今日の社会はボランティアに何を期待しているのかを一緒に考えてみたい。

　とはいえ、本来はこのことの歴史を概観してみることも必要である。古くはイギリスではすでに1601年、エリザベス救貧法が制定されたとき、同時にThe Statute of Charitable Uses Actという制度をつくり、民間による社会事業活動を保護・促進してきた。制度による救済だけではなく、民間活動の自発性を尊重しながら、その支援のあり方を社会として考えてきた歴史がある。イギリスのボランタリーセクター（➡キーワード、p.43）を検討するためには、こうした歴史を知らなければならない。日本においても同様であるが、限られた紙枚のなかで、あえて現代に焦点化して整理をしていく。

1　市民社会、共生文化の創造的機能と価値

　ボランティアの関係者のなかでよく強調されるのは、ボランティアはこれからの市民社会、あるいは共生文化を創り出していくという主張である。

　このことは「滅私奉公」と「ボランティア」の違いとして古くから指摘されてきた。「滅私奉公」とは自分という私心を捨て、主人や主君など上位の者に

尽くすことであるが、昔はこのことを良しとする文化があった。しかしながらその結果が、戦争に結び付いていったという反省から、戦後は自己の確立や自立ということが大事にされ、かつ人間は対等・平等であるという基本的人権が憲法でも保障されていくことになる。

　また同じ文脈で「勤労奉仕」への批判もある。言葉の意図としては、勤労をもって社会に尽くすということであるが、実際に第二次世界大戦が始まると、国の指導により学校でも勤労奉仕が授業のなかに取り入れられていった。小学校では従来から行われていた学校林からの木出し、麦踏み、ドングリ拾いなどに加えて村内農家や出征兵士の留守宅への奉仕活動として麦刈り、稲刈りなどが恒常化していった。

　ボランティアを社会奉仕と言いかえることに抵抗があるのは、「奉仕」という本来の言葉の意味よりも、こうした戦争のなかで用いられてきたという事実とその猛省による背景がある。戦後広がってきたボランティアという外来語には、日本では戦前とは異なる「市民としての行為」という側面を重視してきており、ボランティアにはそうした期待と価値を込めてきたところがある。

　ただしボランティアという言葉を使っても、その内実を問わなければ同じことである。「ボランティア活動の義務化」とか「県民総ボランティア構想」などという文脈は、戦前の滅私奉公や勤労奉仕と違うのか否か、それを吟味しなければならない。

　このことは理念的な問題ではない。すでに日本では、武力攻撃事態等において、武力攻撃事態等における国民の保護のための措置に関する法律（以下、国民保護法）に基づいて、市町村ごとに「国民保護計画」が策定されている。国が示した市町村国民保護モデル計画のなかには、市町村において「ボランティア関係団体等との連携を図り、武力攻撃事態等においてボランティアが円滑に活動できるように、その活動環境の整備を図る」ことが明示されている。

　もし日本が武力攻撃等の事態に陥ったとき、ボランティアは何を期待され、どう行政によって指揮されるというのか。これは60年前のことではない。今、そしてこれからの近未来のなかで、ボランティアは国家とどう向き合っていく

のかを問われているのである。

　少なくても、私たちがこの本で主張しているボランティアとは、民主主義と平和の担い手を想定している。そのことをより実現していくための市民社会であり、共生文化を創造していくための機能を有しているのがボランティアであるという立場をとっている。

　有事のときに役立つボランティアなどではない。戦争を二度と起こさせないためのボランティア活動でなければならない。こうした価値や思想を内在させているのがボランティアであり、このことを繰り返し、繰り返し確認していくことが必要である。

　市民社会をつくるといっても、具体的なイメージができないかもしれない。実際にこんな例がある。そのまちは農村地方で、「ボランティアなんて女や子ども、暇人がやる道楽だ」と公言されていた。地域の役員はどこも男性ばかり。何か会合があっても女性はお茶だしや接待ばかりで口を挟むことはできなかった。もちろん女性の市会議員もその当時は0人だった。「あの嫁はよその家のことばかりしているダメな嫁だ」と陰口をたたかれて、泣いたボランティアが大勢いたという。それでも社協のボランティアセンターの職員が彼女たちを励まし、地域でボランティア活動の理解を広げる事業を展開してきた。やがて新しい市長も誕生し、パートナーシップのまちづくりを進めてきた。その結果、人口6万人のまちで約7,000人がボランティア登録をするようになった。また18人の市会議員のうち女性議員が5名を占めている。現在、このまちのなかにはボランティアを蔑視する風潮はどこにもみられない。男女共生参画社会などといわれるが、具体的なボランティア活動が地域を変えてきたのである。

2　生涯学習社会の自己実現と教育的機能

　文部省（現・文部科学省）は1970年代から婦人奉仕活動や青少年ボランティア活動を事業化していたが、1992（平成4）年の生涯学習審議会答申「今後の社会の動向に対応した生涯学習の振興方策について」では、「当面重点を置い

て取り組むべき四つの課題」の1つとして、「ボランティア活動の支援・推進」が取り上げられた。そこでは、生涯学習とボランティア活動との関連について、①「ボランティア活動そのものが自己開発、自己実現につながる生涯学習となるという視点」、②「ボランティア活動を行うために必要な知識・技術を習得するための学習として生涯学習があり、学習の成果を生かし、深める実践としてボランティア活動があるという視点」、③「人々の生涯学習を支援するボランティア活動によって、生涯学習の振興が一層図られるという視点」が示された。ボランティア活動に内在する教育的意義やボランティア自身の自己実現に向けた学習という側面が注目された。

　また第15期の中央教育審議会（以下、中教審）の答申「21世紀を展望した我が国の教育の在り方について」（1996（平成8）年）では、「生きる力」が強調されると同時に、ボランティア活動への言及がなされた。その結果、新学習指導要領（小・中学校は2002（同14）年度から、高等学校は2003（同15）年度から実施）において、総則等に「ボランティア活動」の文言を盛り込むとともに、特別活動、道徳等のなかでボランティア活動などの体験活動を行うこととするなど、学校教育におけるボランティア活動を位置づける内容となった。

　2000（平成12）年の教育改革国民会議では「奉仕活動の義務化」が提言され、翌年の「21世紀教育新生プラン」では重点戦略の1つとして、「多様な奉仕活動・体験活動で心豊かな日本人を育む」ことが位置づけられた。これらを背景とした学校教育法、社会教育法の改正が2001（同13）年になされ、2002（同14）年には改めて中教審から「青少年の奉仕活動・体験活動の推進方策等について」が答申された。これらはその後の教育基本法の改正（2006（同18）年）、それに伴う教育振興基本計画（2008（同20）年）にも反映されてきている。

　こうした文教政策のなかには、一貫してボランティアを教育プログラムとして位置づけることに特徴がある。それは学校教育で育む徳育的指導であったり、青少年のキャリア形成プログラムの1つであったりする。また生涯学習における学習成果の場として用いることで、自己実現の機会にしようという意図がある。いずれにしてもボランティア活動が有する教育的意義を見いだしているの

である。
　とりわけ公教育としての生涯学習のなかでは、学んだことを地域へ返していくという地域還元型学習や、自らの地域問題を自分たちの手で解決していこうとする問題解決型学習が見直されている。2008（平成20）年の中教審では、これからの生涯学習のあり方を「知の循環型社会の構築」として位置づけている。そのなかでもボランティア活動への支援の必要性があげられている。

3　インフォーマルサービスの担い手と福祉コミュニティ

　厚生省（現・厚生労働省）は、1990（平成2）年に改正された社会福祉事業法にもとづいて、「国民の社会福祉に関する活動への参加の促進を図るための措置に関する基本的な指針（社会福祉活動参加指針）」（1993（同5）年）を告示した。また同年7月の中央社会福祉審議会では「ボランティア活動の中長期的な振興方策について」という意見具申をした。これらの背景には、急激な少子高齢社会への対応として福祉マンパワーが必要とされてきたことと、その際のボランティアの活用も含めて、福祉サービス供給主体の多元化を図っていくことがあった。つまり従来の措置行政としての対応だけでは限界があるため、インフォーマルサービスを確立していくための整備が急務であったのである。
　この時期、低額な費用負担を伴う生活支援型のサービスはボランティア活動か否かという議論が生じた。一時、有償ボランティアという表現もみられたが、結局は「住民参加型福祉サービス」という整理に落ち着くことになった。ボランティアにおける無償性の範囲の問題（たとえば、活動にかかる交通費などの活動実費は受け取ってもよいかどうか）や、日常生活支援という継続的支援のあり方（専門職との役割分担やサービス利用者の精神的な負担感の軽減等）などについて新たな課題を提起した。現在、これらの活動は、1998（平成10）年の特定非営利活動促進法（NPO法）の制定と2000（同12）年の介護保険制度の導入が影響して、NPO法人として認証を受けて、活動・経営しているところが多い。

また、最近では介護に関するボランティア活動をすることで、それをポイント化して介護保険料を減免するようなしくみが検討されたり、団塊の世代が定年退職するのに伴いシルバーパワーとして地域福祉や介護活動に関与してもらうための講座などが各地で企画されてきた。ボランティアに対する担い手としての役割や機能が期待されているのである。
　ただし、この側面が強調されすぎると、ボランティアが福祉人材として扱われてしまう危険性もある。ある福祉ニーズに対して、それに応える人の数（サービス量）だけが注目され、まさに量的な需給調整だけがボランティアコーディネーターの業務になってしまうことがあってはいけない。気をつけないと「ボランティアが不足しています」とか「ボランティアを派遣しました」という会話が当たり前のようになってしまう。ボランティアはマンパワーとしての量ではないし、ボランティアコーディネートは人材派遣事業ではないのである。
　ボランティアが担い手として期待されてしまうのは、専門職の補完的な位置づけにされているからである。専門職の手が足りないからお手伝いをするのではない。一人の人を支えていくためには、専門職では支援できない側面がある。それは同じ住民同士の人格的交流であったり、その人に固有なニーズにきめ細かく応えていくことなど、地域におけるQOL（Quality of Community Life：地域生活の質）を高めていくためにボランティアにしか担えない部分がある。利用者により近い立場の者として、彼らに共感したり、代弁したりできるのはボランティア活動ならではのことである。また制度にはなくても、その人が必要としている支援を創り出していくこともある。制度がないから諦めるのではなく、なければ自分たちで創り出す、そうした活動をしているボランティアも多い。これがボランティアの開拓性や先駆性といわれるところである。
　ボランティアは専門職の下請けなのではなく、ボランティア活動と専門職による支援が、対等にかつ有機的に協働していくことが求められる。またこうしたボランティア活動が、地域の福祉力や教育力を高めていくことになり、コミュニティ構築や地域再生の可能性を有している。

4　ボランティア活動の構造化

　以上みてきたようにボランティア活動には3つの側面がある。つまり、①「価値・思想」の問題、②「教育・主体形成」の側面、③「活動による支えあい、まちづくり」の側面である。

　実はこれらを総合的・体系的に整理したものがある。それは全国社会福祉協議会（全社協）のボランティア活動振興センターが設置したボランティア基本問題研究委員会による「ボランティアの基本理念とボランティアセンターの役割―ボランティア活動のあり方とその推進方向―」という報告書（1980年）である。

　この委員会で中心的な役割を果たした大橋謙策は、ボランティア活動の機能として、①地域の連帯・教育力、②地域の福祉を支える力、③住民自治能力の3つをあげ、それらが個人と地域社会のなかで構造化されるとした。

　そうしたボランティア活動を支えるための意識や人間形成が基盤をなし、行政と協働したまちづくりに発展するという体系図が図3－1である。この図には、「福祉教育―ボランティア活動―自立と連帯の社会・地域づくり」という一連の展開が総合的に描かれている。

　大橋はこれらの記述のなかで、ボランティア活動は両刃の剣であることを繰り返し指摘している。それは当時、「ボランティア活動とは社会福祉行政の下請けであり、補完的であり、行政責任をあいまいにする"安上がり行政"の手段とみなされてきた[1]」という批判をふまえてのことである。それゆえに中心にすえた思想・価値の機軸を大切にしたともいえる。

　30年前のこの報告書は、今日も色褪せない普遍的な構造を提起しているといえる。私たちはこれから何を引き継ぎ、何を加えていかなければならないかを検討していく必要がある。

　先述してきたように、再び戦争にむけた靴音が聞こえてきたり、社会的排除の問題はいまだ解決していない。また、この報告がなされた1980（昭和55）年の高齢化率は10％であったが、2008（平成20）年には22.1％となり、少子高齢

第３章　ボランティアと現代社会

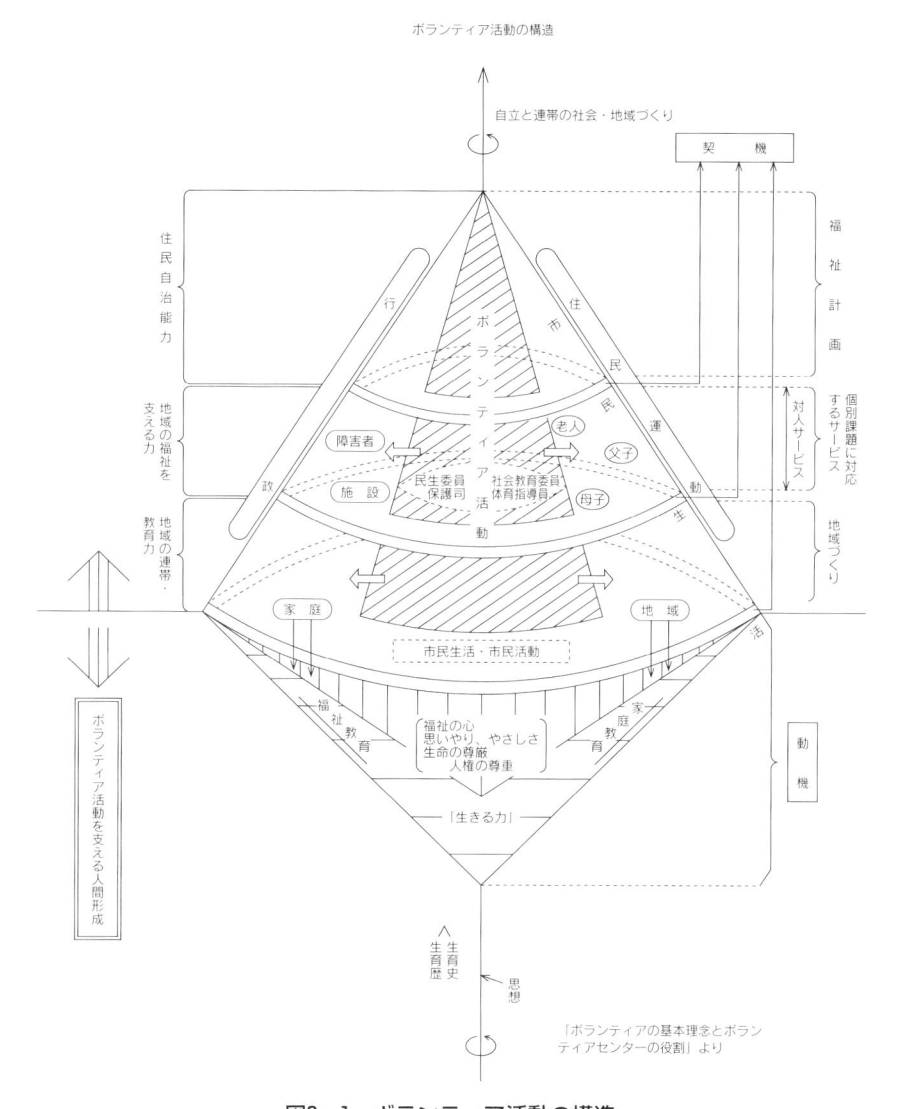

図3-1　ボランティア活動の構造

出典：大橋謙策『地域福祉の展開と福祉教育』全国社会福祉協議会　1984年　p.56

化は益々進展し、中山間地域の過疎化や都市部の介護問題、あるいは自治体の財政破綻など、地域の生活環境も激変している。虐待や自殺、いじめ、不登校など子どもたちを取り巻く状況も同様である。

　一方で企業のなかにはCSR（企業の社会的責任）を積極的に進めるところが現れ、特定非営利活動促進法以後のNPO活動も広がってきた。また、1995（平成7）年に起こった、阪神・淡路大震災を契機にして福祉救援・災害ボランティアの支援や国際貢献、環境問題にも関心が高まってきた。さらにご近所の底力が見直されるように、ソーシャルキャピタル（社会関係資本）の重要性が一層認識されてきている。こうした時代の変化をふまえて、ボランティア活動の構造を再定義していく必要性も生じてきている。

2　ボランティア活動と社会福祉協議会

　日本のボランティア活動を地域福祉推進の視点から振興してきたのは、社会福祉協議会である。社協のDNA（この組織が誕生した遺伝子）をたどると、1908（明治41）年の中央慈善協会の発足にまでさかのぼることになる。団体の名称の通り、この組織はイギリスのCOS（慈善組織協会）をモデルにしている。その意味では冒頭に述べた通り、社協という組織自体を日本のボランティアの歴史とあわせて考えなければならないのだが、ここでは最近の動向について概観する。それは全社協の発展は、それぞれの地域の内発的な動きと時の政府の政策が混じり合うなかで展開しているというユニークな側面があるからである。

1　善意銀行の設立

　1962（昭和37）年、徳島県で「善意銀行」が誕生した。これは今日のボランティアセンターの前身になる。当時、徳島県社協の職員であった木谷宜弘たちが発案した。木谷は自身のボランティア体験をもとに、「役に立ちたい」とい

う市民のニーズを何か形にできるシステムをつくりたいと考案したのが善意銀行である。ふだんから善意を銀行に預けておき、必要なときに、必要な人が善意を引き出すというしくみである。徳島県内で始まったこの取り組みは全国に広がり、1973（同48）年には1,250か所に開所された。これが下地になって社協にボランティアセンターが設置されることになる。

　これほど全国に善意銀行が広がった背景には、1962（昭和37）年の「社会福祉協議会基本要項」の影響があったと思われる。社協活動における「住民主体の原則」（キーワード、p.43）が定められたが、実際的な住民主体の地域福祉活動として、ボランティア活動は目にみえる具体的な活動プログラムであった。善意銀行を通して、こうしたボランティア活動への支援が広がり始めた時代である。

2　ボランティアセンター事業の広がり

　1973（昭和48）年には、厚生省（現・厚生労働省）が「奉仕銀行」という制度を開始する。これは当時、老人の孤独死、捨て子等の事件が多発し、そのような事件を防ぐためには国や地方公共団体の福祉サービスだけでは不可能であることから制度が検討された。奉仕銀行は、住民の善意を開発育成し、さらに奉仕グループへと大きく伸ばし、奉仕活動の需要と供給を合理的に調整することを目的とした組織体である。奉仕銀行の設置主体は都道府県と指定都市であるが、運営にあたっては、都道府県や指定都市の社協に委託された。

　国庫補助として事業が位置づけられたことから、各地でボランティアセンターの設置が本格的に始まる。その後、全社協にも1975（昭和50）年に中央ボランティアセンターが開設され、それが組織強化され、今日の全国ボランティア活動振興センターとして1977（同52）年にオープンする。初代の所長は善意銀行の創始者である木谷宜弘が徳島県から招聘された。その後、センターを中心にプログラム開発や研修、調査が進められていく。

　1985（昭和60）年からは、同じく国庫補助事業としてボランティア活動の基

盤となる人的・物的条件を整備し、自主的な活動が展開されることを目的とした「ボラントピア事業」が実施された。具体的には、市区町村の社協にボランティア活動推進協議会を設置し、住民に対する啓発活動やボランティアスクールの開催、ボランティアの登録・斡旋、情報提供、活動場所の確保などを行っている。

　さらに1991（平成3）年度からは、ボラントピア事業の実施等によりボランティア活動の基盤整備が進められた市区町村を対象にして「ふれあいのまちづくり事業」が実施された。同事業では、社協が実施主体となり、福祉に関する住民の相談に応じ、またボランティアをはじめ、さまざまな人が参加して、地域の実情に即した創意と工夫によるサービスを提供することにより、地域福祉の推進に努めることを目的に実施された。今日の社協による地域福祉推進の基盤をつくってきた事業である。

　また1977（昭和52）年度から各地のボランティアセンターが中心となって、小中学校および高等学校の学童・生徒を対象として「学童・生徒のボランティア活動普及事業」が実施されてきた。同事業では、協力校を選定し、協力校で地域の実情に合わせて行われる社会福祉施設への訪問・交流などの体験学習や赤い羽根共同募金などの社会福祉関係行事への参加等を行うことで福祉教育の推進を図ってきた。日本の福祉教育の基盤をつくってきた事業である。

3　ボランティアの計画的推進

　全社協・全国ボランティア活動振興センターによる「ボランティア活動推進7ヵ年プラン」（1993（平成5）年）は、同年4月14日に告示された「国民の社会福祉に関する活動への参加の促進を図るための措置に関する基本的な指針（社会福祉活動参加指針）」を受け、広く、社会的にボランティア活動を振興するために、21世紀中に達成すべき目標、課題、戦略を明らかにしたものである。これらの内容は、同年7月の中央社会福祉審議会により意見具申された「ボランティア活動の中長期的な振興方策について」と整合性をもって作成されている。

表3-1 全社協を中心としたボランティア活動支援

年	内容
1962（昭和37）年	「善意銀行」の開所（徳島県）
1968（昭和43）年	全社協ボランティア活動研究委員会「ボランティア育成基本要項」の策定
1973（昭和48）年	都道府県・指定都市に「奉仕銀行」の設置（厚生省・国庫補助事業）
1975（昭和50）年	「中央ボランティアセンター」の発足
1977（昭和52）年	「全国ボランティア活動振興センター」への改組・強化 「学童・生徒ボランティア活動普及」事業の指定開始 「ボランティア活動保険」の創設
1979（昭和54）年	全社協ボランティア活動振興懇談会「ボランティア活動振興のための提言」
1980（昭和55）年	全社協・ボランティア基本問題研究委員会「ボランティアの基本理念とボランティアセンターの役割」報告書
1985（昭和60）年	「福祉ボランティアのまちづくり事業」（ボラントピア事業）の開始
1989（平成元）年	第1回全国ボランティア大会開催（東京都）
1992（平成4）年	「全国ボランティアフェスティバル」の開催（第1回：兵庫県）
1993（平成5）年	「ボランティア活動推進7ヵ年プラン」の策定
1994（平成6）年	「ボランティア体験月間（7～8月）」の推進開始 「広がれボランティアの輪」連絡会議の発足（44団体　事務局：全社協）
1995（平成7）年	「阪神・淡路大震災」での活動支援
1996（平成8）年	「ボランティアコーディネーター」「ボランティアアドバイザー」養成研修開催
2001（平成13）年	「ボランティア国際年（IYV）」活動推進 「第二次ボランティア・市民活動推進5ヵ年プラン」の策定
2005（平成17）年	災害ボランティアコーディネーター研修プログラムの開発
2008（平成20）年	「第三次ボランティア・市民活動推進5ヵ年プラン」の策定

　全社協がこのプランを発表した意義は大きい。これによって日本におけるボランティアのナショナルセンター（中核としての機能をもつ拠点）としての位置づけが、公的にも認知されることになった。

　その後、第二次（2001（平成13）年）、第三次（2008（同20）年）とプラン

は継続されている。第三次の重点事業として、①災害ボランティア活動推進・支援体制づくり、②定年退職者等高齢者の参加促進、③福祉教育の地域展開の推進、④地域の深刻な福祉課題・生活課題に挑戦する団体の支援・協働が提案されている。

4　福祉援護・災害ボランティアへの取り組み

　1990年代後半以降、各地で発生する災害に対して、社協のボランティアセンターがその対応に貢献してきた。もちろん災害に対する対応は社協だけでできるものではなく、行政や災害関係のNPOや企業、中央共同募金会などと協働して取り組んでおり、その対応と取り組みは一定の評価を得てきている。これを推進するために災害ボランティアコーディネーターの養成、災害時の行動指針づくりが進められている。

　このことは災害時に限らず、地域の安心・安全に貢献できる具体的な機能として、日常の小地域福祉活動と関連させて事業展開ができることから、各地のボランティアセンターが力を入れて取り組んでいる柱の1つである。

3　ボランティア元年の意味すること

　今日のボランティア活動の大きな転機になったのが、1995（平成7）年に起きた阪神・淡路大震災である。このとき約140万人もの人々が被災地でボランティア活動をしたといわれる。各地から救援物資や義援金を送付したり、献血などの協力も含め後方支援にかかわった人たちの数は計り知れない。その後、政府は、震災のあった1月17日を「防災とボランティアの日」と定めた。

　こうした多くの人たちがボランティア活動に関心を寄せ、実際に多彩な活動をしたことから、マスコミは「ボランティア元年」と呼んだ。しかし、ボランティア関係者によると、「ボランティア元年」と称したのは、単に活動者の数

の多さだけが理由ではないという。それ以上に、行政とボランティア活動の役割が見直され、新たな関係が構築されたからである。

　実際に広域にわたる大規模災害が起こったときに、行政はその初期対応でできることは限られていた。むしろボランティア活動の方が効果的であったり、即応性、柔軟性に長けていることから優位な点が数多くあった。そしてそのことを誰もが認めざるを得なかった。

　それまで日本において行政とボランティアの関係は、厳しく言えば官制ボランティアが多かったこともあり、役割が上下関係であった。しかし、大震災で明らかになったことは、行政とボランティアの対等な協働関係の重要性であった。それぞれの特性や機能を発揮した活動が対等に行われることで、相乗効果がもたらされる。そこで行政とボランティアのパートナーシップや協働といった議論が盛んになされるようになっていく。

　こうした新しい関係性を構築していくことが、日本における本来のボランティア活動のスタートである「ボランティア元年」と称された背景にはある。

　この時の経験がもとになって、各省庁のボランティア関係所管部の連携がとられるようになるとともに、ボランティアによって支えられてきた任意の組織がより活動を展開しやすくなるための制度整備として、1998（平成10）年、特定非営利活動促進法（NPO法）が成立した。

　またこうした日本国内での議論の高まりを背景にして、1997年には第52回国連総会において、「ボランティア国際年」に関する提案を日本政府が行い採択された。2001年には「ボランティア国際年」が世界各地で実施された。

4　「広がれボランティアの輪」連絡会議の意義

　ここで「広がれボランティアの輪」連絡会議（会長／山崎美貴子：神奈川県立保健福祉大学）についてふれておく。この会議は、あらゆる国民が「いつでも、どこでも、誰でも、楽しく」ボランティア・市民活動に参加できるような

環境づくり、気運づくりを図る目的で、全国的なボランティア・市民活動推進団体や学校教育・社会教育関係団体、青少年団体、経済・商工団体、労働団体、マスコミ系社会事業団等により、1994（平成6）年6月に結成された。

　この会議は、まさに日本のボランティア関係者のプラットフォームである。現在、加盟している団体は55団体になり、全国的なボランティア・市民活動への参加よびかけ、ボランティア・市民活動のあり方に関する協議、関係省庁との懇談会やシンポジウム、フォーラムの開催、提言活動等の広報・啓発活動を推進している。事務局は、全国社会福祉協議会・全国ボランティア活動振興センターが担当している。

　この連絡会議はほぼ毎年、ボランティア活動振興に向けた提言を出している。まだ全国的に十分な注目度があるとはいえないが、これだけの関係団体が一同に協議しながら、必要な提言を出し続けている意義は大きい。

　この会議は全国的なものであるが、今後、都道府県を単位としてこうしたボランティアのプラットフォーム（➡キーワード、p.43）をつくっていくことが、必要とされるであろう。このプラットフォームで協働していく過程を蓄積していくことが、やがて日本におけるボランタリーセクターを形成していく礎になる可能性があるからである。

読者の皆さんへの3つの質問

Q1　あなたの地元の社会福祉協議会に、ボランティアセンターがあることを知っていますか。そこではどんな事業をしているか調べてみましょう。

Q2　あなたは、今の社会でどうしてボランティア活動が大事だと思いますか。ボランティア活動に期待されていることはどんなことだと考えますか。

Q3　今の社会で私たちにとって問題だと感じているのはどんなことですか。そしてその問題解決に向けて、あなた自身は何ができそうですか。

ボランティアを読み解くキーワード

▶ボランタリーセクター

　ボランティアやNPO、NGOといった、市民が中心となって組織して活動をすすめるセクター（分野または部門）を一般的に「市民セクター」とか「非営利セクター」という。一方、政府や自治体といった公的部門を「行政セクター」、企業などの経済団体を「企業セクター」という。社会は、これらの3つのセクターから成り立っていると考えることができる。ボランタリーセクターとは、この「市民セクター」や「非営利セクター」と同意義である。イギリスでは伝統的に「ボランタリーセクター」と用いることも多い。

▶住民主体の原則

　地域福祉を推進する際の基本的な視点。そこに暮らす地域住民のニーズに基づいて活動を推進すること。すなわち当事者性を尊重して地域援助活動を展開することを意図している。この用語は、1962（昭和37）年の「社会福祉協議会基本要項」のなかで、社協の性格として位置づけられたことから、長く社協のあり方を示すものとしても用いられてきた。基本要項のなかでは、住民主体とは決して専門職の立場を弱めるものではなく、むしろその役割と態度を明確にしたものであるとの留意点が示されている。

▶地域福祉を推進するプラットフォーム

　プラットフォームとは、そもそも上の部分を支える土台とか底部という意味合いがある。
　地域福祉を推進するために、地域の関係者が目的を共有して集まること。またそのつながりを活用して問題解決などを図っていくための空間や機能のことを意図している。従来の地域組織化という手法は、会則や役員などを定めて自立性の高い組織をつくることが目的であった。しかしプラットフォームという手法は、ミッションを明確にして多様な人たちが集い、それが達成されたら解散するという開放性、柔軟性、機動性を重視した方法である。ワーカーは目的に応じて、こうした手法を使い分けている。

【引用文献】

1）大橋謙策『地域福祉の展開と福祉教育』全国社会福祉協議会　1984年　p.53

【参考文献】

- 大橋謙策『地域福祉の展開と福祉教育』全国社会福祉協議会　1984年
- 木谷宜弘『ボランティア物語1～3』筒井書房　2000年
- 「広がれボランティアの輪」連絡会議『提言集』2008年（取扱：筒井書房）

私にとってのボランティア

ユウジとの出会い

　大学時代、障害のある子どもたちと一緒に地域で遊ぶサークル活動をしていた。最初はとても気楽な気持ちで「ボランティアでもしてみるか」と出かけた。そこで待っていたのが、ユウジであった。

　重度の自閉症という障害のある彼は、言葉がなかった。なんともいえない奇声を発しながら、シーシーとつばを吐き散らしながら、僕に突進してきた。僕はニコニコした笑顔をつくりながら、内心は怖くて仕方がなかった。ピーンと腕を張ってユウジの肩を押さえつけ、それ以上は僕に近づけまいと必死だった。そう彼は、僕の自身の「総論賛成、各論反対」といった卑しい気持ちを一瞬で露わにさせたのである。

　それから彼とのつきあいが始まった。一緒に電車に乗った。ユウジはところ構わず大声を出した。どんなに満員の電車でも彼の周りにスペースができた。乗客は迷惑そうな顔をして露骨な怒りをユウジの隣にいる僕に向けた。僕は心のなかで「僕はボランティアです」と堅い鎧をつけて、その場をやり過ごした。

　彼と一緒にいるのが、嫌で嫌でたまらなかった。ボランティアを止めようと思ったことも何回もあった。でもその度にユウジが笑った。それが悔しくて、彼のもとに向かった。それから４年間、彼と過ごしたことで僕は本当にたくさんのことを教わった。人が生きるということが、どんなに尊いことなのか。地域で生きるということが、どんなに大変なことなのか。ユウジとユウジの両親がどんな想いで、暮らしているのか。それまで僕が知りもしなかった世界があることを教えてもらった。

　結局、彼は養護学校（現・特別支援学校）を卒業後、地元から離れた遠い地方の施設に入所するしかなかった。当時、僕は何もできなかった。いや、今でも何もできないかもしれない。しかし、今もこうして僕が考え続けているのは、あのときボランティアをしたからであり、ユウジと出会えたからだと思う。

（原田正樹）

先人から学ぶボランティア
―木谷宜弘先生からのメッセージ―

木谷宜弘
1929（昭和4）年生まれ。1957年に徳島県社会福祉協議会に入社。今日の市町村社協ボランティアセンターの前身「善意銀行」の立ち上げ、ボランティアや福祉教育事業などを展開。その後、全社協地域組織部副部長、全国ボランティア活動振興センター初代所長、淑徳短大、福山平成大学などを経て、現在、徳島でボランティア研究所を主宰し、TIC運動（Teens In Community）などボランティア・福祉教育事業に精力的に携わる。著書に「ボランティアの発掘と援助」「ボランティア読本」など多数。

インタビュアー：原田正樹

福祉教育とは人を丸ごと見ること、人としての共通基盤を大切にすることです

■子ども達への口演童話が原体験

原田――木谷先生がボランティア活動や福祉教育に関心をもった原点について教えてください。

木谷――今の私からはとても想像できないかもしれませんが、中学生のとき対人恐怖症にかかりました。人と話すことが怖くてたまらない。当時の担任の先生から、まずは家の裏のかぼちゃ畑に向かって話をしてみろ、と言われました。ところがかぼちゃを相手に話をしても、何の反応もない。そこで今度は近所の子ども達を集めて、童話を話しました。「これでおしまい」と言って帰ろうとすると、『お兄さん、明日もね』と言われました。

下手な話を目を輝かせて聞いてくれたあの子ども達の姿が浮かんできて、結局、毎日、毎日、続けることになりました。話のネタを探して童話研究会にも入りました。この活動は3年間、私の自宅で続きました。親もよく理解してくれたと思います。子ども達が大勢集まってくれました。そのうちに読み聞かせ

だけではなく、子ども達と一緒に新聞を発行したり、キャンプをしたり活動は広がっていきました。このときの体験が私にとってのボランティア活動の原体験です。

■学生時代にセツルメント活動に関わる
原田──その後、先生はどんな青年期を過ごされたのですか。若いときどんな学びをされましたか。
木谷──旧制中学を卒業したあと、父親が病気で倒れてしまいました。働かないといけなかったので新制高校を中退して、徳島の繊維会社に就職しました。やがて繊維会社の大阪出張所勤務となり、勤めながら夜間高校を卒業しました。それでも自分のなかでは児童福祉を勉強したかった。そこで大阪社会事業短大（1950年開校、1982年に大阪府立大学社会福祉学部に統合）を受験しようと思ったわけです。

短大では農村社会事業から産業社会事業へと変化していく社会構造について学んだことが印象に残っています。そのなかでも柴田善守先生に影響を受け、とくに社会思想史と社会福祉についてはいろいろ考えました。思想や哲学的な背景に関心をもち、先生のすすめで大阪のセツルメントにも関わりました。セツルメント活動のなかで本格的にボランティアという世界にも出会いました。卒論のテーマは、「社会思想史的背景としてのセツルメントの考察」です。あらためて振り返ると私のなかでは、そうした学生のころの体験にもとづく思想の大切さ、それがボランティア活動の根底にあるのではないかと思います。

卒業後は、石井十次記念セツルメントに就職が決まっていました。ところが父親が今度は交通事故にあい、徳島に戻ってくることになったのです。そこで徳島県社協に就職することができたわけです。そのときの最初の大きな仕事が子供民生委員活動でした。

■子供民生委員制度は子ども主体の問題解決
原田──当時の子供民生委員について、今日との比較からその特徴を教えてください。
木谷──子供民生委員制度を創設された平岡国市氏らが社協の財政危機の責任

を取って辞任することになりました。結果として後任として私が引き継ぐことになったのです。

　当時、学校を長期間にわたって欠席するという長欠児童が増えていた。その原因は今のようないじめや不登校ではなく、むしろ当時は貧困を克服するために共働き家庭の増加とそれに伴う家事や家業の手伝いが原因でした。子供民生委員活動では長欠しているお友達のことを話し合う。そうすると子供民生委員から「朝、そういうお友達を迎えに行こうよ」と具体的な提案がある。そういう問題解決の力を子ども達はもっているのです。子供民生委員は地域の課題を一緒に考えることで、子ども達自らが地域づくりの主体になる。あくまでも中心は子ども自身。子供会にしてしまうと、子ども達は健全育成の対象になってしまいます。その実行主体は親のほうになってしまう。ですから、子供民生委員活動と子供会活動は違うというのが、当時の主張でした。

　実際に当時の文部省からPTAを組織化するように通知が出た。そのときにPTAは何をやるところかという議論があったときに、子供会の世話をすることが活動の中心になりました。やがて子供民生委員活動は、子供会へと変質していくわけですが、だんだんと管理的な側面が強くなっていきました。そもそも子供民生委員活動は、子どもが主体的に自分たちの身のまわりの問題解決をしていくことがテーマで、活動の大事なポイントです。しかし子供会になり、親が運営の中心になっていくと、そうした地域福祉活動よりも、レクリエーションや野外活動、行事が中心のプログラムになっていきました。今の健全育成の仕組みや活動は、子どもをお客さんにしてしまっているのではないでしょうか。

　実際に子供民生委員の子ども達から、地域社会や大人社会に対してたくさんの問題提起もありました。『大人は時間を守れ』とか、『農繁期にも親たちがお風呂にはいれるようにしてあげよう』という意見。『障害のあるお友達も学校へ行かれるようにして欲しい』と知事に訴えたこともあります。子ども達も地域の大人や環境に対して働きかけていくことができる主体なのです。子どもの力を信じて、問題を解決していく能力を育むことも大事なのではないでしょうか。どんな姿勢で大人が子どもに関わるか、私が今もなお子供民生委員活動にこだわるのは、そうした根本的な問題や思想が子供民生委員活動にはあったからです。

■善意銀行の原点とボランティア
原田──善意銀行の原点になったのはどんな考え方ですか。
木谷──善意銀行は1962年に第一号が始まりました。この善意銀行という発想は、善意を貯蓄して必要な人が必要なときに活用できる仕組みをつくりたいということで、もう少し別の言い方をすれば「何かしたいというニーズ」と「助けて欲しいというニーズ」を結びつける仕組みが必要だと思ったのです。

　福祉ではそれまで、助けて欲しいというニーズに対して何とかしようと取り組んでいました。また当時の社協は地域のなかの潜在的なニーズを探すために調査活動や住民懇談会などをよくやっていました。ところが地域のなかから「何かしたい」という声があがってきても、それに対応することは福祉の援助ではないという意識もありました。でも私にとっては、どちらも大切な住民の声ですし、せっかく求めている人と応えたいという人がいるのであれば、それらを結びつけたいという思いが善意銀行になりました。

　制度だけのサービスでは、人間が満足できないこともよくわかっていました。やはり人は人と人とのつながりやふれあいを求めるのです。

　それを満たせるのは人の善意であり、ボランティアなのです。それを支えていく仕組みが必要でした。

　「善意」と「銀行」という一見、まったく違った言葉を結びつけたことも、注目を集めた原因のひとつだったかもしれません。

■社協の理解をモデル地域で広める
原田──ちょうど1962（昭和37）年は社会福祉協議会基本要綱ができ、「住民主体の原則」が打ち出されました。この時期の社協活動をどう見ていましたか。
木谷──当時は昭和の大合併と言って、市町村合併が進みました。ちょうど平成の大合併と言われた今と同じような状況です。そこで私は合併した市町村で社協の組織化をするために県内各地を回りました。しかし、地元の人たちには社協や地域福祉が理解されていませんでした。社協がやらなくても、すでに地縁の組織があるから必要がないとよく言われたものです。地縁団体の責任者を集めても、各団体の利害関係があり、まとまらない。そんな組織をつくっても仕方がないのではないかという声がほとんどでした。福祉事務所と社協の違い

がわからない。あまりにもそんなことを言われるので、私も全社協がいう地域組織化はアメリカがモデルであって、そもそも地縁組織が頑丈にある日本には当てはまらないのではないかと思ったこともありました。ただそうはいっても従来の地縁組織では福祉活動が十分に展開されているとはいえない。

　そこで、どこか目に見えてわかりやすい社協活動を地域のなかにつくるしかない。県内を探して小松島市に協力を依頼することにしました。そこでは社協と行政の違うところを意識しました。行政が法律に基づいて実施するのに対して、社協は住民の意思に基づいて事業をしていくこと。それには、そういう住民の意思を表明してくれる人と場が地域にないといけない。そこで町内会に呼びかけて民生委員、町内会、婦人会、青年団などから代表者にお寺に集まってもらい、学習会をやりました。やがていろいろな意見が出て動き始め、この取組みは昭和34年に全国で始まった保健福祉地区組織活動による、県内2カ所のモデル地域の一つになりました。住民主体は理念ではなく、具体的な方法論です。ボランティアはまさにその象徴だと思います。こうした地域の活動があって、はじめて「何かしたい」という住民の主体的な意識が醸成されてきたのだと思います。

■学び合うこと、相互実現する営みへ

原田──これからの福祉教育やボランティア活動で忘れてはいけない本質とは？

木谷──福祉教育とは、福祉だけでは成立しません。教育だけでも成立しません。あるいは介護だけでもない。基本はそこにいる人を丸ごと見ることだと思います。このことは岡村重夫先生も仰っていますが、人を切り刻んで見るのではなく、その人全体を見ること。さらにその人が住んでいる地域をみること。地域全体が豊かでないと、人は育っていかない。そもそも人が生きていくためには、福祉も教育も必要なんです。

　それゆえに福祉教育が専門的に狭くなってしまってはいけないのではないかと思っています。社会福祉の専門職化も大事ですが、福祉教育とはもっと人としての共通基盤を大切にすることが大事だと思っています。そこを大切にできる福祉教育のあり方を考えてほしいと思います。

先ほども述べましたが、子供民生委員の活動を現代に引き継ぐとすれば、子どもの主体性を信頼して、地域ぐるみで取り組むこと。地域の問題解決を子どもと一緒にしていくことで、子ども達は地域の一員として自信をつけて、いろいろな力を身につけていく。そしてやがて地域も変わっていくのです。人にはそれぞれ違いがありますし、生活環境にも違いがあります。それを大事にして、学びあうことで力をつけていく。差異を大切にできる場づくりが今の地域には必要だと思います。そのことを通して学んでいくことが福祉教育の展開につながるのではないかと思います。
　ボランティアとは相互実現していく営みです。自己実現だけでは駄目なのです。それにはボランティアが一方的にサービス提供の側に立たないようにしなければなりません。ボランティアする側とボランティアを受ける側がいつも固定して一方通行になることは、必ずしも効果的ではないのです。逆に言えば、いつもボランティアを受けるだけでも駄目なのです。善意の受け手であり、善意の担い手であるという連鎖が大事になります。
　日本では有償ボランティアという考え方が出始め、やがて住民参加型福祉サービスとか、NPOが生まれ、今日、介護保険制度のなかでは経済・お金との関係抜きでボランティアが語れなくなってきています。ボランティアは経済活動とは違う次元の世界から、現実社会をつきさす術であって、そもそも経済社会のなかに組み込まれるものではないのではないかと思っています。あらためてボランティアとは何か若い人たちに考えて欲しい。NPO研究も大切ですが、ボランティアとは何かをもっと考えてほしい。
　福祉教育も同様で、いつも役割りが同じであり続けることはよくない。つまり教える側と教えられる側が固定することなく、一緒に学び合うことが大切。そのことはもうひとつの教育や福祉のあり方を考えていくことになるのではないでしょうか。

（日本福祉教育・ボランティア学習学会監修『ふくしと教育』通巻3号　大学図書出版　pp.47－50より）

第4章
日本におけるボランティアの普及・推進の歩み

1　大阪ボランティア協会の「想い」

　現代の世界では、個人の力はあまりにも弱々しく、個人では何もできない、という無力感をあたえます。しかし、この個人である私たちがやらねばだれが世界を動かすのでしょうか。小さな個人ですが、誰にも通ずる理性と感情を持っています。個人の力はやがて大きな力になると、私は信じていますが、それは単なる夢でしょうか。もしこれが夢で終わるならば、人類はおしまいだという気がします。ボランティアは、その最前線に進む人だと思っています。それゆえに、ボランティアは怒りと愛を持つ行動的な人たちだと思っています[1]。

　大阪ボランティア協会初代理事長の柴田善守が1969（昭和44）年に「ボランティア活動」の冒頭で記した文章である。1981（同56）年には大阪ボランティア協会がその理念を「協会基本要綱」として次のようにまとめている。

　福祉的課題の解決には、国および地方自治体の努力とともに住民一人ひとりが行政に対し、より高い福祉の基盤整備と充実を促すとともに、自らが主体的・自発的にその課題解決に参加することがなければ真の解決にはなりません。ボランティア活動は、このように住民の側からの福祉的課題解決と連帯社会づくりの活動であります。一方、この活動は、この活動を通して住民自らが人間の尊厳に目ざめ、参加と創造の喜びを得るとともに、より高い福祉や文化のあり方や問題を学び、あるいは伝えあって、自分たちの地域社会に人間的連帯を育

て、さらに民主主義と住民自治を創造していく役割もあります[2]。

　これらの文言のなかに大阪ボランティア協会が設立以来、最も大切にしてきた心を読み取ることができる。それは、時代の流れのなかで多くのボランティアに伝えられ脈々と息づき、市民社会の創出をめざす大きな原動力となった。
　ボランティア活動の歴史をみればいくつもの事実に出会う。たとえばボランティアの語源は、1600年代のイギリス、スチュアート王朝下の社会的混乱状態のなかでの自警団に見出すことができる。そして、18世紀のイギリスにおいては軍隊への志願兵をボランティアと呼んでいる。「自発的」という意味はあるが、それは、現在我々が意識しているボランティアとはかなり様相が違う。現代のようなボランティア活動の原点は、産業革命後のイギリスにおけるCOS（Charity Organization Society）（➡キーワード、p.67）やセツルメント運動（➡キーワード、p.67）などの民間社会福祉の動きにあるといわれている。
　こうした動きは日本においても石井十次の岡山孤児院（1887（明治20）年）、留岡幸助の家庭学校（1899（同32）年）などの民間社会事業として現れ、さらにセツルメントの動きは片山潜によるキングスレー館（1897（同30）年）、関東大震災後の帝大セツルメント（1924（大正13）年）などへとつながっていったのである[3]。
　こうした歴史は現代社会におけるボランティア活動の礎となっている。その変遷は、すでに多くの識者によって文献としてまとめられている。そこで本稿では少し角度を変えて、ボランティア活動推進機関の動向からボランティア活動の変遷をみることにしたい。具体的には日本で最も歴史が古いボランティアセンターとして、現在に至るまで日本の市民活動のリーダー的な役割を担ってきた「大阪ボランティア協会」に焦点を当てながら探っていくことにする。

2　民間ボランティア活動推進機関の胎動

1　ボランティアグループの支援から

　大阪ボランティア協会の源流は1963（昭和38）年から始まったボランティアグループの月例会にある。

　当時施設訪問を中心にさまざまな活動をしていた約30のボランティアグループの関係者たちが、ボランティア活動の情報交換をしたり、福祉施設のことや福祉そのものについて、あるいはグループの運営などについて学習するために主体的に集まるようになり、月例会として定期開催されるようになった。その開催場所は、当初は大阪市浪速区にあった"さかえ隣保館"であったが、その後大阪市の社会福祉協議会に移り、そして日本生命済生会に移っていく。

　開催場所の変遷には夜間に利用しづらいなどの会場としての問題があった一方で、日本生命済生会の社会事業の動向とも大きくかかわっている。

　日本生命済生会は、大阪での方面委員制度（→キーワード、p.67）創設に深くかかわった小河滋次郎を招聘し創立された。小河は、窮地にある人々に理解と救いの手を差し伸べる社会事業活動は決して何かのための手段ではなく、もともと人間性に基づく自発的行為であり、民間社会事業はこうした特異性を最も適切に期待できる、と高く評価しており、そうした小河の使命感に支えられ、1958（昭和33）年に済生会のなかに社会事業局が開設され、初代社会事業局長に後の大阪ボランティア協会初代事務局長となる川村一郎を据えた。川村は、社会福祉事業を、地域社会の生活と福祉を向上させるために、地域に住む人々のニーズと

大阪ボランティア協会(1971(昭和46)年ころ)、このなかでさまざまな市民活動が産声をあげていく

住民参加を広く促す、より高度で専門的であるべきものと考えていた[4]。

こうした川村の想いが、1962（昭和37）年の徳島県社会福祉協議会、続いて大阪府社会福祉協議会に設置された善意銀行の動きに刺激され、大阪ボランティア協会の設立支援へとつながっていくのである。

2　一貫した学習支援と主体形成

大阪ボランティア協会は設立当初から人づくりに力を入れ、さまざまな事業と日々の活動を通してボランティアの学習支援に精力を注いできている。そのことに関して岡本榮一は、「ボランティア協会は善意銀行が『モノ・カネ』の仲介に終始していたことに対して、研修やボランティアスクールなど人間に関わる『人づくり』『学習支援』に重点を置いた。この動向は、19世紀後半のイギリスにおいて、モノ・カネの施与に傾斜しがちだった『COS運動』に対し、あくまで人間の人格の変容、エンパワメントに働きかけようとした『セツルメント運動』と対比できそうである[5]」と記している。

この学習支援は、具体的には多様な人を対象にした講座などの開催が中心であるが、その運営方法にソーシャル・グループ・ワークの理念とその実践方法を組み込んで、今で言うところのワークショップ（→キーワード、p.68）というスタイルで実施している。その方法は講師と参加者という一方通行の承り型の関係ではなく、講座のなかにレクリエーションやグループディスカッションなどの楽しくてフレンドリーな場を組み入れて、受講者自身が講座に参加しながら主体的に学べるようにしたものである。これによって講座参加者同士のつながりも深まり、新たな活動を生み出すきっかけにもなった。また、こうした主体性を育

婦人ボランティアスクール（1967（昭和42）年ころ）

てる講座運営の方法が後の参加システムへとつながっていくのである。

3 参加システムを通した民主主義の実践

　このように、大阪ボランティア協会は設立当初からボランティアの主体性を大切にし、人づくりや学習支援を実施してきたのであるが、さらにボランティアの直接的な行動を促す仕組みも創出している。それは「参加システム」という、ボランティアが協会の事業運営に直接的に参加する仕組みである。この参加システムは、1970（昭和45）年に起こったボランティア協会の財政危機を契機に創出されたもので、偶発的な要素も大きいのであるが、ボランティアの基本である"主体性"そして"自発性"を大切にしてきた協会のなかでは必然であったのかもしれない。

　設立以来、資金繰りに苦心しながらの運営を続けるなか、1970（昭和45）年に関係者が集まりボランティアスタッフが日常的に協会事業を検討する場としての「企画運営委員会」、そして事業の企画・運営を担うプロジェクトチームが発足し、ボランティア協会の「参加システム」が始まった。その理念はボランティア活動のもっている社会変革性をボランティア協会における事業運営を通して実践しようとするもので、ここにセツルメントとの対比をみることができる。

　こうした思想と具体的な動きに共感したボランティアは、客体化された存在としてではなく自ら主体的に運営スタッフとして事業運営にかかわり、他のスタッフとの協働で事業を企画・運営していくようになる。現在もこの参加システムは協会事業への多様な市民のかかわりを促して、ユニークな事業を市民参加で実施している。大阪ボランティア協会では、このような形で事業運営に直接的に

活動の情報交換やメンバー交流を行ったサロン・ド・ボランティアから多彩なネットワークが広がっていった

参加するスタッフをアソシエーター（アソシエーションをもじった造語）と呼んでいる。

参加システムは、大阪ボランティア協会を中核とした市民ボランティアの循環システムとでもいえるだろう。この参加システムは、専従の職員が企画し、運営する場合に比べると確かに機動性や効率の面では劣る。しかし、協会の事業運営システムはあえて効率や効果のみを重視するのではなく、非専従のボランティアが参画し、そのプロセスを通してそこにかかわるすべての人の主体の成長を図ろうとしているのである。こうした、ある意味で非効率的な仕組みは、まさにボランティア協会が参加システムを通して民主主義の壮大な実験をしてきたことの現れといえるだろう。そこに大阪ボランティア協会の価値があるといえる。

4 ボランティア活動の変化のなかで

ここで少しボランティア活動全般の変遷を整理しておく。

福祉を中心とした戦後日本のボランティア活動の歩みを、『ボランティア・NPO用語事典』では5つの期に分けて整理している[6]。

第1期（1945〜1959（昭和20〜同34）年）は、戦後復興期のなかでの大阪社会事業ボランティア協会や日本赤十字奉仕団の発足、学生によるワークキャンプ運動やボーイスカウト運動、VYS運動（🔲キーワード、p.68）やBBS運動（🔲キーワード、p.68）などの子どもの健全育成に関する活動が盛んに行われるようになった。

第2期（1960〜1969（昭和35〜同44）年）は、高度経済成長のなかで、社会福祉協議会の善意銀行、大阪ボランティア協会、日本青年奉仕協会などの中間支援組織が相次いで発足し、活動も点訳や手話のほか、施設訪問グループなどのグループ活動が盛んになった。

第3期（1970〜1979（昭和45〜同54）年）は、民間性の旗を揚げた「運動志向性」が強く、交通遺児のための募金運動、シャプラニールなどの国際ボラン

ティアの活動、いのちの電話、わたぼうしコンサート、誰でも乗れる地下鉄をつくる会による地下鉄のエレベーター設置運動など、障害者の自己実現の運動などが展開されるようになった。

　第4期（1980年代）は、京都、香川、世田谷、宮崎などで民間のボランティア協会の設立が相次ぐ一方で、住民参加型在宅福祉サービスが盛んになり、「有償ボランティア」論議が沸きあがってくる。また、厚生省（現・厚生労働省）の「福祉ボランティアのまちづくり事業（ボラントピア事業）」あるいは全国ボランティア大会などの行政によるボランティア活動支援の取り組みが盛んになってきたのもこの時期である。

　こうした流れのなかで、第5期といわれる1990年代に入ってボランティア・市民活動の様相が大きく変化していくのである。その1つのきっかけが1995（平成7）年の阪神・淡路大震災であった。

3　新しい市民社会創出に向けて

1　新しいミッションを生み出した阪神・淡路大震災

　1995（平成7）年1月17日早朝、阪神地域を激震が襲った。6,400余名もの尊い命を奪い4万3,700余名の負傷者を出したこの地震は、約47万世帯の住処をも奪った。誰もが深い悲しみに陥ったなかで、一筋の光明を我々に与える動きがあった。それは全国各地から駆けつけた約140万人もの市民ボランティアの活動だ。水汲み、瓦礫の片付け、炊き出し、救援物資の配布など、さまざまな活動にボランティアがかかわった。この人数の多さや活動の多彩さなどがボランティア元年という言葉さえ生み出したのである。それほど、いわば衝撃的なあるいは感動的ともいえるボランティアたちの活躍がみられたのである。この時、全国のボランティア活動推進機関が連携して被災地の最前線で「阪神・淡路大震災被災地の人々を応援する市民の会」（以下、市民の会）を立ち上げて

応援活動を展開した。それは日々駆けつける多くのボランティアと、被災された人たちをつなぐコーディネートで、震災直後の1995（同7）年1月20日から同年5月14日までの115日間に、延べ約2万1,000人という膨大な数のボランティアと、総数約4,900件余りのニーズをつないだ。通常のボランティアコーディネートのように、一人ひとりのボランティアの特性などを詳しく聞き取り、応援を求める人とのニーズと結び付けていくことは大災害という緊急時では時間的に無理である。そこで、次から次へと訪れるボランティアが、壁に貼られた活動先のなかから自分自身で活動先を選ぶ付箋方式を開発し、ボランティアの自発性・主体性を大切にしながらコーディネートを進めた。この付箋方式は、1日の活動を終えたスタッフが最終電車で帰宅する際に翌日の活動内容を付箋を使って整理しているなかで思いついたもので、緊急を要する災害支援のボランティアコーディネートに向いていることから、これ以後、毎年のように発生した自然災害の救援活動でも活用されている。

2　重要な役割を果たしたボランティアコーディネート

　市民の会でのボランティアコーディネートは、大阪ボランティア協会の歴史のなかで蓄積し、開発されてきたノウハウを被災地で活用したものである。ここでのコーディネートの特徴は3つある。

　1つ目の特徴として日々訪れる多くのボランティアをその自発性を大切にしながら適切に被災者につないだことがあげられる。

　2つ目の特徴は、全国の第一線で活躍している多くのボランティア活動推進機関が連携して市民の会の運営に取り組んだことである。その中心的役割を担ったのが大阪ボランティア協会と、東京に拠点をもち、大阪ボランティア協会と共に全国レベルで事業展開をしていた日本青年奉仕協会（JYVA）である。大阪ボランティア協会は現地で直接のボランティアコーディネートを担い、JYVAは現地でのコーディネートにも参加するとともに、主に後方支援という形で東京においてボランティアスタッフをコーディネートした。そのコーディ

ネートを通して全国のボランティア活動推進機関などから、延べ477人ものボランティアスタッフが市民の会の活動に参画することになった。この背景にあったのがボランティア推進機関の日ごろのネットワークである。このネットワーク構築には、JYVAが中心となって全国の活動家たちが実行委員会となり、1970（昭和45）年から2003（平成15）年の山形大会まで34年間続けられた「全国ボランティア研究集会」が大きな役割を果たしている。また、1983（昭和58）年から始まった全国民間ボランティアセンター関係者懇談会（2002（平成14）年から市民活動推進者企画戦略会議）も、同じようにネットワーク構築に貢献している。

　3つ目の特徴といえるのが、企業との連携である。大阪ボランティア協会が1991（平成3）年に発足させた「企業市民活動推進センター[7]」（CCC：Center for Corporate Citizenship）（⇒キーワード、p.68）との関係が深かった経済団体連合会（経団連、現・日本経団連）の「経団連1％クラブ」も、市民の会設立当初からそのメンバーとして参画し、加盟企業に協力を働きかけさまざまな救援物資の提供を始めるとともに、延べ133人の企業人ボランティアを市民の会につないだ。企業との連携ということでは、同じく企業市民活動推進センターとのつながりがあった大阪工業会加盟企業からもボランティアスタッフ延べ462名が市民の会の活動に参画した。これらの協力スタッフの人数は合わせて延べ1,119人になった。こうした連携と協同を通して大阪ボランティア協会はインターミディアリー（⇒キーワード、p.68）として、つまり中間支援機関として社会の要請に対してボランティア、NPO（Non-profit Organization：非営利組織）、企業、行政など社会的な課題の解決にかかわる個人や組織を有機的につなぎ、協同のステージをつくるとともに、その協同を支援する役割をそれまで以上に高めていくようになるのである。

3　新時代に向けた企業社会貢献活動

　阪神・淡路大震災で企業が大きな力を発揮したのは、1990年代に入りそれま

であった企業の社会的活動が「企業社会貢献」という名称で呼ばれるようになり、多くの企業に専門部署が設けられ、組織的かつ体系的に推進されるようになってきた流れの一環と位置づけられる。

　社会貢献に関して企業が明確に意識するきっかけとなったのは、1985（昭和60）年のプラザ合意である。急速に円高が進み、多くの日本の企業がアメリカへ進出した。このアメリカ進出でさまざまな文化摩擦が生じ、その摩擦の経験を通して社会貢献活動の必要性を学んでいったのである[8]。

高齢者の人たちの外出介助にかかわる企業人ボランティア

　1990（平成2）年に、経常利益や可処分所得の1％相当額以上を自主的に社会貢献活動に支出しようと努める企業や個人を会員とした経団連1％クラブが創設され、具体的な社会貢献活動を展開するようになった。前述した阪神・淡路大震災での救援物質の提供や企業人ボランティアの応援活動もその1つである。

　企業には「市場が求める財とサービスを提供する」というこれまで重視されてきた経済的な価値に加え、私たちの社会を持続可能（サスティナブル）なものにしていくため、「地球環境に負荷を与えない生産スタイルや企業経営」をめざす環境的価値や、「企業もまた社会を構成する一員として、社会的な課題解決にもかかわっていく」という社会的価値が鋭く求められるようになってきている。そこでは、単に法令違反をしない（コンプライアンス）ということだけではなく、多彩な社会貢献活動や社員のボランティア活動支援、NPOとの協働なども含めた企業市民としての行動が求められている。NPOセクターとの協働によるさまざまな事業で、これらの企業の社会的価値を高める取り組みをサポートするのが企業市民活動推進センターである。同センターが1993（平成5）年から各企業の社会貢献担当者の恒常的な学習の場として開いているの

が「フィランソロピー・リンクアップフォーラム」である。また2008（同20）年度からは、「フィランソロピー・CSRリンクアップフォーラム」として、企業が社会の信頼と共感を得ることが企業の発展に不可欠との視点から、企業の社会的責任（CSR）に関しても積極的にその推進を企業やNPOと共に進めている[9]。

4　新しい市民社会の創出に向けて

　阪神・淡路大震災ではこうした企業社会貢献活動と合わせて市民活動の新しいスタイルとでもいうべきNPOが大きく注目された。もちろんNPOもこの震災ではじめて登場したものではない。1970年代から1980年代にかけて都市化の問題が顕著になり、バブル経済が大きく社会に影響を及ぼすなかで、さまざまなボランティア団体やボランティア活動支援団体つまりNPOが台頭し始めた。そうしたなか、「市民活動」という言葉が生まれてきた。市民活動は「市民」の社会的な活動といえるが、その「市民」について『ボランティア・NPO用語事典』では「社会問題の存在を自覚し、その解決に主体的に取り組む人々」としている[10]。さらに、市民社会については、市民がそれぞれに価値観を共有する人々と市民活動団体を組織し、それぞれの信条に基づいて社会に積極的に働きかけ、多くの市民の主体的な関与で社会システムが構築される社会としている。ともあれ、この時期に多くの団体がそれぞれのミッションに基づいて多様な活動を展開したのであるが、それらを全部ひっくるめて市民活動団体としてみると、日本の社会のなかに新しい世界がみえてきたのである。そこにアメリカからNPOという概念が伝わり、日本のなかで市民活動やNPOという言葉が広がり始めたのである。このようにしてこれまでのボランティアの歴史を基礎として、新しい市民社会の創出に向けて社会が動き始めたとき、阪神・淡路大震災が起こり、多様なNPO団体が多彩な活動を展開したのである。

　NPOがより効果的に有効な力を発揮するためには、組織が法人格を取得して安定した運営をしていくことが有効な方法の1つである。しかし、当時の日

本の公益法人制度では一般のNPOの法人格の取得は難しく、そのことが1998（平成10）年の特定非営利活動促進法（NPO法）へとつながっていったのである。

2009（平成21）年3月末現在、日本全国で活動するNPO法人は3万7,198団体である[11]。これらの団体が、保健、医療または福祉の増進を図る活動や社会教育の推進を図る活動、あるいはまちづくりや環境といった17分野ごとでさまざまな活動を展開している。

21世紀になって少子高齢化問題がますます進行し、若年労働力の不足による社会活力の低下、医療保険を支える年齢層の減少による医療保障制度などの崩壊、総体的人口の減少による地域社会の停滞、さらに高齢者を地域社会のなかで十分に支援できないといった社会課題を生じさせている。現在も、高齢化率は上昇しつつあり、2005（平成17）年には20.4％を記録し、2025年には30％になる。つまり、日本人の3人に1人が65歳以上の高齢者になると予測されている。

また、高度経済成長を背景に豊かさを手に入れたはずの現代日本において、格差社会という新たな社会状況が生まれ「現代の貧困」といわれる問題もクローズアップされるようになってきている。そこには働いても働いてもなお貧しい人、つまりワーキングプアといわれる人たちや、ニートやフリーターといわれる若者たちの現象も絡み合っている。

さらに、老老介護の問題、児童虐待、育児放棄、家庭内暴力（DV）などの問題も生じるようになってきた。こうした身近な問題に加えて「環境破壊の進行」という地球規模の問題も加わり、21世紀の日本社会は、いや世界は大きな転機にさしかかっている。

この転機を乗り越えていくためには、ボランティアやNPO、また企業などの多様な分野の市民が行政とも協同し、新しい市民活動がさらに活発に進められること、すなわち真の市民自治が、そして民主主義が確立されることが必要だと考えられる。

設立から一貫して市民活動の支援にかかわってきた大阪ボランティア協会は、

2002（平成14）年から大阪府との共同でNPOの支援拠点としての「大阪NPOプラザ」の運営に携わっている。大阪NPOプラザには、現在、中間支援の機能をもった団体も含めて34のNPOが拠点を構えて市民とともにさまざまな活動を展開している。こうした団体の協同が今後ますます重要になっていくのである。

表4-1 ボランティア活動支援の歩み

1946年～	1947（昭和22）年	京都少年保護学生連盟の活動（後のBBS運動）がはじまる
	1952（昭和27）年	「VYS運動」が愛媛ではじまる
1960年代	1962（昭和37）年	徳島県社会福祉協議会に「善意銀行」設置
	1963（昭和38）年	大阪府社会福祉協議会に「善意銀行」設置
	1964（昭和39）年	大阪で家庭養護促進協会が「あなたの愛の手を」運動を開始
	1965（昭和40）年	大阪ボランティア協会発足（発足当初はボランティア協会大阪ビューロー）
		大阪ボランティア協会が「第1回ボランティアスクール」開講
		神戸でお誕生日ありがとう運動発足
		北海道ボランティア連盟が発足
	1966（昭和41）年	富士福祉事業団『月間ボランティア』創刊
	1967（昭和42）年	大阪ボランティア協会『月刊ボランティア（現Volo）』創刊号発刊
		日本青年奉仕会発足
		ボランティア協会兵庫ビューロー発足
	1968（昭和43）年	全国社会福祉協議会『ボランティア育成基本要綱』発表
	1969（昭和44）年	ボランティア協会大阪ビューローを解散　社団法人大阪ボランティア協会設立
		小さな親切運動大阪本部発足
1970年代	1970（昭和45）年	日本青年奉仕協会「第1回全国奉仕活動研究大会」開催
		日本病院ボランティア連絡会発足
	1971（昭和46）年	大阪ボランティア協会「参加システム導入・企画運営委員会設置」
		文部省　全国10か所に「婦人奉仕活動促進方策研究事業」開始
	1972（昭和47）年	大阪で初の給食サービスがミード社会館ではじまる
	1973（昭和48）年	厚生省　全国の社会福祉協議会84か所に「奉仕銀行設置の助成」開始
		公共広告機構　新聞8紙にボランティアキャンペーン
		関西いのちの電話センター始動
		大阪ボランティア協会「高校生ワークキャンプ」開始

	1974（昭和49）年	大阪市社会福祉協議会に「奉仕銀行」開設
	1975（昭和50）年	厚生省　全国の社会福祉協議会289か所に「奉仕活動センター設置助成」開始
		奈良で「第1回わたぼうしコンサート」開催
		神戸市社会福祉協議会ボランティア情報センター発足
		横浜ボランティア協会発足
	1976（昭和51）年	大阪で誰でも乗れる地下鉄をつくる会発足
	1977（昭和52）年	全国社会福祉協議会　「ボランティア保険」スタート
		全国社会福祉協議会　全国ボランティア活動振興センター始動
		学生・生徒のボランティア活動普及事業に国庫助成開始
		静岡県ボランティア協会発足
		ボランティア協会岡山ビューロー発足
	1978（昭和53）年	山梨県ボランティア協会発足
		大阪で自殺防止センター開設
	1979（昭和54）年	日本青年奉仕協会「1年間ボランティア計画」開始
1980年代	1980（昭和55）年	京都ボランティア協会発足
	1981（昭和56）年	大阪府社会福祉協議会ボランティアセンターオープン
		世田谷ボランティア協会発足
		香川県ボランティア協会発足
		宮崎県ボランティア協会発足
		長崎県ボランティア協会発足
	1982（昭和57）年	大阪家族福祉協会発足
		北九州障害福祉ボランティア協会発足
		日本青年奉仕協会『グラスルーツ』創刊号発刊
	1983（昭和58）年	第1回　全国民間ボランティアセンター関係者懇談会開催
		大阪府　ファインプランがまとまり「ボランティア推進府民会議」始動
		第1回　京阪神ボランティアセンター需給調整担当者懇談会発足
	1985（昭和60）年	厚生省　「ボラントピア事業」開始
	1986（昭和61）年	大阪市シルバーボランティアセンターオープン
		大阪府　青少年国際交流ボランティアバンクスタート
		社会教育審議会　「社会教育施設におけるボランティア活動の促進」について答申
	1987（昭和62）年	天王寺博覧会にシルバーボランティア1,500人
		全国社会福祉協議会　全国ボランティアの集いを開催
	1989（平成元）年	高齢者保健福祉推進10か年戦略「ゴールドプラン」策定
		環境庁　自然保護教育ボランティア講習会を開始

1990年代	1990(平成2)年	企業メセナ協議会発足
		IAVE (International Association for Volunteer Effort)日本発足
		経団連「1%クラブ」発足
		富士ゼロックスがわが国はじめての社員の『ボランティア休暇制度』をはじめる
	1991(平成3)年	郵政省　「国際ボランティア貯金」を開始
		厚生省　「ふれあいのまちづくり事業(地域福祉総合推進事業)」を開始
		文部省　「生涯学習ボランティア活動総合推進事業」を開始
		第1回全国NGOの集い
	1992(平成4)年	関西マガジンセンター　『企業市民』創刊
		第1回全国ボランティアフェスバル開催
	1993(平成5)年	国際ボランティア貯金加入者1,000万人を突破
		大阪市全区においてボランティアビューローが開設
		中央社会福祉審議会が「ボランティア活動の中長期的な振興方策について」を意見具申
	1994(平成6)年	青少年問題審議会が「青少年期のボランティア活動の促進に向けて」を意見具申
		約50の全国関係団体等の参画のもと「広がれボランティアの輪連絡会議」が設立
		大阪府ボランティアセンター事業開始
	1995(平成7)年	阪神・淡路大震災で140万人を超すボランティアが被災地で活動
		日本福祉教育・ボランティア学習学会発足
		厚生省　災害対策マニュアルを発表
	1996(平成8)年	大学生有志により　きょうと学生ボランティアセンター設立
		日本NPOセンター設立
		日本で最初の国際ボランティアデー開催
	1997(平成9)年	ナホトカ号重油流失事故で、全国各地から約27万人のボランティアが汚染除去に参加
		全国の普通郵便局約1,300局にボランティアコーナーを開設
		ひろしまNPOセンター発足
		第1回NPO全国フォーラム開催
		せんだい・みやぎNPOセンター発足
	1998(平成10)年	小学館発行の『SAPIO』が、「国民皆ボランティア制度」を提案
		日本ボランティア学習協会発足
		NPO法が施行
		日本ボランティア学会発足
	1999(平成11)年	国際ボランティア学会発足

		長野オリンピック冬季大会で約3万3,000人のボランティアが支援
		日本NPO学会発足
		東京世田谷でチャイルドライン開設
2000年以降	2000（平成12）年	大阪府　NPO活動活性化指針を発表
		東京労働金庫、近畿労働金庫が、ろうきん「NPO事業サポートローン」を開始
		ジャパンプラットフォーム発足
		首相諮問機関の教育改革国民会議が「奉仕活動の義務化」を提起
	2001（平成13）年	ボランティア国際年スタート
		日本ボランティア・コーディネーター協会発足
		厚生労働省　勤労者マルチライフ支援事業を本格的に開始
		大阪市がNPO法人等への「事務所賃借料助成制度」を創設
		IAVE日本　「世界青年ボランティア会議」を長野で開催
		全国社会福祉協議会　「第2次ボランティア・市民活動推進5ヶ年プラン」発表
		東京都　NPOとの協働指針策定
	2002（平成14）年	オランダで開かれたIAVE第16回世界会議で「世界ボランティア宣言」採択
		NPO支援税制改正法成立
		大阪に市民活動の総合拠点　「大阪NPOプラザ」オープン
		ワールドカップ日本開催で約1万5,000人のボランティアが支援
		中教審　「青少年の奉仕活動、体験活動の推進方策について」を答申
		ホームレス支援法、参議院で全会一致で成立
		NPO法改正案成立
	2003（平成15）年	全社協刊の『ボランティア活動年表2002』で全国のボランティアは739万6,617人と発表
		改正認定NPO法人制度施行
		改正NPO法施行
		ホームレス支援のための雑誌『ビッグイシュー日本版』が創刊
		大阪ボランティア協会が「ボランティア・市民活動ライブラリー」を大阪NPOプラザに開設
		イラクでの3人の日本人人質をめぐり「ボランティアの自己責任論」が盛んになる
	2004（平成16）年	自民党が全国各地で「NPOタウンミーティング」を開催

読者の皆さんへの質問

Q1　ボランティア活動あるいは市民活動は、現代社会においてどのような意義や効果があると思いますか。

Q2　「COS運動」と「セツルメント運動」の対比を通して、大阪ボランティア協会が注力してきた「人づくり」にはどのような意味があったのでしょうか。また、その意味をあなたはどのように考えますか。

Q3　企業の社会貢献活動が特に1990年代に入って「企業市民活動」として大きな意味をもつようになってきました。企業が社会貢献活動をすることの意味や必要性についてどのように考えますか。

ボランティアを読み解くキーワード

▶COS

Charity Organization Societyの頭文字をとったもの。18世紀後半の産業革命は産業構造を大きく変化させた一方で、貧困や都市環境の悪化などさまざまな社会問題も引き起こした。そうした問題にかかわった多くの篤志家や慈善団体の個別の慈善活動を、効率的な救済活動に組織化した慈善組織協会がCOSで、1869年にイギリスで誕生し、その後、1877年にアメリカでも組織化されている。ボランティアスタッフによる友愛訪問活動などがその活動として有名である。

▶セツルメント運動

1884年ロンドンのイーストエンド地区にバーネット夫妻（Barnett, S.&H.）を中心に設立されたトインビー・ホールがその原点。COSの物質的援助を中心とした救貧事業に対して、生活困窮者が多く暮らすスラム街に住み込み、住民らとの交流を通して地域の生活向上を図ろうとした運動。1889年にはアメリカのシカゴにアダムス（Addams, J.）によってハルハウスというセツルメントが設立され、日本では1897（明治30）年に片山潜によってキングスレー館が設立されている。

▶方面委員制度

1918（大正7）年に大阪で誕生した制度で、現在の民生委員・児童委員制度の前身となっている。米騒動などで社会が不安定な状況のなか、当時の大阪府知事林市蔵のもと、小河滋次郎が中心となり、方面委員と呼ばれる民間人の担当員を

地区に配置して貧困の実態調査を実施し、住民の生活実態を十分把握して助言指導による救貧活動を展開した。

ワークショップ（workshop）

　もともと「作業場・工房」など共同で何かを作る場所を意味しており、参加者が主体的にその「場」に「参加」し、さまざまな「体験」のなかでの「双方向性」や「相互作用」を通して、気づきと学びを深め合う方法である。互いに共通理解し合うなかで新しい学びが創出され、その新しい学びが次の行動へとつながるため、現代演劇や現代美術、住民参加のまちづくりなどの分野を中心に広がってきたものが、市民活動分野での実践や会議の場などでも多く用いられるようになってきている。

VYS運動（Voluntary Youth Social Worker's Movement）

　青年有志社会事業家運動と呼ばれており、1952（昭和27）年に愛媛県で生まれている。青年有志が友愛・奉仕・理想という3つの綱領を児童の健全育成分野において実践。1968（同43）年には「全国VYS連絡協議会」が結成されている。

BBS運動（Big Brothers and Sisters Movement）

　「子どもたちの課題は若者の手で…」という思いのもと、1947（昭和22）年に設立された「京都少年保護学生連盟」がBBS運動の始まりで、非行少年の兄や姉的役割としてかかわり更生を援助する活動。「大兄姉運動」とも呼ばれたこの運動は、1952（同27）年には法務省の支援のもとに「日本BBS連盟」が結成され、その活動は現在も引き継がれている。

企業市民活動推進センター（CCC：Center for Corporate Citizenship）

　1991（平成3）年に大阪ボランティア協会内に開設された事業推進部門。開設以来「企業市民活動」（いわゆる企業の社会貢献活動）の専門機関として、①企業市民活動全般のコンサルタントと研究会の開催、②社員・OB等の市民活動支援のための総合的支援・プログラム提供、③NPOと企業（人）のパートナーシップ作りのためのコーディネートなどを行っている。
　近年はCSR（企業の社会的責任）の運営相談やコンサルティングも推進している。

インターミディアリー（Intermediary）

　「媒介者」「仲介者」「中間のもの」と訳され、コミュニティーの課題解決を目的として活動するNPOやNGOと、「資金」や「人材」あるいは「情報」などを提供

する行政や企業との間に入って、それらの資源を仲介する組織のことをインターミディアリーという。この言葉は市民活動の分野においてよく使われているがまだ日本では一般化していない。

【引用文献】

1）柴田善守編『ボランティア活動』ミネルヴァ書房　1969年　p.3
2）大阪ボランティア協会『月刊ボランティア　臨時号』2000年　p.3
3）大阪ボランティア協会監修、巡静一・早瀬昇編『基礎から学ぶボランティアの理論と実際』中央法規出版　1997年　p.23
4）大阪ボランティア協会『市民としてのスタイル―大阪ボランティア協会40年史』2005年　p.15
5）同上書　p.59
6）大阪ボランティア協会編『ボランティア・NPO用語事典』中央法規出版　2004年　p.89
7）大阪ボランティア協会　http：//www.osakavol.org/ccc/index.html
8）森井利夫編『現代のエスプリ―ボランティア』No.321　至文堂　1994年　p.116
9）大阪ボランティア協会　http：//www.osakavol.org/ccc/index.html
10）前掲書6）　p.5
11）内閣府ホームページ　http：//www.npo-homepage.go.jp/data/pref.html

【参考文献】

- 山岡義典編著『NPO基礎講座』ぎょうせい　2006年
- ボランティア研究会編『増補　日本のボランティア』全国社会福祉協議会　1980年
- 柴田善守編『ボランティア活動』ミネルヴァ書房　1969年
- 金子郁容著『ボランティア―もう一つの情報社会』岩波書店　1992年
- 大阪ボランティア協会『なにわボランティア物語―大阪ボランティア協会30年史』1996年
- 基礎からの社会福祉編集委員会編『社会福祉援助技術論（シリーズ・基礎からの社会福祉2）』ミネルヴァ書房　2005年
- 上野谷加代子・山縣文治・松端克文編『よくわかる地域福祉』ミネルヴァ書房　2005年
- 大阪ボランティア協会編『ボランティア・NPO用語事典』中央法規出版　2004年
- 野上芳彦『ボランティアとその理論』東京神田杉山書店　1980年
- 大阪ボランティア協会監修、巡静一・早瀬昇編著『基礎から学ぶボランティアの理論と実際』中央法規出版　1997年

私にとってのボランティア

チョボラって…？

　少し前、テレビで"チョボラ"という言葉を時々耳にしたことがあった。チョッとしたボランティアの略らしい。「なかなか面白いが、妙な言葉が使われるようになってきた」と思う。そういえば学生が「先生、チョボラって知ってますか？」と聞いてきたことがあった。「それ何？」、もちろん私は知っていたのだがあえて尋ねてみた。「ちょっとしたボランティアのこと」「へえ～。で、ボランティアって何？」と、意地悪な質問を重ねてみた。「捨て猫を拾って育てること」「他には？」「捨て犬を拾って育ててあげること」。どうも、その学生は動物が好きなのかこんな答えが返ってきた。おそらくそれ以外のことはあまり意識していないのだろうが、まあ、そんなに的外れの答えでもない。

　チョボラではないが、ボランティアという言葉はよく耳にする。それは、障害者やお年寄りのお世話をすること、あるいはもっと身近なところでは「指一本でできるボランティア」と称してエレベーターで行き先ボタンを押してあげるというのもある。電車のなかで席を譲るというのもある。うちの学生ではないが、行き場のない犬や猫を引き取って育てるというのもある。

　多くの場合、その行為そのものはなるほど的外れのものではない。しかし、その行為だけを指してボランティアと称するのはどうだろうか？理屈っぽい話になるが、「ボランティアって何」と聞くと、「誰かのお世話をすること」といった答えが返ってくるのもそのあたりにあるのだろう。さまざまな社会状況のなかで他者の応援を必要とする人はたくさんいる。もちろん自分自身もそういう場におかれることもある。そうした人へのお手伝いや応援はとても大切なことで、できるだけたくさん行われるほうが良いことは言うまでもない。しかし「その行為を自分が選択してすることができる」という主体性が抜け落ちてしまうと、「大切なことだからしてあげなければならない」という半ば強制的な義務的行為になってしまうかもしれない。ボランティアの"主体性"は活動しないことの免罪符ではない。自由な意思で社会に参加し、

他者との共生を自分のこととして一緒に考えるという意思である。この意思が消えたとき、とても窮屈な社会になるのかもしれない。

(名賀亨)

先人から学ぶボランティア
―岡本榮一先生からのメッセージ―

岡本榮一
　1931（昭和6）年、兵庫県生まれ。大学卒業後、養護施設、診療所（医療ケースワーカー）、児童館館長、大阪ボランティア協会事務局長など、33年間福祉・ボランティア活動の現場で働く。58歳より大学教育に転じ、西南女学院大学、流通科学大学、九州保健福祉大学（通信制大学院）などで教鞭をとる。1993（平成5）年から2009（同21）年まで大阪ボランティア協会理事長。2009年よりボランタリズム研究所所長。主著『ボランティア＝参加する福祉』（共著・ミネルヴァ書房）、『社会福祉原論』（共編著・ミネルヴァ書房）など。

　インタビュアー：名賀亨

ボランティアで大切なことは、「愛」と「世のなかの不正義に向きあう」こと

■ありがとうの発見

名賀――長年のボランティア運動のなかで一番大事だと思われる言葉は？
岡本――そうですね。エリクソン（Erikson, E. H.）という人の「人は、必要とされることを必要とする」という言葉ですかね。
名賀――なかなか、意味の深い言葉ですね。具体的な話がありましたら…。
岡本――ぴったりか、どうかわかりませんが、Dさんという「サマー・ボランティア」に参加した中学3年生の女の子の話です。私は、そのDさんの「ボランティア活動の記録」がふと目にとまりました。Dさんが参加したのは、高齢者のための「福祉施設」でした。初めての経験で、1週間ばかり、お掃除、配膳、食事介助など、施設の先生の指示にしたがって、お手伝いをしたのです。Dさんの記録には『"ありがとう"の発見』とありました。概要はこう書かれていました。

『"ありがとう"の発見』

　ボランティア活動は初めての経験でした。どんなところなのか、最初はびくびくしながらお友達と参加しました。お年寄りに直接、接するのは初めてです。施設でのお昼の時間帯は食事があるので大変忙しいのです。先生の指示にしたがって配膳の手伝いをしたり、手が不自由で食事ができないお年寄りの食事の介助などもしました。

　そのなかでも、食事の介助をしたAさんというおばあさんと仲良しになりました。1週間はすぐたちました。最後の日の別れの時、「Aおばあちゃん、おげんきでね…」と、思いきって、手をにぎってあいさつしました。するとAおばあさんは「Dちゃん、ありがとう。ほんとうにありがとう」といって涙を流されました。わたしも泣いてしまいました。そのボランティアが終わっても、あの、最後の情景がときどき頭をのぞかせます。あのおばあさんの「ありがとう」が忘れられないのです。生まれて何百、何千回も「ありがとう」を聞いて育ったというのに…。わたしは、あのAおばあさんの"ありがとう"から、この言葉のすばらしさを、生まれてはじめて発見したのです。

名賀──ボランティア活動をして、その言葉のすばらしさ、意味が見えた…？
岡本──そうです。必要とされることに応えたからです。必要とされることは何らかの"役割"を担うということ。未知の世界で、お世話という"役割"を果たしたから"ありがとう"の意味が発見できた。「身体を使う」ことで、言葉が心の深いところに届いた。人は人の役に立つために生れてくる。だからそこに触れた時、深い喜びが生まれるんですね。Dさんは、経験ではなく体験を、ボランティア活動を通して学んだのですね。
名賀──学校の勉強だけでは学べなかった？
岡本──そうです。思いきって一歩を踏み出す。そこに新しい世界が待っているんです。家庭や学校の外に出て、ボランティア体験をする。それも大きな学びの1つですね。

■心のプレゼント

名賀──「ボランティア活動をすると、心のプレゼントをもらえる」というの

は、金子郁容さんが、たしか「自発性のパラドックス」でいっていますね。
岡本──金子さんは、慶応大学の先生です。『ボランティア──もう一つの情報社会』という本のなかでいっていますね。「パラドックス」という言葉は、日本語では「逆説」といいます。難しい言葉です。金子先生はこの本のなかで、ボランティアは自発的でなければならない。自発的な強い立場だからこそ、弱く、柔軟になり、相手に「心の窓をあける」ことによって、相手の思いを受け入れることができる。つまり、「自らをバルネラブルな弱い立場に立たせ」⇒「心の窓を開けて待ち」⇒「相手の出方に応じて行動する」⇒「そうすれば、不思議なプレゼントがもらえる」といっています。
名賀──「バルネラブル」（Vulnerable）は、「ひ弱い」「傷つきやすい」という意味ですね。
岡本──そうです。"真のボランティア"というのは、「強さ」をもちながらも自らをバルネラブルな「弱い、傷つきやすい状態」に置く人だという。行動する際、「心の窓を開け」、「相手と同じ位置に身を置いて応答する」。そういう相手と同じ立場での＜やりとり＞を通じて、はじめて相手から「何かがプレゼントされる」のだ…というのですね。

■相手の立場に立つ

名賀──しかし、「相手の立場に立つ」ということは、なかなか難しい。
岡本──これは、障害者のTさんという方から聞いた、今から15年も前の話です。Tさんは、言語が不自由で、発語しても、慣れた人でしかよく理解できない位でした。手足も不自由で、移動する方法としては、車いすに乗り後ろ向きに右足で地面を蹴り、首を進行方向に曲げて、進行方向を見ながら、後ろ向きに移動していました。通勤では、ＪＲを利用していました。

　利用する駅は２階部分がプラットホームになっており、エレベーターがなく駅員や通行人に上げドロしを手伝ってもらっていました。ある朝、何人かの人に手伝ってもらい、２階から１階に降ろしてもらいました。そうして彼が、「後ろ向き」に改札口の方に移動しかけた時、数人の体育会系らしき高校生が改札から入ってくるや、リーダーの「手伝え！」という号令で「電車に乗られるのですか？」など、Ｔさんへの一言もなく、あっという間に２階のプラットホー

ムです。元に戻ってしまいました。そのあと、高校生たちは「バイバイ」といって、プラットホームの東端の方に移動してしまった…というのです。こういうのを「おせっかい」というんです。金子さんの「自発性のパラドックス」からすると、高校生には「強さ」だけあって、「心の窓」を開けなかった。「弱い立場」に立って、「相手の出方を待つこと」をしなかった。結果的に「おせっかい」だけが残ったんですね。

名賀──そういえば、「大阪の地下鉄の駅にエレベーターをつける運動」がありましたね。

岡本──1976（昭和51）年頃だった。あの頃は、大阪ボランティア協会に出入りしている車いすの青年のなかには、「地下鉄に乗ったことがない」という人もいた。それで「それはおかしい。あたりまえの社会ではない！」と、あるボランティアが立ちあがった。障害者は"家"に閉じ込められていた。「外出する権利」「移動する権利」が保障されていなかったから。

ちょうど、大阪の地下鉄の新線計画が発表されたのを機に、新しい地下鉄駅から＜エレベーター＞をつけてもらおうという運動が始まった。そこで、市民に理解してもらうために街頭で「ビラ」を配ったり、市の交通局の関係者と、障害者が通勤したり、買い物に行ったりできるように、エレベーターを設置してほしいと話し合いをしたりした。しかし、壁は厚かった。あの頃、私など、車いすの青年を介助してほしいと、駅員さんに頼みにいったら「なんで、わざわざ車いすで地下鉄に乗らなければならないんや？」ということもあった。実際、交通局の関係者の多くは無理解だった。

だから、ボランティアの仲間たちは、交通局の幹部の人たちに「車いす試乗会」をやって、＜エレベーター＞がないと大変苦労することを体験してもらったりした。とうとう「喜連瓜破」という駅からつけることになった。今からすれば＜エレベーター＞があることは、「あたりまえなこと、ノーマルなこと」なんですがね。

■正義は愛に先行し、愛は正義を全うする

名賀──「地下鉄のエレベーターをつくれ！」などと"運動"したりするのは「ボランティアではないのでは？」という声もありますが…。

岡本――「正義は愛に先行し、愛は正義を全うする」という言葉があります。この言葉は、ボランティアは＜愛＞だけでは完結しない、時には、世のなかの「おかしいぞ」と思う"不正義"とも向かい合う必要がある…といっているわけですね。それは「おかしい」と思うことに気づき、それを正すこと。ボランティアとはこの両面をもつ人です。「ボランティアは偽善者だ」という人がいる。そうであってはならないんですね。事実、この運動は、障害者だけでなく、高齢者、妊婦、ベビーカーを押して移動するお母さん、病弱な人たちなど、大勢を助ける働きをした。直接ではないけれどね。運動した障害者とともに、ボランティアもこの運動から多くのことを学んだ。そんなことを、この「地下鉄運動」は投げかけているように思いますね。

名賀――今日は大変貴重なお話しありがとうございました。本書を１人でも多くの人に読んでいただければ、ボランティアの考え方も幅が広がるのではないかと思います。本当にありがとうございました。

第5章
人と人とのかかわり
──児童・障害者・高齢者──

1　人生を変える出会い
　　──ボランティアという学びの装置──

1　学びの装置としてのボランティア活動へ

　社会環境は、人間の成長発達に大きな影響を与える。日本においては核家族化・少子高齢化・格差拡大化などの要因により、コミュニティ機能は脆弱化し、深刻な社会問題化している。このため異世代間だけではなく同世代間の人間関係も希薄化している。このような状況のなかでは、児童、高齢者、障害者といった社会的に弱い立場の人々だけではなく、すべての人間が孤独感を感じ、社会的孤立に陥る可能性をもっていると言っても過言ではない。このような状況のなかでのボランティア活動の今日的意義としては、社会性や人間性を高めていくと同時に、社会的閉塞感を打ち破る働きがあると、筆者は考えている。

　ボランティアは、活動を通して自分とは違った他者と出会い、交流・対話することによって多様な価値観や考え方が存在することを体験的に学ぶ。学びとは、「出会いと対話によって遂行される『意味と関係の編み直し』の永続的な過程である[1]」と佐藤学は述べている。このような体験的学びを通して気づいた社会的課題に対し、自らが主体的にかかわっていくことで社会的問題解決力や実践力を身に付けていくことがボランティアの意義であり魅力の1つである。本節では、筆者自身のボランティア経験やボランティアコーディネーターとし

ての実践を通して「学びの装置としてのボランティア活動」について考えてみたい。

2　ソーシャルワーカーへの契機
　―児童相談所の一時保護所の子どもたちとの出会い―

　筆者は、社会福祉系の大学に進学したものの、当時ソーシャルワーカーになるという明確な気持ちはなかった。そんな筆者の人生を大きく変えたのは、大学2年生の夏にボランティアとして2か月間を過ごした児童相談所の一時保護所での子どもたちとの出会いであった。親に放置（ネグレクト）されて他者に反応を示せない幼女、父親からの虐待により情緒障害をきたしている男児、義父から性的虐待を受け非行にはしった少女など、児童虐待は決して最近の出来事ではないのだ。

　親に裏切られ、大人不信に陥っている彼らは、なかなか心を開いてくれなかった。最初、筆者の存在は全く無視された。しかし、寝食を共にし、一緒に遊んだりするうちに徐々に心を開いてくれるようになった。筆者も、彼らとの生活がとても楽しくなり、より一層積極的にかかわるようになった。コミュニケーションも自然に深まっていった。自分の過酷な体験を話してくれる子どもたちもおり、彼らの心情や非社会的行動の原因も少しは理解できた。彼らは外見からのイメージとは大きくかけ離れた、一人ひとり心優しい子どもたちだったのだ。筆者は、彼らとの出会いを通して自分とは異なる生活実態を実感した。そして、彼らへの共感や社会の矛盾に対する怒りが、筆者の自発性を誘発し、社会福祉に積極的にかかわっていくきっかけになった。

　当時（1970年代）は、まだ児童に対する対症療法的なアプローチが中心だった時代である。彼らをこのような状況に追いやった社会に強い矛盾を感じ、やり場のない怒りがこみ上げてきた。今の自分に何ができるかを必死で考えた。彼らと共に過ごした2か月間は、筆者が、ボランティア活動に興味をもち、ソーシャルワークの仕事に進む契機となった。ボランティア活動は、自分自身の人生を変える可能性ももっているといえる。

3 「施設の社会化」をめざすパートナーとしてのボランティア
―理想と現実の乖離を埋めるボランティアの役割―

　大学卒業後（1978（昭和53）年）、筆者は肢体不自由児施設で働くようになった。1970年代当時は、まだバリアフリー（➡キーワード、p.89）という概念も一般的には定着しておらず、社会福祉施設のもつ閉鎖性に愕然とした。午後4時からの食事。更衣介助が必要な場合、5時にはパジャマに着替え、5時半過ぎにはベッドに寝かされる子どもたちもいた。大学で学んだ「個別化の原則（一人ひとりにあった支援）」やノーマライゼーション理念（➡キーワード、p.89）は机上の空論だと感じた。同時に、職員の忙しさも実感した。社会福祉の理想と現実の乖離を痛感し、仕事をやめたいと思った。しかし、筆者がやめても現実は何も変わらない。絶望感を抱いたが、無邪気に笑ってくれる目の前の子どもたちだけでも、笑顔の時間を少しでも増やしたいと考えた。障害がある子どもたちを温かく受け入れられる地域社会をつくりたいと真剣に考えた。それからは、「子どもたちの生活を豊かにすること」と「施設の社会化」が筆者のソーシャルワーク実践のテーマとなった。

　その際に、最も大きな力になってくれたのは知識も技術ももたないボランティアの存在だった。ボランティアは、「施設の社会化」をめざす筆者のよきパートナーだった。ボランティアの運んでくれる暖かい社会の風は、施設の閉鎖性を少しずつ開放していく原動力となった。彼らのおかげで、障害の軽重に関係なくすべての子どもたちが夕方のクラブ活動に参加することができた。職員と一緒に着替えを手伝ってくれるボランティア。子どもたちと一緒に好きなアイドルの話に没頭するボランティア。夏祭りやクリスマス会等のイベントに協力してくれるボランティア。自分のできる範囲で、自分のできることを主体的にかかわってくれるボランティア等々。ボランティア自身は自分たちの存在の重要性に気づいていないかもしれない。しかし、彼らの活動は確実に子どもたちの生活を豊かにしてくれた。ボランティアの笑顔が、障害がある子どもたちに「自分たちも社会に出て行きたい」という意識を芽生えさせてくれた。同

時に、子どもたちの笑顔が、ボランティアに「障害の有無や優劣で人を判断してはいけない」という人間の尊厳の重さと大切さを教えた。このように、ボランティア活動を通した学びは、「支援する側・支援される側」の関係を超え、双方向での学びや自己実現を提供する可能性をもっている。

施設でゲームを楽しむ子どもとボランティア

4　短期体験型ボランティアの福祉教育・ボランティア学習としての意義
　　―「たかが5日間、されど5日間」―

　このように筆者は、肢体不自由児施設のボランティアコーディネーターとして、数多くのボランティアを受け入れてきた。冒頭でも述べたように、出会いは人間を成長させる。ボランティア活動は、異質な他者との出会いの場であり、双方にとっての学びの場である。本項では、そのことを実感させてくれた3人のボランティアのエピソードを紹介して、ボランティア活動の意義について考察する。

（1）はじめて障害がある子どもと出会ったボランティア
　当時、Xさんは保育士をめざす短大生であった。ボランティア活動ははじめてで、障害がある子どもたちともはじめてのかかわりだった。初日の活動後の感想は、「すべてが初めての体験でした。どんな子供達がいるのだろう。どんな雰囲気だろうかと不安いっぱいでスタートしました。けれどその不安は完全に消えてしまったようです。『お姉ちゃん、お姉ちゃん』と気軽に声をかけてくれる子もいれば、いつのまにか横に来てじっと私を見ているだけの子もいます。だけど『反応のある』『ない』にかかわらずこちらから話しかけたり何かのアプローチをすれば向こうからも"何か"が返ってくるものだということが今日一日でよくわかりました」と書かれていた。2日目の感想には、「普段は

第5章　人と人とのかかわり

やんちゃな男の子がふと気がつくと重度障害の子の手を握って相手をしてあげたり、泣いてばかりいる子を一生懸命なぐさめてあげたりしていました。私達ボランティアがこういう事をするのとは比べものにならないぐらいの暖かさを感じ、その優しい気持ちを持ち続けてほしいと思いました」と書いていた。そして、最終日、彼女は活動記録に次のように書いている。「でも一番大きいのは5日間でたくさんの弟や妹ができたことです。（略）だから最終日は、本当につらく感じました。本当にこの5日間は私にとって貴重だったと思います。ただ、やっとみんなの名前を覚えはじめ慣れてきた頃に活動が終わってしまったのが残念です」。彼女が、勇気をもって自分自身の心を開き、豊かな感受性を発揮できたからこそ、見えてきた真実なのだろう。

（2）活動を通して自らをふりかえり自尊感情を高めることができたボランティア

次に紹介するYさんは、はじめてのボランティアであったことに加え、自分自身も脳性麻痺による軽度の運動障害があるため、当初は劣等感が強く活動に対しても消極的で職員に対して依存的であった。しかし、日を追うごとに入所児童とも仲良くなり信頼関係が形成していくにしたがって、自分の意見を活動記録や反省会のときにはっきりと表明できるようになった。

Yさんは、活動の最終日に次のような感想を書いてくれた。「私自身、足が悪くこのような施設で半年ほど生活したことがあり、入園児の姿をみていて、その時の自分の姿を思い浮かべたりもしました。しかし、考えさせられた事によって、私だからこそできるボランティアが見つかったような気がしました。私がそう思えたのも、ボランティアをしたからこそ得られたものだと思いました。また、ボランティアをしたからこそ、色々な障害をもっていても元気でいるたくさんの子ども達にも会えたと思います」。

今まで、自分自身に自信がもてなかったYさんが、子どもたちと仲良くなり信頼される経験を通して、自尊感情（セルフエステーム）（→キーワード、p.89）を高めていったと推察できる。一方、子どもたちにとっても、障害がありなが

ら自分たちに一生懸命かかわってくれたYさんの姿は、ロールモデルとなっていたと考えられる。Yさんは予定の5日間が終わっても、熱心に活動を続けてくれた。

（3）福祉教育やボランティア学習に関心をもつ契機となったボランティア
　最後に、筆者が福祉教育やボランティア学習に関心をもつ契機となった高校2年生のボランティアを紹介する。Zさんは、今まで障害がある子どもたちと交流した経験がなかった。活動前は子どもたちのことを「障害をもっている子はひねくれているかも」と想像していた。先入観に基づく偏った見解を「偏見」という。彼女は、5日間の子どもたちとの交流を通して自分の偏見に気づいた。園外活動の場面では、協力してくれなかった大人に対し子どもたちと同じ視点に立って寂しさを感じている。活動前は「私と障害がある子どもたち」の関係が「vs.の関係（対立する関係）」であったのが、5日間のかかわりのなかで「withの関係（社会に対して同じ視点に立つ関係）」といった対等な関係に変化したのだ。
　Zさんは、活動の最終日に「あなたが愛されているのはあなたが美しいからでも優れているからでもない、あなたが愛されているのはあなたがあなた自身だから」という素敵な言葉の手書きのメッセージカードを子どもたちに配ってくれた。筆者がその言葉の意味を問うと、彼女は「授業でこの言葉を習ったとき、この言葉の意味が私にはわかりませんでした。だけど、ここで子ども達と出会ってこの言葉の意味がはじめて理解できました」と少女は話してくれた。Zさんのこのような意識の変化が、社会連帯意識の萌芽につながると信じたい。
　ボランティア活動を通して、障害をもつ人々を実存として感じ、同じ人間として尊重できたとき、はじめてノーマライゼーション理念の意味を覚えただけの知識としてではなく、「わかる」「納得する」という形で、一人ひとりの心に内在化することができるのである。ボランティア活動は、このような福祉教育やボランティア学習の役割ももっていることを実感した。「たかが5日間、されど5日間」、ボランティア活動を通して、人は出会い成長していく。

2 人生を豊かにする
―ボランティアという自己実現の装置―

1 自己実現の装置としてのボランティア活動

　2008（平成20）年3月に全国社会福祉協議会が出した報告書「地域における『新たな支え合い』を求めて～住民と行政の協働による新しい福祉」では、ボランティア活動について下記のような見解を示している。

　ボランティア活動は、社会福祉の担い手を確保するという意味をもつだけでなく、<u>活動の担い手の自己実現意欲を満たし</u>、社会に新たな支え合いを実現するものであることから、ボランティアのそのような意義を再確認し、活動の場の提供を進める必要があるのではないか[2]（下線筆者）。

　つまり、ボランティア活動は、単に「地域福祉の担い手」にとどまらず、ボランティア自身の「自己実現＝生きがいづくり」にも大きく寄与する可能性を指摘している。本節では、このような「自己実現の装置としてのボランティア活動」についての働きについて考えてみたい。

2 ボランティアに年齢制限はない
―「社会参加の要求」の充足のためのボランティア活動―

　ボランティアに年齢制限はない。自発的にやりたいと思ったらいくつになっても、ボランティアになれると、筆者は考えている。
　筆者が出会ったボランティアの最高年齢は、なんと1916（大正5）年生まれの94歳になる女性であった。手芸ボランティアグループの一員として、梱包用のビニールテープで、実に見事に手芸品を作っていた。さすがに、1人では外

出するのが難しいため、他のボランティアが外出支援を行い活動を続けていた。福祉施設などのバザー商品にその作品を提供するそうである。

　94歳の現役ボランティアにとって、作品を作り続け、その作品が人々に喜んでもらえることが、彼女の生きがいとなっていた。次に高齢の方は、当時92歳の女性だった。その女性は、自宅に設置してもらった安否確認用の「安心ダイヤル」の電話を使って、70～80代のひとり暮らし高齢者に電話をかけ、「私、最近外出するのがつらいし、ひとりで寂しいの。よかったら私の家に遊びに来てくれない」とユーモアを交えて、お願いするそうだ。電話をかけられた方は、彼女が心配で、ボランティア精神を発揮して、彼女の自宅を訪問する。しかし、実は、92歳の彼女自身が、ひとり暮らし高齢者の外出を促進支援するボランティアだったのだ。この話を聴き、感動したことを覚えている。本項で紹介した2人のボランティアは、活動を通して自分自身の孤独を癒すと同時に、活動を自らの生きる力に変えておられるのだろう。

3　「人は必要とされることを必要とする」
　　―自己有用感と社会貢献意識―

　ボランティアのAさんは、70代のまだまだ現役ボランティアの女性である。Aさんに「あなたの元気の秘訣は何ですか？」と聴くと、爽やかな笑顔でこんな素敵な話をしてくれた。「私の元気の源は、たった1個のみかんです」。彼女は、ひとり暮らし高齢者を近くの老人福祉施設に送迎して、入浴介助のお手伝いをするボランティア活動を30年程前から続けていた。当時としては、画期的な在宅福祉ボランティアである。そんなAさんが、入所者の女性Bさんと出会う。Bさんは身よりもなく、いつもひとりでぽつんと食堂に座っていたという。ある日、Aさんは思い切って「こんにちは」と声をかけた。Bさんは、少し驚き、とても喜んだそうだ。亡くなったご主人のことや遠方に住む子どもたちのことを楽しそうに話してくれた。それから、Aさんの活動メニューが1つ増えた。それは、Bさんと世間話をすること。そんなある日、Bさんを訪ねると、

とても大事そうに1個のみかんを手にもっていた。Aさんが「そのみかん、美味しそうですね」と話すと、Bさんは「そうでしょう。1人で食べるより2人で食べるほうがずっと美味しいと思って、おやつにいただいたみかんをとっておいたの」と、嬉しそうにAさんに差し出した。Aさんが皮をむき2人で食べたみかんは、Bさんのぬくもりがした。その生ぬるいみかんの味は、どんな豪華な食事より美味しかったのだそうだ。「たった1個のみかんが、私のエネルギーです」と笑顔で話してくれるAさんの笑顔が、筆者のエネルギーとなった。

後日、「Aさんが、この春の叙勲で、緑綬褒章を受章されることが決定しました。名誉職でもなく、ほんとうにただ30年以上施設や地域でのボランティア活動の継続が評価されてのことで、本当に嬉しいです。本当に正しいことが評価されて何よりです。本人は『ただ続けてただけでこんな賞もらうなんて…』と恐縮されてますが…」と、Aさんが所属するボランティア連絡会の担当社協職員から電話があった。ここで大切なことは「緑綬褒章受章」ではなく、自分自身の活動を30年間続けられてきたAさん自身がすばらしいということだ。活動の対価や報酬を求めないボランティアにとっての活動の原動力は人に喜ばれること。そして、自分自身の活動が社会や困っている人の役になっているという、社会貢献を実感できることである。

4　権利擁護およびソーシャル・アクションとしてのボランティア活動
　　――手話をきっかけに権利擁護活動――

筆者は、阿部志郎の「いと小さき者ひとりのために[3]」という言葉を耳にするたびに思い出すボランティアがいる。そのボランティアは、いわゆる普通の主婦である。彼女は、子育てもひと段落して個人的な興味から「手話ボランティア講座」に参加したそうだ。彼女は、一つひとつの手の動きにすべて意味があることを知り、手話を覚えることがとても楽しくなっていったそうだ。講座終了後も、手話を続けたくて彼女は手話サークルに入った。はじめて聴覚障害者の方々と手話を使って話をしたとき、通じないもどかしさややっと通じたとき

の喜びを通して、彼女は手話に夢中になっていったそうだ。手話サークルでは、多くの聴覚障害者の方と話ができとても楽しかったが、ある日、いつもは元気なはずの聴覚障害者のＰさんがとても落ち込んでいるのに気づいた。「どうしたの」と手話で語りかけると、彼は「今日、会社を急に解雇された。理由はわからない。聴いても教えてもらえない」とのことだった。彼の会社には手話ができる人がいなかったようだ。不当解雇ではとの疑いをもった彼女は、次の日にＰさんと共に彼の勤めていた会社に解雇の理由を確認にいった。そのときの会社の答えが、「Ｐさんは協調性がない。皆とコミュニケーションがとれない」といったものだった。その答えに憤りを感じた彼女は、不当解雇ではないかと訴えたが、主婦一人の声には会社は耳を貸さなかった。憤懣やるかたない彼女は、その足で知人の弁護士を訪ねた。手話のできない弁護士と会話ができないＰさんの通訳を必死で行ったそうだ。弁護士は、会社の不当性を認め、Ｐさんは裁判を起こし「不当解雇」の判決を勝ち取った。筆者は、彼女のとった行動は、障害者の社会参加・就労保障を護った非常に重要な権利擁護活動であり、ソーシャル・アクション（➡キーワード、p.89）であると考える。「最大多数の最大幸福」のためだけではなく、「いと小さき者ひとりのために」主体的に行動を起こすことも、ボランティア活動の重要な役割である。

3　ボランティア活動に期待される社会的役割

ここまで、筆者の体験や、コーディネーションを行った経験を述べてきた。これらを整理すると、ボランティア活動に期待される社会的役割[4]として下記の３つがあると考えることができる。

（１）ソーシャル・アクションの実践者としての役割
社会にはさまざまな矛盾が存在する。その矛盾を放置し、既存の法律や制度にとどまっていては、豊かな生活は望めない。すべての人間がかけがえのない

第5章　人と人とのかかわり

生命をもった存在として尊重し合う共生社会をめざすことが、ノーマライゼーションの理念である。また、児童、高齢者、障害者などの福祉サービス利用者に必要な福祉サービスが不備・未整備であるときにボランティア活動を通して、新しいサービスの構築をめざして活動し、社会に訴えていくことがソーシャル・アクションにつながるのである。

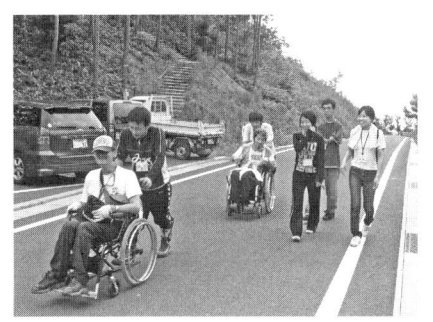

大阪ボランティア協会障害者応援センターワークキャンプ

（2）社会関係における自立の支援者としての役割

　人間は、閉鎖的な環境では、人間性や社会性の発達が阻害される。障害・高齢・貧困等さまざまな要因で、社会的孤立を強いられている現状がある。社会的孤立は、人間としての「自尊感情」まで奪ってしまう。公的な福祉サービスが充実していても、サービスを一方的に受けるだけでは、当事者の不安感や孤立感は解消しない。

　岡村重夫は、人間の「社会生活の7つの基本的要求」（キーワード、p.89）の1つに「社会参加ないし社会的協同の機会」の要求をあげている[5]。これは人間が生活していくためには、社会との関係を切り離しては生きていけないことを示している。ボランティア活動は、出会いを通して「支援する側・支援を受ける側」双方の孤立感を解消し、自立を支援する可能性をもつ。本稿で紹介した3人の高齢者のボランティアは、ボランティア活動を通して自らの社会的孤立を防ぎ、

ワークキャンプではさまざまなことを共に行い、共に学んでいく

広い意味で自立した生活を行っているといえる。

（3）社会連帯意識を育む役割（福祉教育における体験学習としての役割）
　ボランティアは、活動を通して今までの自分の生活環境とは異なる他者との出会いを体験する。さまざまな出会いのなかから双方が多様な価値観の存在に気づき、社会連帯意識を育て、自分自身の生き方をふりかえるきっかけにもなる。ボランティアと利用者はコミュニケーションを通して、相互理解が深まる。ボランティアが利用者の現状を理解し、連携することで連帯意識が形成され、双方が社会的課題に向き合う力が生まれたとき、ボランティア活動は、単なる「支援の担い手」としての役割を超え、ボランティア自身の自己実現やノーマライゼーション理念の具現化の萌芽となるのであろうし、その可能性をもっていると信じたい。

読者の皆さんへの質問

Q1　ボランティア活動を通して、あなたが嬉しかったことは何ですか？なぜ、嬉しかったのか、その意味を考えてみましょう。

Q2　あなたにとって、ボランティア活動はどのような意味をもつでしょうか？

Q3　あなた自身が、ボランティア活動を通して何を学びましたか？

ボランティアを読み解くキーワード

▶バリアフリー

1950年代後半頃に建築学用語として生まれた。最初は、物理的なバリア（障壁）をなくすことで、障害者や高齢者が社会参加しやすい状態をつくりだすことを意味した。しかし、今日では物理的バリアだけでなく「物理的」「心理的」「情報・文化」「制度上」といった4つのバリアを解消し障害者や高齢者が社会参加しやすい状況をつくっていくという考え方になっている。

▶ノーマライゼーション理念

障害の有無や年齢、性別、国籍、出身等にかかわらず、人格を尊重され基本的人権を保障される社会がノーマル（あたりまえ）な社会であり、そうでない社会は脆く弱い社会であるという考え方。1950年代の北欧の知的障害者の親の会の施設サービス改良要求運動を起点にしている。バンク－ミケルセン（Bank-Mikkelsen, N. E.）はノーマライゼーションの父と呼ばれている。

▶自尊感情（セルフエステーム）

自分自身を肯定的に認め、自分に自信をもち、他人に思いやりをもちながら、自分を価値あるものと誇れる気持ち。自分と他人とを比較し、成績や身体能力、容姿、財力など、優れている部分を誇るのではなく、長所短所を含め、「あるがままの自分」を理解し、欠点ももっている自分を肯定的にとらえることができる心の状態。このような意味において、自尊感情は精神的健康や適応の基盤となる。

▶ソーシャル・アクション

「社会活動」と訳される、ソーシャルワーク援助技術のひとつ。現状の法律や制度の問題点や矛盾点に対し、制度の改善や充実をめざし社会に対して提言し、働きかけていく活動。ボランティア活動が、「行政の下請け的な活動」といった「安上がり福祉」の片棒を担ぐ補完的役割で終わらないためにもソーシャル・アクションの役割が重要である。

▶社会生活の7つの基本的要求（岡村重夫）

岡村重夫は、『社会福祉原論』のなかで、社会生活上の基本的要求は社会的存在としての人間にとって必然的な要求であると述べ、「社会生活上の困難とは社会生活上の基本的要求が充足されない状況に他ならない[6]」と指摘している。そして、岡村は社会生活上の基本的要求として、次の7つをあげた。
①経済的安定、②職業的安定、③家族的安定、④保健・医療の保障、⑤教育の保障、⑥社会参加ないし社会的協同の機会、⑦文化・娯楽の機会

【引用文献】

1）佐藤学『「学び」から逃走する子どもたち（岩波ブックレットNO.524）』岩波書店　2000年　pp.56－57
2）『これからの地域福祉のあり方に関する研究会報告　地域における「新たな支え合い」を求めて─住民と行政の協働による新しい福祉─』全国社会福祉協議会　2008年　p.67
3）阿部志郎『福祉の哲学』誠信書房　1997年　p.26
4）新崎国広『ボランティアのすすめ─基礎から実践まで─』ミネルヴァ書房　2005年　pp.18－23
5）岡村重夫『社会福祉原論』全国社会福祉協議会　1983年　pp.78－82
6）同上書　p.71

【参考文献】

• 新崎国広編著『施設ボランティアコーディネーションのめざすもの』久美出版　2005年

私にとってのボランティア

かつて、私は「ボランティア」という言葉が嫌いだった

　筆者は、学生時代「ボランティア」という言葉が嫌いだった。大学ではじめて受けた授業は社会福祉概論だと記憶している。ソーシャルワーカーになるという強い意志もないまま聴講した。そのとき、斜め前に身体障害がある１人の青年が座っていた。「福祉の大学を選んだのだから授業が終わったら『おはよう』って笑顔で声をかけよう」という思いと「そんなことしたら偽善者と思われるのでは」という思いが錯綜して授業の内容は全く覚えていない。授業終了後、思い切って声をかけてみた。彼は、脳性まひによる言語障害があった。「養護学校（現・特別支援学校）高等部卒業後、２年間浪人して入学したこと」や、「大学では、友達がまったくいなくて不安だったこと」を身体全身を使って一生懸命に話してくれた。筆者も必死で聴いた。偶然にも基礎ゼミも一緒だとわかった。それから我々は生涯の友達になった。

　現在と違い当時は、バリアフリーといった考え方がなかった。少しの段差が大きな障害物になること、車椅子では通学の電車でも嫌がられること、時には乗車を拒否されること。養護学校の仲間は、卒業後家に閉じこもりがちになること。社会にはさまざまなバリアが存在すること等、色々なことを彼から学んだ。ゼミの仲間達と相談して、時々彼や彼の友達と一緒に街に遊びに行った。ラッシュ時に乗車拒否されて駅長室に談判にも行った。そんなとき他人から「ボランティア、偉いですね」なんて言われたら無性に腹が立った。ただ友達と一緒に外出しているだけなのに…。

　ボランティアという言葉は、人と人との関係を断ち切る言葉に聞こえた。当時、私は「ボランティア」という言葉が大嫌いだった。

　しかし、かつて嫌いだった「ボランティア」を今はとても大切だと思っている。「愛情の反対は無関心（マザー・テレサ）」であるとの言葉通り、あれだけ嫌っていたからこそ、ボランティアの本質が自分なりに理解できたのかもしれない。

（新崎国広）

第6章
地域社会のボランティア

1 地域福祉の推進の必要性が高まるなかで

1 住み慣れた地域で安心して暮らし続けるために

（1）身近な地域で求められる支え合い

多くの人は、普段の暮らしを当たり前に過ごしているのではないだろうか。しかし、自分や家族の誰かが病気や事故に遭い身体が不自由になり、これまでできたことができなくなって、当たり前に思っていた生活が送れなくなることがあるかもしれない。核家族化が進み、単身者も増え、近隣の人間関係が希薄[*1]になってきた地域で、このように、家族の誰かが問題を抱えたとしても周りに相談する人もいないため、「助けて」と言うことができない人が少なくない。

今日、こうした問題を他人事にしないで、自分にもかかわる問題になるかもしれないという気持ちで地域の問題に自ら関心をもち、その解決に向けて取り組んでいこうとする人と人とのつながりをつくることが求められる。

こうした地域福祉の推進を図るため、2000（平成12）年に社会福祉法第4条[*2]が明記され、その具体的推進として行政がつくる地域福祉計画[*3]の策定がある。

[*1] 『平成19年版国民生活白書』の「つながりが築く豊かな国民生活」では、人々が安心・安全を享受し、心豊かな生活をするためには、弱まりつつある家庭、地域、職場のつながりを再構築させ、個々の心豊かな生活が活力と優しさに満ちあふれた社会の創造につながると示している。

2008（平成20）年の厚生労働省「これからの地域福祉のあり方に関する研究会報告書」では、生活課題が多様化して地域社会が脆弱化しつつあるなかで、地域の人々のつながりを強め、地域を活性化して地域社会を再生するには地域福祉が軸になると示した。

住民が主体的に計画づくりに参加し、「自助」だけでは解決できない問題を抱えた人や家族が、住み慣れた地域で安心して暮らせるように、その解決に向けて住民同士の「共助」の仕組みを考え、関係する機関・団体の「公助」と協力し、「自助・公助・共助」が協働して地域で支え合うことが求められている。ここでは、そうした地域福祉の視点から求められる地域社会のボランティアについて考える。

（2）地域社会のボランティア活動を推進するボランティアセンター

ボランティアについて相談する場所として、市区町村社会福祉協議会（以下、社協）のボランティアセンター（⇒キーワード、p.104）がある。地域によって市民活動センター等のさまざまな名称があり、行政がボランティア活動支援をしているところもある。社協は、地域福祉の推進を担う組織として、ボランティア活動をはじめとするさまざまな地域福祉活動に関する事業に取り組んでいる。

1993（平成5）年の厚生省告示「国民の社会福祉に関する活動への参加の促進を図るための措置に関する基本的な指針」を受け、全国社会福祉協議会・全

---

*2　社会福祉法第4条（地域福祉の推進）では、「地域住民、社会福祉を目的とする事業を経営する者及び社会福祉に関する活動を行う者は、相互に協力し、<u>福祉サービスを必要とする地域住民が地域社会を構成する一員として日常生活を営み</u>①、<u>社会、経済、文化その他あらゆる分野の活動に参加する機会が与えられる</u>②ように、地域福祉の推進に努めなければならない」（下線部は筆者）と定められている。
　①の下線部はソーシャル・インクルージョン（社会的包摂、すべての人を包み込む社会）の理念とつながり、②の下線部はノーマライゼーション（障害のある人もない人もすべての人間が当たり前に生活できる社会が正常な社会であり、その実現をめざす考え方）とつながる。

*3　地域福祉計画の策定は、社会福祉法第107条（市町村地域福祉計画）によって、地域福祉の推進に向けて、住民参加により策定することが努力義務として法定化された。

国ボランティア活動振興センターは、同年に「ボランティア活動推進7ヵ年プラン」（第一次プラン）を策定した。参加しやすいボランティア体験プログラムを全国的に展開し、国民がボランティアに参加する機会を拡充した。1995（平成7）年の阪神・淡路大震災を契機にボランティア・市民活動や、地方自治体の行財政改革の必要性に応え得るNPO（　キーワード、p.104）への期待が高まった。

　こうした時代の要請を受け全国社会福祉協議会・全国ボランティア活動振興センターは、2001（平成13）年に「第二次ボランティア・市民活動推進5ヵ年プラン」（以下、第二次プラン）を策定した。ボランティア活動と市民活動は大きく重なっており、「自助的な活動、小地域活動・自治活動などの地域活動、有償活動、NPOの活動などを含む」と市民活動を捉え、社協はボランティア活動と市民活動を一体的に推進するために名称を「ボランティア・市民活動センター」とすることを提案した。2008（平成20）年の「第三次ボランティア・市民活動推進5ヵ年プラン」（以下、第三次プラン）は、第二次プランを継承しつつ、住民参加・協働を進め、社協の地域担当等といった他部門との連携や、町内会等の地縁型組織とNPO等のテーマ型組織等の多様な関係機関・団体と協働して総合的な支援体制をつくるなど、福祉のまちづくりの推進に向けた5か年の目標設定を行っている。地域福祉の推進の必要性が高まり、ボランティアセンターの役割も地域社会のボランティア活動の充実が求められるようになった。

（3）支え合う地域社会づくりをめざして
　第三次プランでは、社協ボランティアセンターが、地域福祉担当や福祉サービス利用支援部門、在宅福祉サービス部門等の他部門と連携し、その他多様な関係機関・団体と協働して総合的な支援を推進していくよう示している。
　まだ始まったばかりであるが、一部の社協では、地域福祉計画等で地区ごとの計画づくりを通して、地域福祉担当とボランティアセンター担当が一緒になって、地区ごとの介護予防を目的とする「ふれあい・いきいきサロン」（

キーワード、p.104）等の地域福祉活動に協働してかかわるようになった。参加者のニーズは、町内会や地区社協（■キーワード、p.104）につなぎ、地区ごとに身近な相談・見守り・声かけなどちょっとしたボランティア活動に取り組み始めている。

　今日、市区町村ボランティアセンター全体で取り組む事業と、地区ごとの特性を生かし、身近な地区ボランティアセンターとを機能させ、より住民ニーズに応える共助の仕組みを拡充させることが必要である。そして社協は連携を支援し、住民の支え合いでは解決できない問題に対しては、保健・医療・福祉のさまざまな制度やサービスを担う専門職につないでいく。このように、住民と行政等との新たな協働による支え合う地域社会づくりが求められている。その担い手として中核になるのが地域社会のボランティアである。

2　地域社会のボランティア活動とは

（1）地域社会を支えるボランティア活動

　従来の地域社会のボランティアとして、町内会・自治会の役員や民生委員・児童委員（■キーワード、p.105）がいる。現在も両委員の尽力が地域社会を支えていることは間違いないが、今日では、これらの人と共に、自分が暮らす地域の問題を考え、その解決に向けて取り組む地域社会のボランティアも活躍し始めている。行政や社協、公民館等の機関や、町内会・自治会、子ども会、交通安全協会、防犯協会など地域住民によるさまざまな団体と協働しながら以下のような活動を行っている。

①町内会等の取り組み

　お祭り・運動会・敬老会の企画運営、清掃活動、防犯パトロール、あいさつ見守り、子どもの遊び場づく

地域住民と団体の協働による地域イベント

り、募金活動、リサイクル活動、災害時に備え消防や避難訓練の自主防災活動など。

②教育・学習の取り組み

手工芸・園芸・絵画・書道・華道等の趣味や特技を生かした公民館での講師活動、スポーツクラブでの子どものスポーツ支援、国際交流や語学教育、不登校の子どもの支援、補講的な学級活動、学校活動の支援など。

③文化・伝承の取り組み

子どもたちへ読み聞かせや遊びの伝承、地域の文化や歴史をまとめ次世代に伝え、郷土芸能を伝承する、文化財を保護する、食生活や暮らしの知恵袋や生活様式の収集と伝承など。

④自然環境保全の取り組み

ナショナル・トラスト運動、河川等の清掃活動、植林活動、環境問題の実態調査と防止に向けた啓発や学習活動など。

⑤地域福祉の取り組み

在宅の高齢者や障害者への配食活動、訪問や電話による安否確認と見守り・相談活動、集会所等での会食活動や仲間づくり・情報交換・介護予防を目的とする「ふれあい・いきいきサロン活動」、近隣での買い物や外出支援等の互助活動、地域福祉計画等への参画、共同募金活動、子育て支援、介護教室、障害児との地域交流など。

（2）今日求められる地域社会のボランティア活動

今日、少子高齢化が進み、子育てに悩む母親や単身高齢者の孤独死の問題は少なくない。その他、介護や障害など複合的な課題を抱える家族の問題も明らかになっており、さまざまな制度の谷間にあって対応できない問題も増えてきている。こうした問題は、都心部だけではない。若い世代が出てしまった山間部においても社会的共同生活が維持できなくなってきている。

こうした多様化した生活問題に対処するためには、専門機関だけではなく、そこで共に暮らす住民による支援が必要になる。同じ生活圏域に居住する住民

の間でつくられる町内会・自治会等の地縁型組織が、住民の生活問題全般を活動の対象として取り組みつつ、そこに地域との関係は必ずしも強くないが、福祉や教育等の特定のテーマについて住民が自発的に問題解決に取り組んでいるテーマ型組織あるいは機能型組織が協働して地域社会づくりをすることが求められる。

地域のなかではなかなか見えにくいが、自分だけで問題解決することができない人の問題を発見して、地域に共に暮らす人々が解決すべき課題を共有し、解決に向けて取り組む仕組みづくりと実践が求められる。こうした取り組みは、ボランティアとしてかかわる人の自己実現につながるだけではなく、住み慣れた地域で社会的関係を維持しながら自分の尊厳を守れることは問題を抱える人自身の自己実現にもつながる。こうした地域社会のボランティア活動が重要である。

2 地域社会を豊かにするボランティア活動事例

1 サロン活動から自治会活動へ

（1）暮らしの不安を自ら解決することが大切

都心に30分のベットタウンのA市。隣町に近く、A市の離れ小島的地域にあるマンション。分譲と賃貸で200世帯あるが自治会はない。エレベーターで会ってもあいさつもなく、市の生活情報も入らず、「こんなままじゃ自分の老後も不安になる」と溜息をつく分譲で入居した50代の女性の長澤さん（仮名）。ある日、マンションで見送る人のいない高齢者の葬儀を目の当たりにし、「このままじゃいけない！」と思い、友人と会食ボランティア活動を紹介してもらったボランティアセンターに相談に行った。

マンション内の人間関係の希薄さと単身高齢者の寂しい葬儀を見て自分の老

後が不安になり、高齢者も結構住んでいるマンションで交流の場がつくれないか、ということが長澤さんたちの思いだった。ボランティアコーディネーターは「長澤さんがしているボランティア活動をマンションでやってみたらどうですか？」と言うと、長澤さんは「えっ？」という顔になった。

　ボランティアコーディネーターは、長澤さんが行っている公民館や町会集会所を利用した会食「ふれあい・いきいきサロン」の経験を生かして、マンション内の集会所でやってみたらと言ったのだが、長澤さんは、会食ボランティアと自分のマンション内の問題を一緒には考えられなかった。つまり、紹介された既存の活動はあくまで他人事で自分の生活とはつながっていなかったのである。ボランティアコーディネーターとのやりとりを通して、本来のボランティア活動は、今回の長澤さんのように自らの問題として気づき、その解決のための方法を考え、仲間を集め、共に考え、その解決に向けて取り組んでいくことが基本であることを再認識した。それは地域社会のボランティア活動の基本姿勢といえる。

（２）一人の思いがみんなの思いにつながり自治活動へ

　「年老いてもマンションで安心して暮らせるように、お年寄り同士互いに支え合えるようにしたい」を目的に、４人の主婦たちはボランティアグループ「コスモス」を発足させた。ボランティアセンターは、市内で取り組む「ふれあい・いきいきサロン」でアンケート調査をして、高齢者のサロン参加ニーズが「福祉情報提供」「福祉相談」「健康管理」であることを把握した。そのデータを活かし、マンション内の集会所で、社協と行政の福祉情報と生活相談、保健師の健康相談が実施できるよう調整し、マンション掲示板にポスターを貼って参加を呼びかけ、サロン実施に向けた。第１回目は単身高齢者のほとんどが参加し、「こんな機会がほしかった。ぜひ続けてほしい」という声があがり、毎月１回実施することになった。回を重ねるごとにマンション外の地域住民や子育てに悩む若い母親たちからも参加希望や相談がくるようになり、子どもとお年寄りの「人形劇」を通じた交流も活動に加わった。また、男性高齢者からの「参加

しにくい」という声に応えて、カラオケやグランドゴルフ大会をして参加を拡充した。住民の多様なニーズに応えながら、みんなが楽しく役に立つ活動が充実していった。

　サロンが定着していくにつれ、近くの公民館の書道クラブ等で知り合った高齢者同士が参加したり、参加者の家をミニサロンにしたりして交流の場が拡がっていった。また、趣味の合う友人関係、買い物や薬の受け取りなどを行う助け合い関係もつくられ、そこにはサロンには出てこない人も顔を出すようになり、閉じこもり防止にもつながっていった。「コスモス」のメンバーがこうした住民同士のつながりの触媒的役割を担い、マンション内の人間関係が幅広くつながっていった。そして、サロン運営費確保のための地区祭りやバザー等に参加するうちに、住民同士の連帯感が強まり、サロン活動を基軸としながら活動の目的をより継続的に達成する自治会の設立に至った。その後、ボランティア講座で活動紹介を毎回するうちに「私にもできそう」と団地の集会所、自宅、空き店舗等を活用したサロンが実施されるようになり、市内サロン活動連絡会が発足し、市内全域に活動の輪が拡がっていった。

2　住民による支え合いのネットワークとミニボランティアセンター

（1）地域のことは地域で ―支え合いを支えるシステムづくり―

　武蔵野の面影を残すB市の4町内会からなる第一地区（仮名）は、1960年代の大規模な集合団地建設により市になるきっかけをつくった地区で、今日は少子高齢化の典型的な地域として同地区に2校あった小学校の1つは廃校になった。団地は空き家が多くなり、年に数名の高齢単身者の孤独死があり、それは住民にとって他人事ではなく、安心して暮らせる地域にすることを考える会合が有志によって開かれていた。ちょうどその頃、市福祉課と社協が、地域の特徴を生かして住民が主体的に取り組む地区計画づくりをしながら、市の地域福祉計画と社協の地域福祉活動計画を一体的に策定することになった。

　そしてこの第一地区がモデル地区になり、推進母体として第一地区地域福祉

推進協議会（仮名）（以下、協議会）を地区内の町内会・自治会、地区社協、民生委員・児童委員協議会、NPO団体、地域包括支援センター、福祉施設、医療機関、保育園、放課後児童保育室等の関係機関や団体等から選ばれた委員が中心になって運営することになった。参加者のほとんどは住民のボランティアである。

住民同士の連帯が地域社会の活性化につながる

　この地区計画策定は、まず自分たちの地域を「まち歩き」という形で点検し、そこで見えてきた課題をブレーンストーミング[*4]で課題を抽出し、ＫＪ法[*5]でとりまとめ、第一地区活動計画を策定した。この策定にかかわり、自分たちで課題解決に取り組む協議会の会長になった綾瀬さん（仮名）は、「市や社会福祉協議会にさまざまな福祉サービスがあったとしても、それを知らなければ利用もできない。どんな小さなSOSでもきちんと聴いて交通整理をして、時には行政等へのパイプ役になり、時にはお互いの支え合いにより課題解決を図る。地域福祉の原点として『地域のことは地域で』を旗印にして住民の幸せにつなげる『支え合いを支えるシステム』をみんなと一緒につくっていきたい」と、協議会の目的を住民同士が共有して、自主防災会や商店街も加わり取り組み始めた。協議会を支えるスタッフは、計画に参画した住民の１人が社協の非常勤コミュニティワーカーとして推進の中心になり、住民から５名のボランティアが事務局員に加わり、地域福祉推進連絡室を運営することになった。

　はじめは、協議会を住民に知ってもらい、参加してもらうために住民同士の交流機会として、地域の障害のある人たちと共に地域のぶどう園での「ぶどう狩り」や、活動拠点になった小学校の跡地を活用した「お化け屋敷」などのイ

＊4　テーマについて新たな発想を生み出せるよう、小集団で自由にアイデアを出し合う会議形式の討論。
＊5　開発者である川喜多二郎先生の頭文字をとった分類整理方法。

ベントを企画し、住民間のコミュニケーションを図り、相互理解を深める努力をしていった。こうしたイベントには、食事をつくってくれるボランティア、出し物をしてくれるボランティア、出店のボランティア、小道具づくりボランティア、会場ボランティア等のさまざまな住民によるボランティアがかかわり、多くの住民がイベントの参加者とボランティアを兼ねて楽しみながら参加した。

　こうした計画づくりから推進組織をつくっていくことは、住民参加を基本としており、そのプロセスはまさに先述した地域社会のボランティアの基本姿勢と同じである。ここに参画した住民は、さまざまな立場の人たちと話し合いを深めていくなかで、主体性を育み、地域社会のボランティアを自覚して取り組んでいる。

（2）身近な支え合いはミニボランティアセンターで
　協議会は地域課題について話し合い、必要に応じて専門職につなぐ話し合いの場を「知恵袋会議」とした。そこで、住民がより地域のさまざまな課題を共有できるよう、子ども、若者、障害者、高齢者など、住民の関心に合わせて地域課題の解決に向けて理解が深まるように市内の大学と協働して学習機会をつくった。集まった住民同士で解決方法を考えるワークショップを行い、少しずつ協議会を理解する住民が増え、取り組みに参加する人が増えていった。また、こうした学習と交流機会を経て、ちょっとした手伝いでなんとかなる身近な地域の課題については、市社協ボランティアセンターではなく、この第一地区内ですぐに解決できるようミニボランティアセンターが必要と考えるようになった。そして、体が不自由な人が地区のイベントに参加する際、外出支援などを通じて少しずつボランティアとしてかかわる人を増やし、身近な相談に応えられるよう取り組み始めている。

　地域で生活し続けるうえで、ボランティアを必要とする住民が一方的に支えられる側にされることなく、その人の経験を地域のために役立て、互いの居心地がよくなる配慮を忘れない、身近な地域型のミニボランティアセンターが市社協ボランティアセンターや市ボランティア推進室と協力してスタートしよう

としている。

3　これからの社会に必要とされる地域社会のボランティア

　今日、地域には多様な価値観をもつ人々がそれぞれの生活スタイルで暮らしている。そうした地域のなかにおいて、何か問題を抱えた時に、社会的に孤立しないようなつながりをつくることは重要である。こうしたソーシャル・インクルージョン（➡キーワード、p.105）を醸成するために地域社会のボランティアは、事例で示したように、身近な地域で起きているさまざまな課題に気づき、住民同士で課題を共有し、自分たちで解決方法を考え、地縁型組織とテーマ型組織が、行政や社協などの専門機関・団体と協働して解決に取り組む実践力を身につけていくことが大切である。その営みのなかで人々のつながりは強くなり、地域社会が活性化し、これまでの地域社会と融合した新たな地域社会が築かれる。

　この地域社会を築く中心にいるのが人間である。自分たちの暮らすまちをよくしていきたい、それは課題を抱える人のためでもあるが、同じ地域に暮らす自分のためでもある。他人事にせず自分の生活につなげ、自分がなんとかしなければ（自発性）と思う。金銭の見返りを求めず（無償性）、自分の暮らす地域に少しでも貢献（公共性）したいと考える。ボランティアを必要としている同じ地域住民と共に歩み互いを生かす姿勢をもち、互いの生きがいと夢を実現できるようかかわることを大切にする。今までの制度やサービスになかったことを創出していく（先駆性）営みに取り組む。これらに取り組む人を地域社会のボランティアという。その活動を充実させるためには、以下の3点が必要である。

①集う場づくり

　問題意識をもって取り組み始めたボランティアの人たちが集える場をつくることが大切である。事例はマンションの集会所という居住者にとって活用しや

すい場、あるいは住民に身近な小学校跡地のスペースを活用していた。明るくオープンな場づくりをすることによって、人は興味をもって顔を出しやすくなる。なるべく地域で暮らす人たちにとって身近で足を運びやすい場が望ましい。
②仲間やネットワークをつくる
　地域で暮らす人は多様であるからこそニーズも多様である。こうした多様性に対応するためには、さまざまな立場の人たちによる仲間をつくり、それぞれの役割を活かせるネットワークづくりが重要になる。そうした意味では、地域はさまざまな職種で特技や技術をもつ人とモノの資源の宝庫である。事例のマンションのサロンにおいては、住民が特技を活かしてミニカルチャー教室を開いた。小学校跡地の取り組みの知恵袋会議は多様な職種の集まりであり、市に頼めば予算が掛かる大きな木の除去を土木作業のプロが住民としてボランティアで協力してくれた。こうした支え合いを支えるためのネットワークが重要である。
③つなぐ力
　地域の多種多様な人たちとの関係をつくるためには、さまざまな人と話し、関係をつなぐ触媒的な役割が必要になる。そのためには、地域のさまざまな社会資源を知り、常に新しい情報を収集できるように心がけることが求められる。前述の事例のマンションにおいては、長澤さんたち「コスモス」のメンバーがその役割を担い、小学校の跡地を活用した事例では非常勤ワーカーと事務局ボランティアがその役割を担った。
　地域で暮らす一人ひとりがイキイキと自分を豊かにしていくためには、家族や近隣の人等、さまざまな人との交わりが必要である。地域社会のボランティアは、これまで地域社会を支えている町内会・自治会の役員や民生委員・児童委員、公共機関や団体とつながり、商店街や企業等のさまざまな地域資源との新たなつながりを生み出す。一人ひとりの思いと行動が集結することで大きな力になる。そして、ボランティアをする人もボランティアを必要とする人も同じ住民として、互いにつながり支え合うことから、活気ある地域社会が築かれ共生社会につながるであろう。そのためにも、地域社会に根ざしたボランティ

アは社会のつながりを築くうえで必要なのである。

読者の皆さんへの質問

Q1 あなたの暮らす地域の生活課題で気になることは何ですか？
Q2 あなたができる身近な地域社会のボランティア活動は何ですか？
Q3 あなたの地域にはどのような社会資源がありますか？

ボランティアを読み解くキーワード

▶ボランティアセンター

　社会福祉協議会は、全国、都道府県、市区町村の段階に組織化され、ボランティアセンター機能を有し、ボランティアコーディネーターを配置し、相談や活動の需給調整、人材育成、グループ支援、学習機会や情報提供等を行う。

▶NPO（Non-profit Organization）

　民間非営利機関あるいは団体。利益を目的とせず、公益の活動を行う。1998（平成10）年には特定非営利活動促進法（NPO法）が施行された。

▶ふれあい・いきいきサロン

　ひとり暮らし等の高齢者と地域住民（ボランティア等）が、自宅から歩いて行ける身近な場所で気軽に集い、協働で企画し、活動内容を決め、ふれあいを通じて生きがいと仲間づくり、地域の介護予防の拠点として機能している。

▶地区社協（地区社会福祉協議会）

　住民の主体的な福祉活動による福祉コミュニティづくりを目的に、市町村以下の町内会や小学校・中学校区域に組織され、町内会等の住民組織、商店会等や子ども・障害・高齢の当事者組織、民生委員・児童委員や社会福祉施設関係者、学校関係者等さまざまな地域社会の関係団体で構成される。地域によって校区社協、支部社協、福祉委員会等、呼称はさまざまである。全国における設置率は低い。

➡民生委員・児童委員

民生委員法に基づき、厚生労働大臣から委嘱され、地域の一定区域で地域に密着した多様な社会福祉活動を担っている。任期は3年間。児童福祉法における児童委員を兼務している。

➡ソーシャル・インクルージョン

2000（平成12）年、厚生省「社会的な援護を要する人々に対する社会福祉のあり方に関する検討会報告書」において示された。すべての人々を社会的排除や摩擦、社会的孤立や孤独などから援護し、社会の一員として包み支え合うようにすること。「すべての人を包み込む社会」「社会的包摂」といわれる。

私にとってのボランティア

人とのかかわりを大切に常に行動しながら学ぶ

福祉環境が未整備な1980年代当初、私は、障害者施設で水族館に遊びに行く外出介助ボランティアを頼まれた。車椅子を利用している人と1日かかわった私は、バリアだらけな社会を実感し、自分と異なる存在とみていた障害のある人に共感意識をもつようになった。10代という多感な時期に「人間として生きる意味」を考える機会を与えてもらったのだ。

その後ボランティア講座に参加し、自分のできることは何か考え、夏休みに養護学校（現・特別支援学校）の行事に参加して出会った高校生や大学生たちとボランティアグループをつくった。保護者ではない同世代の自分たちと外に出る機会をつくり共生社会をめざそうと、養護学校の子どもたちと一緒に自分たちも楽しめるボーリングやハイキング、バーベキューなどのレクリエーション活動を中心に、青年ボランティアとして地域活動に積極的に参加した。無理せず自分たちも楽しんで取り組む姿は、次第に地域で知られるようになり、ボランティアに参加する仲間と子どもたちの保護者から参加希望が増えた。

リーダーの私は、原点を忘れずに活動を実践しながら常にかかわる人たちと話し合うことを大切にした。かかわる子どもたちの成長過程に寄り添いな

がら、保護者から子育ての泣き笑いを聞き、教員や施設職員からは子どもたちの成長に向けた熱い思いと実践の試行錯誤を聞き、ボランティア仲間たちとは活動を通して自分たちが人間として生きるさまざまなことを話し合った。また、さまざまな他のボランティアと交流し、学習する機会にも積極的に臨んだ。そしてこれまでの活動と共に、友達の家に気軽に遊びに行くような集いの場づくりにつながった。

　私はボランティア活動を通して、「人は人とのかかわりのなかでこそ成長できる。その営みのなかで一人ひとりが与えられた"いのち"に感謝し、一生懸命生き切ることが人間にとって大切なことなのだ」ということを学んだ。私の人間形成の基盤に大きな影響を与えた、地域に根付いて27年以上経つこの活動は、年数回になってしまったが今も継続している。活動目的を受け継ぐ10代の後輩と、私を含む社会人や母親になった先輩が、現在の特別支援学校の子どもたちと10代から40代の卒業生たちと共に、共生社会の実現に向けてこれからも歩み続けるつもりだ。

（佐藤陽）

第7章
環境とボランティア

1　今、なぜ環境とボランティアなのか

　環境とボランティアについて論じるにあたって、かつて尾瀬の自然保護運動の中心的存在であった平野長英氏*1の言葉を最初に紹介しよう。

　たとえあなた方の全部が自然保護をやめられるようなことがあったとしても、私どもはやめることができないんですよ。私は尾瀬の自然の中に生きる、一個の生物にすぎないのだから[1]

　本来、私たち人類は狩猟採集を生活の基としていた時期から、自然とかかわることが必須であった。日々の糧を得るためには動植物の営みをよく観察して、その生態について理解すること、また河川水系を中心とする山から里、そして海とのつながりについて理解することが大切であり、自然の恵みを持続可能な形で利用するためには、「多く採り過ぎない」「他の動物のために残しておく」「水利用の方法」などの知恵や哲学が村落ごとに培われていた。ところが私たちの社会が産業社会、化石燃料社会へと移行するなかで、こうした自然と人間との「かかわり・つながり」について理解したり、実感をもつことが不要になってきた。食料はスーパーで買い、蛇口をひねれば飲める水が出る、虫が飛べば

---

*1　平野長英（1903-1988（明治36-昭和63）年）は尾瀬の山小屋、長蔵小屋を開いた平野長蔵の長男として生まれ、山小屋経営の傍ら道路建設反対をはじめとする自然保護運動の先頭に立った。

家中に殺虫剤をまく暮らしへの移行でもある。この「かかわり・つながり」が途切れた状態となったことで顕在化してきたのが「環境問題」なのである。

先ほどの平野氏の言葉には、自然への畏敬の念と、自己の存在は自然との分かつことのできないつながりのなかで生かされているものであること、そしてこのつながりを守り抜いていこうとする強い意志が示されている。こうした自身にとっての「環境」と、そのつながりのなかで生かされている自己の存在によって必然的に憑き動かされるのが環境の分野で活動するボランティアの原点であろう。

近年、地球環境問題への関心が高まってきている。新聞やテレビでも地球温暖化や生態系の破壊、海洋汚染などの問題が報じられるとともに、自然エネルギーの導入や環境配慮製品の購入、リサイクルの取り組みなど、環境にかかわる出来事がニュースとして取り上げられることが多くなってきており、今や「環境」は社会における重要な問題であるとの認識が拡がってきている。いわば「環境の時代」と呼んでもよいだろう。

こうした時代に環境をテーマにボランタリーな活動をするにあたっては、「かかわり・つながり」について考え、行動することが大切である。それは、今まで見えていなかったり、途切れていたり、拒否していたりしてきた「関係」を一つひとつ新しく結びなおして「いい関係」をつくっていく営みともいえるだろう。子どもたちと地域の川の生き物を調査する。無農薬の米や野菜づくりに挑戦する。天ぷら油を回収してせっけんをつくる。こうした活動が「かかわり・つながり」を考え、「結びなおし」によって持続可能な社会（→キーワード、p.120）をめざす第一歩となるのである。

身近な自然に子どもたちを連れ出すのは大切な活動である

2 環境活動 —アメリカの先達たち—

まず環境活動の先駆けともいえるアメリカの2人の環境活動家を紹介しておきたい。

1 環境活動家の先駆け：ミューア

アメリカは新大陸開拓によってできあがった国である。当初は広大な土地や河川、生物などの自然資源は無尽蔵であると考えられていたが、西部開拓が西海岸にまで到達すると、次第に自然資源の有限性、希少性に気づくようになり、19世紀にはエマソン（Emerson, R. L.）やソロー（Thoreau, H. D.）など優れた環境思想家が登場する。こうした環境思想を背景にしながら、実際にはじめて社会的な行動をとったのがミューア（Muir, J.）である。

ミューアは、1838年、スコットランドで生まれた。1849年には家族とともにアメリカ合衆国に移民し、ウィスコンシン州に住むことになる。少年時代は厳格な父親のもとで、ミューアは毎日休むことなく農作業にいそしんだ。その合間を縫ってミューアは自然豊かなウィスコンシンの森や野原を歩き、自然への愛情と感性を育んでいった。

1860年、ミューアはウィスコンシン大学に入学する。成績は優秀であったものの、彼の自然への探求心は大学の教室では飽きたらず、中途退学後は放浪の旅を続けることになる。各地への旅のなかでミューアを心から惹きつけたのが1868年にはじめて訪れたシエラネバダ山脈とヨセミテだった。

彼は300本にのぼる記事と、10冊に及ぶ主要な著書を出版しているが、社会に対してもっとも影響を及ぼしたのは『センチュリー』誌に掲載された記事である。同誌の編集者であるジョンソン（Johnson, R. U.）の助力を得てヨセミテのすばらしさと、家畜の放牧によって荒廃しつつある危機を訴え、これが国中からの注目を集めることになる。その結果、1890年にミューアとジョンソン

の多大な努力によって、ヨセミテ国立公園の制定が国会で決議されたのである。さらにその後、セコイヤ、マウントレイニヤ、ペトリファイドフォーリスト、グランドキャニオン等の国立公園の制定にも携わることになる。そしてミューアは1892年、世界初の環境保護NGOである「シエラクラブ」を設立し、1914年にその生涯を終えるまで会長を務めることになる。

　ミューアはアメリカにおいて社会的な影響力をもった最初の環境活動者であり、いまなお「国立公園の父」と称えられている。

2　環境問題の歴史を変えた女性研究者：カーソン

　カーソン（Carson, R. L.）はアメリカの海洋生物学者であり、作家でもあった。1907年にペンシルヴァニア州スプリングデールで生まれ、家の近くの森や野原、小川で遊ぶ少女時代を過ごした。大学で海洋生物学を修め、アメリカ政府内務省の魚類野生生物局に研究者として勤務しながら作家としての執筆活動を行い、『潮風の下で』（1941年）、『われらをめぐる海』（1951年）、『海辺―生命のふるさと』（1955年）はいずれもベストセラーとなった。

　彼女の運命を大きく変えたのが1958年1月に友人から受け取った手紙である。それは地域全体に蚊の防除のためにDDT（化学殺虫剤）が空中散布され、その後次々と野鳥の死骸を発見したという悲しむべきものだった。カーソンはその手紙を読んで調査を開始した。彼女は当時すでにベストセラー作家としての地位を確立していたものの、農薬の危険性について公の場で論評することは大変勇気のいるものであった。化学薬品会社はこのような農薬で莫大な利益をあげ政界にも通じており、また政府農務省も農薬の使用を推奨していたからである。彼女はこのような状況にもかかわらず、また自らを蝕む病魔と闘いながら、強い意志で農薬と環境汚染の因果関係についてのさまざまなデータを収集し、執筆に4年もの歳月をかけて出版したのが『沈黙の春』（1962年）である。この本はたちまち反響を呼び、20か国語にも訳される世界的なベストセラーとなった。日本でも当時『生と死の妙薬』（1964（昭和39）年）というタイトル

で刊行された。

　一方で彼女の考えに反対する人たちによるさまざまな反論・攻撃も始まり、全米は大論争となった。その後、当時の大統領であったケネディ（Kennedy, J. F.）は大統領直属の科学技術諮問委員会のなかに農薬委員会を設けることになるのである。

　農薬委員会では農薬の危険性について指摘をしたカーソンの主張が認められ、その後の農薬に対する厳しい使用規制や環境保護局の設立（1970年）へと国の政策転換がなされていくことにつながっていったのである。

3　日本の環境活動

　日本においては1950年代後半から60年代にかけ、産業からの排水、排煙が原因となって住民の健康を害する被害が深刻な社会問題となった。いわゆる「公害」である。代表的なものは四大公害病と呼ばれた。熊本県の水俣湾でメチル水銀が原因で発生した「水俣病」、同じく新潟県の阿賀野川流域での「新潟水俣病」、三重県四日市市で工場からの煤煙が原因で発生した「四日市ぜん息」、岐阜県の神岡鉱山からのカドミウムが富山県神通川流域を汚染して発生した「イタイイタイ病」である。

　訴訟等を通じて加害者としての企業の法的責任、そして行政の監督責任が明確になるに伴って、企業の活動は「公害対策基本法」（1967（昭和42）年）等の法整備によって厳しく規制されることとなった。一方で産業支援として「エンドオブパイプ（排水・排煙管の出口）技術」の開発支援、設備投資の助成なども行われ、企業を加害者とする公害問題は改善に向かっていくが、この時期には学校教員の自発的な動きとして「環境権[*2]」の学習を市民や子どもたちに

＊2　「人は尊厳と福祉を保つに足る環境で、自由、平等及び十分な生活水準を享受する基本的権利を有する」とした人の基本的な権利。スウェーデンのストックホルムで開催された国際連合人間環境会議（1972年）で採択された宣言（人間環境宣言）のなかに盛り込まれた。

すすめていこうとする公害教育の取り組みが萌芽的にみられている。

　この時代は工業用地や宅地の造成、海岸線の埋め立て、ダムや道路建設などの大規模な国土開発が行われ、これに反対する自然保護の運動が各地で展開されるようになった。こうした運動では、より多くの市民に自然の営みの大切さを知ってもらうために自然観察会が開催された。この自然保護教育の取り組みと先述した公害教育が、現在の日本の環境教育（→キーワード、p.120）につながる2つのルーツである。

　1980年代から1990年代にかけては、オゾン層の破壊、地球温暖化、砂漠化、資源の枯渇、廃棄物問題など地球規模の環境問題が顕在化するようになる。これらは産業活動だけではなく、物質的豊かさ・便利さを追求してきた市民生活にも起因するもので、この相互関係が「大量生産・大量消費・大量廃棄」型の社会経済システムを生み出したのである。従来の公害問題とは違い、あらゆる主体に原因があり、また被害を受ける恐れもあるという、複雑に絡み合った問題となってきた。つまりこれまでの「反対運動」では環境問題の解決にはつながらず、市民が自らのライフスタイルを見直し、持続可能な社会づくりの主体者になっていくことが重要だとの認識に変わってきたのである。

　1997（平成9）年12月には京都において地球温暖化防止（→キーワード、p.120）についての国際会議であるCOP3（気候変動枠組条約第3回締約国会議）が開催され「京都議定書[*3]」が採択された。環境問題をめぐる世論も高まりをみせるようになり、企業も積極的に環境活動に取り組む時代がようやく到来したのである。

＊3　1997年12月に京都で開催されたCOP3で採択された気候変動枠組条約の議定書。先進締約国に対し、2008～2012年の第一約束期間における温室効果ガスの排出を1990年比で、5.2％（日本6％、アメリカ7％、EU8％など）削減することを義務づけている。2000年に世界最大の温室効果ガス排出国である米国は経済への悪影響と途上国の不参加などを理由に議定書から離脱した。結局、京都議定書は米、オーストラリアの参加がないままで2005年2月に発効した。

4 環境NGO／NPOにおけるボランティア

　現在、日本国内には環境保全を活動目的に掲げている民間のNGO／NPO、グループは2万グループ以上にのぼると推定される[*4]。こうしたNGO／NPOやグループは実践活動、調査研究、他団体の活動支援、普及啓発、政策提言、ネットワーク形成などのさまざまな活動形態をもち、またその活動分野も大変幅広い（表7－1参照）。

　また規模や運営形態についても専従スタッフを抱え専門性の高い活動を行っているNGO／NPOから、ボランティアのみで運営されるグループまでさまざまである。

表7-1　環境活動の分野

①森林の保全・緑化
②リサイクル・廃棄物
③地球温暖化防止
④自然保護
⑤消費・生活
⑥有害化学物質
⑦大気環境保全
⑧環境教育
⑨騒音・振動・悪臭対策
⑩水・土壌の保全
⑪まちづくり
⑫環境全般
⑬砂漠化防止
⑭美化清掃
⑮その他（環境保全型農業、省エネルギー、財政支援、自然体験活動、都市農村交流、人材育成など）

資料：『平成20年版環境NGO総覧』による

[*4]　独立行政法人環境再生保全機構が2008（平成20）年に行った調査による（http://www.erca.go.jp/jfge/NGO/html/main.php）。

こうしたNGO／NPO、グループへの参加方法として、①主催イベントへの参加、②会費を払って会員になる、③無給の運営スタッフになる、④資金や物品の寄付、⑤物品やサービスの購入などがある。

　たとえば、京都に事務局を置く環境NGO「環境市民*5」では会員に限定することなく市民に対して常にボランティア参加の門戸を開いている。「環境首都コンテスト」の運営、環境ガイドブックの作成、各種講座の運営、ラジオ番組の制作、月刊のニュースレターの制作から発送作業、WEBサイトの制作まで、個人の興味・関心や時間に応じてさまざまなかかわり方ができる。経験豊富な事務局スタッフと、多彩な市民のボランティアの組み合わせで、高い専門性と参加の裾野の拡がりの両立を可能にしている。

「環境市民」のボランティアたちによって作成された「京都自転車マップ」

5　環境学習施設におけるボランティア

　1990年代から各都道府県、市町村で環境学習施設の整備、開設が盛んになり、現在では全国に約500施設があるといわれている*6。こうした環境学習施設の多くでは市民のボランティアとしての参加が求められている。

　京都市の環境学習施設である「京エコロジーセンター*7」は、2002（平成14）年の開館以来、市民ボランティア「エコメイト」が活躍している*8。こうした公共施設において市民のボランティアを受け入れているのは、来館者サー

＊5　「環境市民」WEBサイト：http://www.kankyoshimin.org/
＊6　環境学習施設ネットワーク（ELCNet）『環境学習施設レポート』2007年
＊7　京エコロジーセンターWEBサイト：http://www.miyako-eco.jp

ビスの充実というだけではなく、市民のなかから地域、職場、家庭などでの環境活動を実践していく人材を発掘し、育てていくことを目的としている。

　エコメイトに応募した市民は、まず半年間全6回にわたる養成講座の受講と現場実習を経て、翌年4月から活動を行う（表7－2参照）。

　活動内容は大きく2つあり、来館者への展示解説や環境に配慮した館内設備などの案内業務（学校や団体見学者への案内や環境学習サポートを含む）と「チーム活動」といわれるテーマ別のグループ活動である。このチームはビオトープ[*9]や屋上緑化の運営をはじめ、イベントの企画・実施や館内展示の開発改善、ニュースレター記事の取材、自主勉強会など、チームごとに多彩な活動を行っている。

環境学習施設では風力や太陽光などの学習も行われている

　エコメイトの任期が3年間と定められているのも特徴的である。任期修了後は、エコメイト活動で培った知識・技能・仲間とのつながりを活かし、「地域で活動を拡げる」「NGOで活動を深める」「自分たちでグループをつくる」など多様な活動の再スタートを期待しているのである。すでに修了生は、2008（平成20）年度末で200名近くになっており、京エコロジーセンターだけに留まらない「京都の環境リーダー」として多くの市民が活躍している。

[*8]　2009（平成21）年度は約80名のボランティアが「エコメイト」として登録、活動を行っている。

[*9]　ドイツ語で「生きもののすみか」を意味する。人工的に草むらや水辺を再生、創造して、野鳥や昆虫の生息空間をつくること。

表7-2　エコメイト養成の流れ（2009（平成21）年度）

オリエンテーション　9月27日（日）
時間　13：00～16：30
ボランティアとしてのエコメイトの活動について理解を深めるとともに、一緒に学び活動していく仲間としてふさわしい関係づくりを行います。
養成講座（連続・計6回）　10月～12月
時間　各回10：00～16：30
参加者全員、またはグループでのワーク・わいわいがやがや楽しい雰囲気の参加体験型で進めます。
第1回　10月10日（土）　ボランティア事始め
ボランティアとしてのエコメイトの活動について理解を深めるとともに、一緒に学び活動していく仲間としてふさわしい関係づくりを行います。
第2回　10月11日（日）　ボランティア事始め
学習・活動のグループ当事者、あるいはグループ学習・活動の場を提供する役割として必要なグループ運営のポイントを学びます。
第3回　10月18日（日）　環境問題きほんのき
環境問題の現状やくらしと環境のかかわりについての基本的な内容を学びます。
第4回　11月1日（日）　環境学習きほんのき
参加体験型の環境学習メニューを体験、そこでの学習のメカニズムやそうした場をつくり、まわす際に必要な理論を学びます。
第5回　11月7日（土）・8日（日）　環境学習の場をつくり・まわすきほんのき
センターの展示を用いた環境学習のメニューをつくり・まわす体験を通して、現場実感・役割理解・実践力アップを図ります。
第6回　12月5日（土）　これからのエコメイト活動に向けて
これまでの講座をふりかえり、学びを整理するとともに、不明・不安な点を明らかにし、今後の活動に向けてやる気を高めます。
講座コーディネーター 川島憲志氏（フリーランス） 岩木啓子氏（ライフデザイン研究所FLAP） 大滝あや氏（環境教育事務所Tao舎）
館内実習　1月～2月
先輩エコメイトと一緒に、施設での館内案内をはじめとするエコメイト活動を体験します。
登録説明会 2月14日（日）
時間　10：00～12：30
実習をふりかえり、エコメイトとしての活動に向けて、その役割を再確認し心構えを新たにします。

資料：京エコロジーセンターホームページ（http://www.miyako-eco.jp）による

6 「環境カウンセラー」と「地球温暖化防止活動推進員」

ここでは、環境ボランティア活動に関連した2つの公的な人材登録制度である「環境カウンセラー」と「地球温暖化防止活動推進員」について紹介する。

1 環境カウンセラー

「環境カウンセラー[*10]」は、市民活動や事業活動のなかでの環境保全に関する専門的知識や豊富な経験を有し、その知見や経験に基づき市民やNGO、事業者などの環境保全活動に対する助言など（環境カウンセリング）を行う人材として、環境省の行う審査を経て登録された人材である[*11]。

事業者を対象とした環境カウンセリングを行う「事業者部門」と市民や市民団体を対象とした環境カウンセリングを行う「市民部門」に区分され、また多くの環境カウンセラーは、環境カウンセリングだけではなく、環境にかかわるさまざまな活動を行っている。全国で、事業者部門で2,554名、市民部門で2,066名、合計4,309名が登録されている[*12]。

環境カウンセラーになるためには、経歴等を記載した申請書および指定されたテーマに沿った論文による書面審査、そして面接審査に合格することが必要で、環境大臣から「環境カウンセラー登録証」が交付され、登録期間の3年間活動することになる。

2 地球温暖化防止活動推進員

1998（平成10）年に施行された「地球温暖化対策の推進に関する法律」第23

[*10] 「環境カウンセラー」WEBサイト：http://www.env.go.jp/policy/counsel/
[*11] 「環境カウンセラー登録制度実施規程」（環境庁告示）に基づいて登録がなされている。
[*12] 2009（平成21）年4月現在。合計は2部門に両方登録している数を除いた実数である。

条において、都道府県知事は地球温暖化対策に関する知識の普及や地球温暖化対策の推進を図るための活動の推進に熱意と識見を有する方々のなかから、「地球温暖化防止活動推進員」を委嘱できることになっており、現在ほとんどの都道府県において推進員の募集、研修、委嘱が行われている。またその委嘱の方法、活動内容についても各都道府県の実状に合わせたものになっている。

たとえば、大阪府における本制度においては、「市町村及び地元NPO等と協働しながら、地球温暖化防止について住民への理解を深め、情報の提供や啓発活動、また住民への助言などを行う」とされており、2年の任期で委嘱がされている（表7-3参照）。

表7-3　大阪府地球温暖化防止活動推進員の活動

1. 自ら環境家計簿に取り組み、日常生活において地球温暖化対策を実践するとともに、環境家計簿の普及に努める。また、その実践にあたっては、行動計画を立て、取り組みを記録・評価し、必要に応じて見直す。
2. 国、府、市町村及び大阪府地球温暖化防止活動推進センター等（以下「行政機関等」という。）が行う地球温暖化防止に関する事業に参加協力する。
3. 行政機関等が行う事業実施に活動リーダーや講師として参加するなど協力を行う。
4. 行政機関等が実施する事業の計画の策定に参画するなど必要な協力を行う。
5. 他の推進員と連携しながら、地球温暖化防止の普及啓発に努める。
6. 府民や団体が実施する事業に対して、事業実施に活動リーダーや講師として参加するなど協力するとともに、事業計画策定に関して参画するなど、必要な協力を行う。
7. 自主的に自治会、公民館活動等の地域住民の集まりの場を利用して、地球温暖化の現状や地球温暖化対策の重要性等について住民の理解を深めるとともに、家庭での省エネ行動、リサイクル及びグリーン購入などを普及・促進する。
8. 府民や団体の要望に応じて、日常生活に関する温室効果ガスの排出の抑制等のための措置について調査を行い、その結果に基づき指導や助言を行う。また、プランナーとして率先行動計画を立案したり、計画の策定に関し協力する。
9. 府、市町村、府民及び団体の間で情報交換や連携が進むようコーディネーターとしての役割を担う。
10. 行政機関等が行う研修会、講演会、又は推進員が自発的に実施する情報交換会等に積極的に参加し、推進員としての資質の向上に努める。

資料：大阪府地球温暖化防止活動推進センターホームページ(http://www.osaka-midori.jp/)

7 持続可能な社会に向けて

　本章では環境問題の解決、そして持続可能な社会の実現に向けた市民のボランタリーな活動について概観してきた。20世紀から21世紀への変わり目にあって、市民一人ひとりの環境への意識や態度、そして行動は少しずつ着実に変化してきたように思える。文中で紹介した環境NGO／NPOや環境学習施設、人材育成や登録の諸制度は一定の役割を果たしてきたといえるだろう。

　しかし、あえて厳しい問題提起をすると「大量生産・大量消費・大量廃棄という社会のあり方をそのままにしながら、リサイクルしたり、植樹をしたりというような、『ちょいとした手直し』程度では持続可能な社会は実現できない」ということである。

　さらに数十年後、数百年後を見据え、美しい地球環境とバランスのとれた「持続可能な社会」へと変えていくためには冒頭に述べた「かかわり・つながり」の再生や、新しい社会的価値を創出し、そこに市民の関心や共感が導かれていくような動きが重要なのだと考える。そうしたなか「農」への回帰や、自立自給（■キーワード、p.121）を志向する暮らしにチャレンジする人々が少しずつ現れてきていることに注目したい。このように暮らしそのものをボランタリーに、簡素に、スローにしていくことが、次の社会のあり方を切り開いていくのだと信じ、本章を締めくくることとしたい。

「お金で買う」暮らしから「自らつくる」暮らしへの転換を、楽しんで実践する人たちが増えてきている

> **読者の皆さんへの質問**
>
> Q1　あなた自身の生活で、①環境のためによいこと、②環境のためによくないことをそれぞれ3つずつあげてみましょう。
>
> Q2　あなたが「気になる」環境の問題を1つあげてみましょう。そしてその解決に向けて、どのような個人や団体が活動を行っているでしょうか。
>
> Q3　「持続可能な社会」とはどのような社会か、自分なりのイメージを答えてみましょう。

●●●●●●●● **ボランティアを読み解くキーワード** ●●●●●●●●

▶持続可能な社会

　「持続不可能」ともいえる大量生産・大量消費・大量廃棄を前提とした産業社会から「持続可能な社会」への転換が求められている。この中心的概念である「持続可能性（sustainability）」については、生態学な意味での実現はもちろんのこと、社会・文化・経済の側面や、人間の精神・健康といった側面も重要であることを補足しておきたい。

▶環境教育

　環境教育とは、「持続可能な社会の実現に向けて、一人ひとりの意識、態度・価値観、そして行動の変革を導く教育」である。近年では「持続可能な開発のための教育（ESD：Education for Sustainable Development）」として、「よりよい未来」をつくるために環境・人権・平和・ジェンダー・国際協力・多文化共生・福祉などさまざまなテーマに取り組む教育活動をつなぐ重要性が認識されるようになっている。

▶地球温暖化防止

　人類の産業活動の進展に伴う化石燃料の大量使用によって、二酸化炭素の排出量が上昇したことから、気候変動、気温上昇などの諸問題が懸念されている。国際社会では「気候変動枠組条約（UNFCCC）」が締約され議論が続けられているが、日本国内でも「京都議定書」（1997年の京都会議にて採択）をきっかけに、二酸化

炭素の排出抑制のための活動が盛んになっている。

➡自立自給

　中山間地域には、田畑を自らつくって米や野菜を自給し、また発酵技術を用いて味噌や醤油、納豆、漬け物などの加工食品をつくったり、また森林から薪や炭などの燃料を得るなどの自給的生活の知恵や伝統がある。こうした暮らし方や精神に再び光をあて、貨幣経済、グローバル経済への依存体質から脱却することも、持続可能な社会を実現するための重要な要素である

【引用文献】

1）後藤允『尾瀬―山小屋三代の記』岩波書店　1984年　p.4

私にとってのボランティア

新しい世界との架け橋

　1982（昭和57）年、大学に入学してまもなく、友人に誘われてYMCAでの大学生リーダー活動を始めたのが、私と「ボランティア」との出会いである。大学生の4年間は、YMCAの少年事業である少年体育教室、サマーキャンプ、スキーキャンプ、そして国際交流などの活動に携わった。上級年生になるとチーフリーダーやディレクターなどの責任も任されるようになり、学業そっちのけで熱中して過ごしていた。

　子どもや保護者とのかかわりを通して体験する社会のリアルな姿は、この活動が自分にとって社会との架け橋になっていることを実感させた。またYMCAをサポートするさまざまな大人たち（職業人）との出会い、そしてアジアの国々のYMCAを訪問した際のスタッフやボランティアとの出会いなどは、普通の大学生生活では得られない体験であった。

　大学を卒業してYMCA職員として就職し、1987（昭和62）年に滋賀県で小学生の野外活動・自然体験のクラブを始めたことが、現在の専門領域である「環境教育」と出会うきっかけとなった。月1回、琵琶湖や周辺の山々、川などへ子どもたちと出かけ、自然のなかでの仲間との体験を通じて、子どもたちの成長を願う活動である。子どもたちが地元の滋賀の自然と多様なかかわりをもちながら、それを栄養素として成長していくことの大切さについても気づかされることになる。一方でこの地域には開発の波も押し寄せてきており、子どもたちと一緒に手づかみで魚をつかんで遊んだ川も、翌年行ってみるとコンクリート護岸に変貌していたというような悲しい現実とも向き合うこととなった。このような体験の場をつくっていくことは将来もっと重要になっていくという予感がした。

　「ボランティア」活動を行うことで自分自身と社会の現実との間に橋が架かる。そこからは新しい世界が開かれ、次の時代の新しい生き方が示される。この本を手に取られたみなさんもどうかそれぞれの地域で新しい一歩を踏み出してほしい。

（西村仁志）

第8章
災害ボランティア

1　なぜ？　いつから？　どのように？　災害ボランティア

1　阪神・淡路大震災以降、定着する災害ボランティア

　日本国内において災害が発生した際、今日では、被災地で活動する災害ボランティアは絶対的に必要な存在であると認識されるようになっている。

　災害ボランティアの必要性が絶対的になったきっかけは、1995（平成7）年に発生した阪神・淡路大震災である。約3か月間の緊急対応が求められた時期に、約140万人のボランティアが被災地に駆けつけたといわれている。6,400余名の尊い生命が失われた未曾有の都市型災害被災地の様子は、マスコミなどを通じて連日全国各地に報道されていた。ビルの倒壊や火災により失われたまちの機能、家族や家を失った人々の姿、水や食料の確保さえ難しいまま学校等の避難所で過ごす人々の姿。全壊家屋約18万6,000世帯、ライフラインが滞り、行政サービス等が行き届きにくい状況下で、避難者はピーク時に31万人を超えた。これらを見聞きした若者を中心とする多くの人々は、「役に立ちたい」「いてもたってもいられなくなって」などの動機により、続々と被災地に駆けつけ、さまざまなボランティア活動を開始し、助け合い精神に基づく自発的な活動を展開していった。

表8-1 近年の災害とボランティア数

災害発生年月	災害名	ボランティア数
1995（平成7）年1月	阪神・淡路大震災	1,377,000人
1997（平成9）年1月	ナホトカ号海難・流出油	275,000人
1998（平成10）年9月	高知県豪雨	8,000人
2000（平成12）年3月	有珠山噴火	9,000人
2000（平成12）年9月	東海豪雨	20,000人
2000（平成12）年10月	鳥取県西部地震	5,000人
2001（平成13）年9月	高知西南部豪雨	11,000人
2001（平成13）年3月	芸予地震	3,000人
2004（平成16）年7月	新潟・福島豪雨	45,000人
2004（平成16）年7月	福井豪雨	58,000人
2004（平成16）年10月	台風23号	44,000人
2004（平成16）年10月	新潟県中越地震	86,000人
2007（平成19）年3月	能登半島地震	16,000人
2007（平成19）年7月	新潟県中越沖地震	28,000人

出典：総務省消防庁「災害ボランティア活動事例データベース」他

　阪神・淡路大震災が発生した1995（平成7）年は、「ボランティア元年」といわれるなど、有事、特に災害時におけるボランティア活動の重要性・必要性を国内に周知させる年となった。その後、ふりかえってみると、南東北・北関東集中豪雨水害（1998（同10）年）、瀬戸内海水害（同年）、有珠山噴火災害（2000（同12）年）、三宅島噴火災害（同年）、東海豪雨水害（同年）、鳥取県西部地震災害（同年）、新潟県中越地震（2004（同16）年）、能登半島地震（2007（同19）年）、新潟県中越沖地震（同年）、岩手・宮城内陸地震（2008（同20）年）等、毎年のように大きな災害が私たちの身近な場所で発生しており、そのたびに多くのボランティアが支援活動を行っている。

　また、国内だけでなく、トルコ大地震（1999年）やスマトラ沖大地震（2004年）等、海外での災害発生時においても、日本から多くのボランティアが支援

活動を行ってきた。

その結果、災害ボランティア活動は、災害後の混乱する被災地において、重要な役割を果たすことから、行政が作成する防災計画のなかに位置づけられるなどの定着化がみられるようになった。今後、災害ボランティア活動は、ますますその活躍が期待されているのである。

地震災害の様子

2　災害ボランティアの多様な活動

（1）被災地における災害ボランティアの多様な活動

災害ボランティアの主な活動内容は、炊き出し、子どもの遊び相手、高齢者の話し相手、物資の仕分けおよび搬入・搬送、被災家屋や瓦礫の片付け、訪問活動や相談活動、買い物・引越しの手伝い等々であり、老若男女誰でも参加しやすい活動といわれている。一方、専門家や有資格者の活躍も目立ち、医療・健康相談、心のケア・カウンセリング、家屋の危険度調査、通訳、マッサージ、移送サービスなどが行われている。

日本国内では、「災害対応は行政がするべき」という考え方もみられる。たとえば、避難所の設置や避難所での食事配布など、行政責任で行われる対応をしっかり充実させればよいという考え方である。確かに、行政の災害対策の強化は不可欠であろう。とはいえ、いつ発生するか予測が難しい地震などの大規模災害の

被災家屋の片づけなど、被災地では多様なボランティア活動が行われる

発生時に、行政による対応だけで被害や二次的な被害発生を防げるのであろうか。また、行政の対応は、公平平等の対応が重視されることが少なくないため、被災者一人ひとりに対する配慮は施しにくくなっている。たとえば、体調や年齢への配慮をするよりも、避難者全員に同じお弁当を配ることが重視されることが少なくない。

被災地の子供たちと遊ぶボランティア

そのため、必要と認識したときから、「誰でも、いつでも」柔軟に即時的に実施できるボランティア活動の活躍が重要になる。混乱する被災地での活動だからこそ、難しさもある（➡キーワード、p.135）が、たった一人の被災者のその時々の気持ちや状況に寄り添いながら、その人らしい暮らしの復旧や復興を応援することがボランティアには可能である。

（2）被災地域の地域性により変化するボランティア活動

　災害ボランティア活動は、被災地域での復旧活動が行われるなかで、外部者が被災地に駆けつけ、被災者とともに、暮らしの復旧等を支援するために行われている。

　被災地では、救命や救出活動などが、地元の住民の助け合いや行政との連携により始まっている場合が少なくないため、地元での助け合い・ボランティア活動の大切さを忘れず、尊重しながら、これらの動きを後押しする災害ボランティアだからこそできることに取り組む必要がある。

　災害による被害状況は、地震、風水害など災害の内容や規模によって異なり、あわせて、災害発生地域の地域性により、どのようなボランティア活動が必要なのかを判断する必要がある。生活スタイルやまちづくりの状況などにより、めざすべき復旧・復興の姿が変わってくるからである。

　阪神・淡路大震災のように、都市部に起きた大規模地震災害は広範囲の地域

に大きな被害を及ぼす。一方、山間・海岸部で発生した地震や風水害では、地域の一部に被害をもたらすことが多く、噴火災害などでは、長期間にわたり特定の地域の人が遠く離れた地域まで避難しなければならないこともある。また、1997（平成9）年の日本海重油流出事件発生時にも災害ボランティアは活動している。山火事、テロなどを含め、日本では災害発生の危険性は高い。

災害の状況と地域の実情に配慮するため、災害ボランティア活動は多様な工夫が求められる。初心を忘れずに活動を行うことが必要である。

（3）現地に出かけない災害ボランティア

災害ボランティア活動では、被災地での活動だけがボランティア活動ではない。離れた地域から被災者を応援する活動や、現地に行く人を支える活動などが展開できる。また、混乱する被災地から一時的に離れたい人を受け入れる活動、誰にでもできる活動としての募金活動などが展開できる。募金活動には、被災者を支えるための募金活動と、ボランティア活動を応援するための募金活動がある。募金活動は長期化するほど大切になるといわれている。

さらに、救援物資の送付活動があげられる。避難生活などで役立つ救援物資を届ける活動が主であるが、過去の教訓において、「救援物資は被災地を襲う第二の災害」（→キーワード、p.135）という言葉などが残されるなど、現地にあふれる救援物資の活用については課題が山積みである。活動の必要性を問い直し、実施システムやノウハウの構築に向けて検討すべき時期にきている。

（4）復興期におけるボランティア活動

災害ボランティア活動は、ライフラインの復旧、避難所の解消、被災者の仮設住宅への移転の時期等に終了期や転換期を迎えることが少なくない。特に、被災市町村以遠の地域から駆けつけたボランティアは、現地の人々の自立に向けた取り組みに展開をゆだねることが求められる。

しかし、被災者の人たちのなかには、長い復興への道のりを歩まなければならない人もいる。阪神・淡路大震災や、新潟県中越大地震の被災地では、仮設

住宅での生活を 3 年以上送った人がおり、孤立死や復興まちづくりなどの課題を解決していく必要が生じた。そこで、緊急対応を中心とした災害ボランティアの活動から、必要に応じて復興期におけるボランティア活動に転換を図ることの大切さが問われるようになっている。

お祭りや地域イベントの再興、集会所や集いの場の活性化、必要な人への継続的な見守り活動などが報告されている。

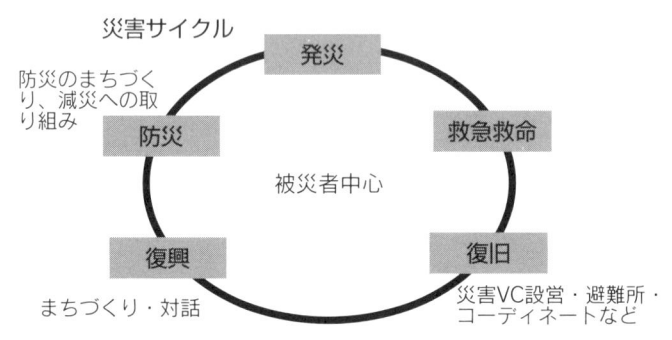

図8-1 平常・復興後のビジョンを見据えた活動展開・戦略の重要性
出典：社会福祉法人全国社会福祉協議会全国ボランティア活動振興センター編『被災地復興支援につなぐ災害ボランティアセンターを目指して　平成18年度災害ボランティア活動中核コーディネーター研修プログラム開発委員会報告書』全国社会福祉協議会　2007年　p.50

2　誰のため？　何のため？　災害ボランティアセンター

1　被災者本位のボランティア活動

（1）「困ったときはお互い様」の関係

「何かお役に立ちたい」という思いから動き出し始めた災害ボランティア活動では、被災者や仲間から「ありがとう」「助かりました」の一言が届く。あるいは、被災者が暮らしを再建される様子を感じ、喜びが増していくことが少

なくないようだ。「若者が駆けつけてくれたことを喜び、涙する高齢者の様子にふれ、周囲の人も一緒に温かい気持ちになれた」「困難な状況を乗り越えていく、元気の源を感じられた」などの声やエピソードが多数残されている。

一方、活動現場では、「役に立てなかったのではないか」という感想や、「ボランティアはなんでもする人なの？被災者のわがままを感じた」という不満の声を聞くこともある。「そこまでするのか？」という周囲の意見に対し、「被災者はかわいそう。役に立ちたいと思うことが悪いことなの？」という反論が出た、ボランティアの立場や役割について議論をしたという記録もある。

同じ活動の現場でも、「助かった」「ありがたい」「押し付けがましい」など、感じ方は十人十色である場合は少なくない。感じ方は、その人の生きてきた歴史や習慣、性格だけではなく、その時々の状況などによっても大きく変化する。

災害ボランティアは「縁の下の力持ち」というような立場で活動を行えばよいのではないかという意見がある。また、ボランティアと被災者の関係は、「頼る」「頼られる」ではなく、「困った時はお互い様、一緒になってつくっていく」関係であることが望ましいと考えられる。その時々の感情に流されすぎることなく、気持ちよく活動をつくりあげたいものである。

（2）迷惑ボランティア

災害ボランティア活動の現場において、「回りの意見に耳を貸さず、自分の思いを押し付けるボランティアには辟易とした」「被災者の方に、いろんな人が次々と来て、信頼できないと言われた」などの感想が残されることがある。災害時のボランティア活動は、緊急を要する事態のなかで、一人ひとりのボランティアの自発性を信頼して判断をゆだねることが少なくない。しかし、活動期間が短い場合やかかわりが一面的なボランティアが全体状況を的確に把握して判断することは難しい。そのため、ボランティアがよかれと思ってくだした「自発的な自己判断」と各現場において求められる「状況判断」に大きなズレが生じ、トラブルや困惑の原因となる場合が起こりえる。危険な現場での判断、依頼や要望に応じられない場合の判断、行政や企業との協働現場での判断は、

結果として、"迷惑なボランティア"という印象を引き出してしまうこともあったようである。

　被災者の状態は、ボランティアの想像以上に繊細な場合もある。肩の力を抜き、周囲の人たちとの連絡や相談を欠かさないよう心がけながら、ボランティアだからこそできる活動は何か、探り続ける姿勢が求められる。

　また、被災地に入る場合の服装やふるまいなどのマナー・ルールの不徹底などが主な原因となり、被災者が強い違和感などを感じ、迷惑さや、「ボランティアにはかかわってほしくない」という思いが生じる場合もみられる。

　災害ボランティアのルールやマナーについては、事前にインターネットや書籍で調べることができ、災害発生後数日後から募集案内などが発信されるようになっている。経験者の話を聞く研修等も各地で開催されている。

　次に被災地でのボランティア活動で大切にしたい心得をあげておく[1]。

①出かける前の準備をしっかり
　情報収集、体調管理、食事や就寝場所の確保、交通費の確保など。
②被災者の立場に立った活動を
　あいさつや言葉遣い、約束を守るなど、基本的なことを大切に。
③自分で考えて
　周囲の様子をよく見て、自分ができることをやってみる。
④ルールを守って
　勝手な判断はせず、グループで相談する。困ったらボランティアセンターに相談を。
⑤断る勇気を持つ
　危険なことやできないことは、できないとはっきりと。
⑥思い込みをしない
　報道などの情報から勝手な思い込みをしないこと。
⑦地域住民の自立を支援
　被災者に協力して一緒に復興を目指す。

被災者が自ら立ち上がっていくためのお手伝いをするボランティアとして、適切な言動を心がけたいものである。

(3) 自立のためのボランティア

　災害ボランティア活動にあたり、「被災者の自立」の問題が大きく取り上げられることがある。被災者が本当に困っている生活課題や求めていることに対応した活動を考え、ボランティアによる活動を被災者の自立につなげていくには、一つひとつのニーズに丁寧に向き合うことが求められる。

　ここで、「自立とは何か？」という問いへの答えは、100人いれば100通りであり、被災者にとっての自立とボランティアにとっての自立への考え方に大きな食い違いが生じることも考えられる。災害被災地では、「自分一人で生活できるようになることが自立」だと、大変な状況であっても我慢し、孤立化する被災者の状況把握が難しいといわれている。一方、ボランティアに際限なく要求や要望を投げかけてくる被災者への対応も必要になる。「何のため」「誰のため」に活動を行うのか、行わないのか、広い視野と思いやりをもちながら、被災者の勇気や元気を生み出すお手伝いができるよう心がけたいものである。

　具体的には、被災地域や被災者の情報を収集・把握したうえで、ニーズの特徴（人手はどのくらい必要か、寄り添いや心のケアは必要か、緊急を要するかなど）を分析して、被災者の思いに近づき、適切な支援ができるよう活動を考えることが必要になる。

　また、個別的な対応とともに、集約したニーズの分析をするだけでなく、被災地全体のニーズを見通して、活動の普遍化を図ることも大切である。より多くの被災者の方が立ち上がっていけるよう、大規模に展開する活動メニューやプログラムをつくりだす、あるいはプロジェクト化す

避難所では寄り添いや心のケアも必要になる

るなどの可能性を考えることができる。

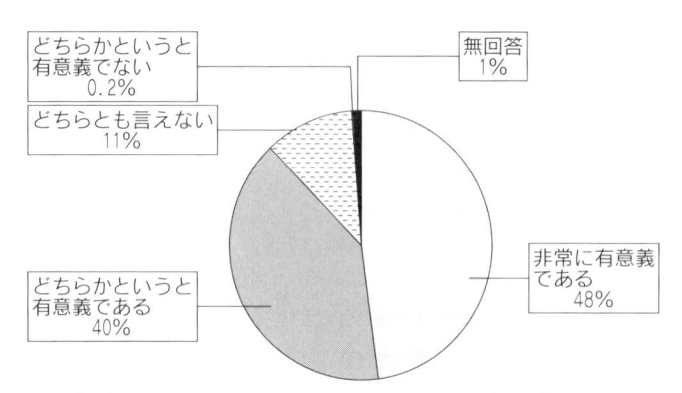

図8−2　災害ボランティアセンターによる支援活動は有意義だと思われますか？
資料：中越地震災害時における災害ボランティア活動の派遣社協職員を対象としたアンケート調査結果より（回答数427名）

2　災害ボランティアセンターとボランティアコーディネート

（1）災害ボランティアとボランティアセンター

　災害ボランティア活動は、混乱や困難が続くなか、大勢の人が被災地に駆けつけて活動を行う。「危険な場所はあるのか」「どこに行けばいいのかわからない」「土地勘がなく、方言がわからない」など、ボランティアにとっても不安な現場といえる。そこで、駆けつけたボランティアの気持ちや状況を汲み取り、必要としている被災者のニーズや活動につなぐ役割を果たすため、災害ボランティアセンターが設置される動きが定着化している。

　災害ボランティアセンターは、ボランティアに対する受付・相談窓口であり、被災者に対する困りごと相談窓口であり、ボランティア活動の調整・企画の機能を有する。阪神・淡路大震災の後、災害ボランティアの必要性が認知されるとともに、必要性が確認されたボランティア総合調整機関である。

　災害ボランティアセンターは社会福祉協議会やNPOなどが中心となり、個人・団体が集まって組織をつくり、2週間〜半年程度開設される場合が多くみ

られる。災害ボランティア活動を円滑に行うために、マスコミを通じた情報発信や各種団体間の情報共有、行政との連絡調整なども実施することができる。閉鎖まで職員を配置する場合もあり、多くのボランティアに支えられて運営を行っている。

　また、災害ボランティアセンターでは、ボランティアの健康管理やボランティアへの支援を行う場合もある。ボランティアの健康管理は自己管理が原則であるため、自分自身の健康管理をしっかりと行うように促す一方で、精神的にも肉体的にもストレスが多い被災地での活動だからこそ、必要な情報提供や支援を行う必要がある。

　現在、突然発生した災害時にすばやく災害ボランティアセンターを設置するための備えの活動が全国各地で行われるようになっている。しかし、場所や資機材の確保、人材の確保、資金の確保（→キーワード、p.135）など、課題は山積

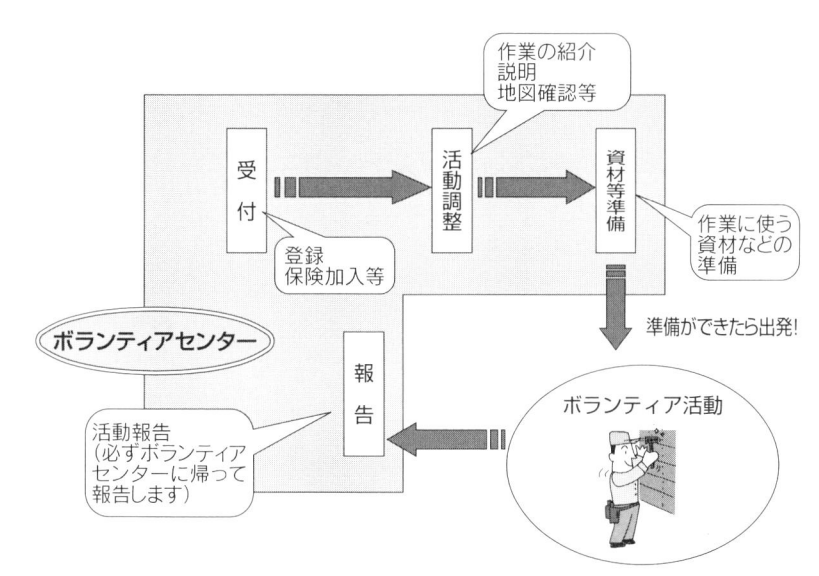

図8-3　災害ボランティア活動の流れ

出典：広島県被災者生活サポートボラネット推進会議編『広島県被災者生活サポートボラネット推進マニュアル～広島県被災者生活サポートボランティアセンター事務局運営編～』社会福祉法人広島県社会福祉協議会　2008年　p.40

133

みである。そのため、全国的なネットワークを充実させ、いつ・どこで災害が発生した場合でも、すばやく対応できるようにノウハウの構築をする動きも生まれている。今後は、NPO／NGO、ボランティア団体、社会福祉協議会、企業・労働組合、生協などの共同組合、学校などによるつながりを活かした仕組みづくりへと発展することに期待したい。

災害ボランティアセンターには人と情報が集中する

（2）災害ボランティアセンターでのボランティアコーディネート

　災害ボランティアセンターが開設されると、次々と駆けつけるボランティアの受付と調整、さまざまな被災者からの問い合わせや要望への対応等、センター内には人と情報が錯綜する状況になる。そのため、人々の情報の調整をして、ボランティアの自発性を活かした活動の展開を促すボランティアコーディネート（→キーワード、p.136）をどのように行うかが重要になる。

　災害ボランティアセンターの特徴的なコーディネート手法の1つに付箋方式がある。付箋方式は、大勢のボランティアが集まった際に、一人ひとりの活動現場をお見合い方式のように調整していくのではなく、自ら掲示板に掲げられたニーズ表のなかから活動を選んで付箋を貼ることで、自発的にチームをつくって自主運営を促すために生まれた仕組みである。このように、災害ボランティアセンターでは、すばやく、複数のニーズに対し、多数のボランティアが意欲的かつ主

付箋方式は災害ボランティアセンターの特徴的なコーディネート手法

体的に応じていくことができるように調整するコーディネート手法や仕組みが求められている。今後、災害対応に思いのあるメンバーが集い、知恵と情報を持ち寄り、より有効な仕組みが生まれてくることに期待をしたい。

読者の皆さんへの質問

Q1　あなたは、大きな災害が発生した際、現地に駆けつけて、災害ボランティア活動に参加してみたいと思いますか？

Q2　あなたは、被災者本位とは、どのようなことだと思いますか？

ボランティアを読み解くキーワード

▶混乱する被災地だからこそ、活動の難しさがある

　想像を絶する被災状況。刻々と変化する事態。見えにくい被災者のニーズ。迅速な判断と対応を求められ続ける混乱状況のなか、被災者もボランティアも心の余裕をなくしがちになる。思いやりと想像力を大切に、声にならない声を読み取ろうとし、被災者に必要な活動について話し合うように心がけたい。

▶救援物資は被災地を襲う第二の災害

　雲仙普賢岳噴火災害の被災地での教訓から引き継がれている言葉。個人からの救援物資が大量に被災地に送られた場合や不用品などが送られた場合、仕分けの手間と大変さが増大し、被災地で活用できないまま廃棄にいたるなどの事態が起こり、この言葉が生まれた。混乱する被災地を、さらに混乱にまきこまないよう、企業などとの連携による救援物資活用の仕組みづくりが必要である。

▶災害ボランティアセンターにおける資金の確保

　災害ボランティアセンターの運営を支える資金確保は、阪神・淡路大震災以来、現場の負担であり課題となっていた。資金確保は活動の可能性を大きく左右し、活動への影響が大きい。こういった状況をふまえて、赤い羽根共同募金は、「災害準備金制度」を創設。社会福祉協議会などを通じ、災害ボランティアセンターにすばやく資金支援ができる仕組みづくりを行った。

➡ボランティアコーディネート

　災害時のボランティアコーディネートでは、受け入れ型（必要なボランティアを受け入れて活動を行う方法）、送り出し型（必要と考えられるボランティアを活動現場に送り出す）、マッチング型（ボランティアを必要とする人とボランティアを結ぶ）の3つが代表的であり、災害ボランティアセンターは、マッチング型のコーディネートを行うことが多い。また、社会福祉協議会の職員などがコーディネートを担い、円滑な活動を促す事例が増えている。

【引用文献】

1）広島県被災者生活サポートボラネット推進会議編『広島県被災者生活サポートボラネット推進マニュアル～広島県被災者生活サポートボランティアセンター事務局運営編～』社会福祉法人広島県社会福祉協議会　2008年　p.40

【参考文献】

- 大阪ボランティア協会編『ボランティア・NPO用語辞典』中央法規出版　2007年
- 雨宮孝子・小谷直道・和田敏明編『ボランティア・NPO（福祉キーワードシリーズ）』中央法規出版　2002年
- とちぎボランティア情報ネットワーク・曹洞宗国際ボランティア会・ハートネットふくしま編『ボランティアが来たぞう!!考えたぞう!!―阪神・淡路大震災から学ぶ災害ボランティアとコーディネートのノウハウ（KOBEの検証シリーズ②）』震災がつなぐ全国ネットワーク　1999年
- 災害ボランティア・市民活動支援に冠する検証プロジェクト編『～ひとり一人の気づきを地域の力へとつなげるために～「災害ボランティア活動センター」の運営と支援に関する調査事業報告書』社会福祉法人中央共同募金会　2006年

私にとってのボランティア

ボランティア活動を通しての出会い

　私がボランティアを強く意識したのは、阪神・淡路大震災だった。それまで、ボランティア活動の印象は、気軽に参加する活動というものだった。しかも、私の場合、誰かに声をかけてもらってから活動に参加することが大半だったので、「何でもやってみよう、自ら取り組んでみよう」という気持ちは強くなかったように思う。

　ところが、阪神・淡路大震災の時、私は被災者だった。ボランティアに助けてもらったこともあり、ボランティアのコーディネートを担うようになった。ボランティアを必要とする多くの人たちと、ボランティア活動に参加してみたいと望む多くの人たちと出会った。たくさんの活動をみんなと一緒につくりだし、無力感を感じたり、矛盾を感じたり、喜びを感じたりした。4年間にわたり、仮設住宅が閉鎖されるまで、私はボランティアコーディネートの活動を続けた。5万人近くのボランティアのみなさんが活動を支えてくださった。

　私にとっての一番大きな収穫は人との出会い。そして、人には個性があり、その人にしかない感性があり、それらが上手く組み合わさっていくと、とてつもなく大きな力になることを実感できたことだった。

　「ねえ、何が必要だと思う？」「あなたはどうしてここにきたの？」と何度尋ねたことだろう。その結果、「やりたいことをするのがボランティア」とは思わなくなってきた。ボランティアを続けるなかで、自分のやりたいこと、行きたい場所は、おのずと見えてくるのではないか。これからも、ボランティア活動を通じて多くの人と出会い、より深く自分を知り、自分を社会に役立てていきたいと思う。

（石井布紀子）

第9章

国際ボランティア
―「地球市民」としての役割―

1　国際ボランティアとは？

1　世界に視野を広げて

「国際ボランティアって何？」

若い人たちとボランティアについて話しているとよく聞かれる質問である。簡単に言えば、まず世界のさまざまな国の文化や政治・経済・社会問題、あるいは、国境を越え地球規模で起こっていて大勢の人たちの命や生活を脅かすような状況に関心を抱くこと。そして、そうした状況に関連した活動や問題解決に向けてのプロジェクトなどに自発的にかかわることである。最近では、国内で増え続ける外国人が抱える諸問題に対しての支援活動なども、国際ボランティアの領域として考えるようになってきた。

2　さまざまな分野と活動

日本では、国際交流や親善、異文化理解などが、国際ボランティアとしてなじみが深いようである。お互いの文化や生活の相違を体感する交流行事をはじめ、短期滞在の留学生などへの宿の提供、在住の外国人のための語学支援、生活上の諸問題（子どもの教育、医療、仕事関連の悩みなどの相談など）の解決

のサポートも国際ボランティアの1つである。

世界に目を転じると、世界平和や人道主義を基本理念として、国際支援を主軸にして活動する組織は多い。戦争や紛争によって傷ついた人々、難民や国内避難民*1などへの人道的な緊急援助活動、貧困撲滅・削減のためのさまざまな経済開発援助、開発途上国の人たちへの社会開発（(■キーワード、p.157）支援などが典型的なものである。

医療や保健衛生、栄養指導、教育、女性の経済的な自立支援、農村開発、都市化に伴うスラムなどへの対策、ストリートチルドレンや性的な搾取を含む、違法な児童労働などへの取り組み、HIV／エイズ対策、孤児たちの保護など、その活動分野や内容は多岐にわたる。少数民族、女性や子ども、囚人などに対する差別や抑圧などの人権問題・擁護、自然や動物などの生態系保全を含んださまざまな環境問題、自然災害などの被害者への緊急援助などもあげられる。

3 国際ボランティアへのステップ

国際ボランティアへの参加や活動の仕方はさまざまである。個人で積極的に募金協力などを行っているボランティアもいるであろうし、数人でグループを立ち上げて活動する方法もある。国内外の国際ボランティア団体や組織（本文中では、以下、NGO（■キーワード、p.157）と同義に使用する）は、多くのボランティアによってその活動が支えられている。興味のある分野のNGOを選択し、活動に参加してみてほしい。いきなり海外に行くことに躊躇するなら、日本国内の事務所で後方支援の仕事を手伝うこともできる。事務所には、国内向けに国際的な問題に関するさまざまな企画や理解のための教育、啓発活動があ

---

*1　難民の定義は、1951年のいわゆる「難民条約」に規定されており、人権・宗教・国籍などさまざまな理由で、国籍をもった自分の国に留まっていると、迫害を受ける可能性があり、そのために、その国の外に逃れた人（広義）を指す。それに対して、国内避難民とは、国境が閉鎖されたりして国内に留まらざるを得ない人を指すようになった。1990年代になって国内避難民が激増すると、難民同様に彼らにも緊急支援の手が差し伸べられるようになってきた。

り、講演会、写真展を通しての活動の宣伝や募金、ニュースレター作成などを手がけている。

　NGO主催のスタディーツアーやワークキャンプなどの企画に参加する人も増えている。1～2週間の短期間のものが多く、現地での活動を通した、現地の人やボランティアとの交流体験は、国際ボランティアへの足がかりとして好評である。

4　「地球市民」をめざして

　「なぜ国際ボランティアなの？」「なぜ世界の貧しい国の人たちや戦争の被害者、難民などに手を差し伸べるの？」「日本にだって、野宿生活を余儀なくされる人もいれば、失業してお金に困っている人も多いのに」といった声も、経済状況の悪化や社会的な不安が蔓延する今日ではよく聞かれる。

　比較的平和で豊かな日本で暮らしているがゆえに、見えないものや知らないことが世界には多い。蛇口をひねれば、さほど問題のない水があふれるほど出る。スイッチひとつで電気がつき、暑さ寒さを調整できる快適な環境のなかで暮らせる。コンビニエンスストアや自動販売機があり、好きなときに好きなものを口にできる。ほとんどの人が住居や衣服には困らず、教育も受けられる。そうしたことが、実はあたり前ではなく、一握りの人しか享受できないぜいたくなものであると、私たちは普段の生活のなかでは考えないであろう。

　しかし、我々が平和や自由を満喫している間にも、世界の約3分の1の国や地域では、紛争や戦争、テロ事件が起こり、多くの人々から夢や希望はおろか、私たちが当たり前と思っている何気ない穏やかな生活を奪い、アジアやアフリカなどに、3,700万人以上もいる難民や国内避難民を生み出しているのである。

　戦争がない状態でも、貧しさや飢えに苦しむ人は開発途上国を中心に大勢いる。5歳を迎えずに死んでいく子どもは、1日に約2万6,000人。その多くは予防接種やちょっとした知恵と工夫で助かる命である。貧困によって、遊ぶことも学ぶこともできずに労働にあけくれる子どもたちが2億5,000万人以上い

るのである。不安定な、あるいは汚職にまみれた政権を抱える国も多い。思想信条の違い、民族や宗教が異なることで不平等な扱いを受け、抑圧され、不当な拘束監禁に苦しみ、拷問や虐殺をされるケースは無数にある。

　こうした世界の国々が抱えるさまざまな問題に関心を寄せ、地球というひとつの惑星に住む人間、すなわち「地球市民」（→キーワード、p.158）として何か自分にもできることはないかと考え、行動する人たちは、いつの時代にも存在する。経済状況が厳しく先行き不安な時代に低迷しているなか、国際的な支援やボランティアは、1990年代から2000年代初めの頃の活気はあまりみられないが、さまざまな工夫で着実に成果をあげながら、地道な活動を継続している。どのように一般の人たちの理解と協力を広げていくかが今後の課題であろう。

2　日本における国際ボランティアの背景と歴史

1　国際交流から国際協力へ

　第二次世界大戦後、他の国と同様に、日本でも経済的な復旧・復興、生活の建て直しなどが最優先で行われた。しかし、真に平和な世界（→キーワード、p.158）を取り戻し持続させるためには、お互いの信頼関係の回復が必要不可欠であると考えた一部の文化人や学者などは、小規模な国際交流を戦後間もない1950年頃にすでに開始していた。1960年代には、欧米諸国を交流の対象とした姉妹提携などが、行政主導で行われていたが、1970年代に入ると、交流は一般の人たちの間にも広がりをみせ始めた。1970年代末から1980年代初めにかけて、「国際化」「国際理解」といった言葉が日本中に流行した。個人、市民のグループで、留学生のホームステイ、日本の伝統文化の紹介、相手国の習慣や伝統芸術、食文化などを学んだりするなどの親善交流が盛んになった。現在各県や主要な都市にみられる国際交流の拠点、いわゆる国際（交流）センターや協会といわ

れる施設は、ほとんどが行政管轄の下、この頃に建てられたものが多い。

　一方、アジア地域では、1975年のベトナム戦争終結後、大量流出を始めたインドシナ三国（ベトナム、ラオス、カンボジア）からの難民問題が深刻化する。なかでも、小さな漁船などで逃げてきたベトナムからの難民が、日本の海岸にたどり着くこともあった。いわゆるボートピープルと呼ばれる人たちである。彼らの現状に胸を痛めた人たちが中心になり、難民救済のためのNGOが1979（昭和54）年頃から多く設立された。これ以前にも、特にアジアの国々に対しての医療や貧困問題、経済開発、難民救済などに力を注ぐボランティア団体は、1930年代頃から存在していた。しかし、インドシナ難民救済の活動には、宗教者、学生を中心とした若者、定年退職者を含む中高年など、年齢や職種、性別を越えて、幅広い層の人たちが参加した。人道支援、国際協力に「草の根的」な力を注いだ市民の存在は、その後の市民活動の発展に大きな影響を及ぼした。

　1980年代になると、欧米で発達した規模も大きく歴史もある世界的なNGOが、その支部を日本にも設置し、ネットワークの拡大を始めた。女性、特に子どもをもつ母親や主婦が、ボランティア活動に積極的にかかわりをもってきたのもこの頃である。1990年代以降は、NGOに対する社会的評価がようやく高まってきた。国からの補助金支給の開始、当時の郵政省による「国際ボランティア貯金制度」などはその現れである。

　国境を越え世界規模で起こる問題のなかでも、20世紀の終わり頃から関心の的になっているのは、環境汚染や破壊などの環境問題である。1960年代初めには科学者たちによるさまざまな報告や警告[*2]、1970年代には国際会議[*3]が始まり、国家レベルでの宣言や約束はあったものの、地球の環境に対しての危機意

＊2　アメリカのカーソンによる『沈黙の春』（1962年）は、世界ではじめて化学物質汚染の重大性を警告した著書である。

＊3　1972年には、スエーデンのストックホルムで、はじめて世界の環境に関して国際的に話し合う「国連人間環境会議」が開かれた。以来10年ごとに環境や開発に関しての協議が行われている。1992年からは、世界中から環境や開発にかかわりをもったNGOが多数参加し力を発揮している。

識は遅々として広がらず、環境は悪化の途をたどった。そうしたなか、一般市民の支援やボランティアたちの献身的な活躍が注目され、今や彼らは行政にとっても力強いパートナーとなっている。たとえば、1997（平成9）年に京都で行われた国際会議[*4]では、225の日本の市民団体が「気候フォーラム」という連合体を結成し、国際会議運営に大きな力を発揮し、高い評価を得た。それまで主流であった行政や企業の力に加え、市民の力がこれからの国の行く末にとって、なくてはならない第3の力になりつつあるのである。

1997年の国連総会で採択された2001年の「ボランティア国際年」は、21世紀が市民の世紀であることを示す象徴的なものとなった。この陰には、日本で力を蓄積してきたNGOの積極的な働きかけがあったことも記憶しておきたい。国家の枠を越えたさまざまなネットワークが、地球市民としての自覚をもちつつ、戦争や貧困、差別のない世界の平和実現のために活躍を続けているのだ。

2　主な国際ボランティア組織

国内外の代表的な国際ボランティア組織をあげてみる。国際ボランティア団体は徐々に増加しており、その活動内容も、対応する国々の状況やニーズによって時代と共に変化しており、多くの団体がホームページで最新の情報を発信している。

（1）先駆者たち（欧米のNGO）

西欧やアメリカでは、NGOという言葉が生

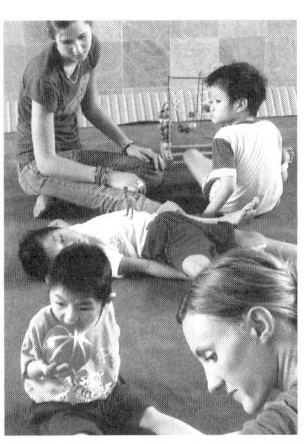

各国のボランティアとの出会いも国際ボランティアの魅力である

[*4] 国連気候変動枠組条約第3回締約国会議（COP3）、別名「地球温暖化防止京都会議」。温室効果ガスの削減目標を盛り込んだ「京都議定書」作成にこぎつくまで、各国のさまざまな思惑が絡み合って困難を極めた。

表9-1 欧米の代表的なNGO

名　称	設立した国や本部	設立の年	現在の主な活動分野
赤十字社	スイス	1863年	緊急援助、開発援助　人道支援
オックスファム（OXFAM）	イギリス	1942年	貧困支援（衛生、教育など）
ケアー（CARE）	アメリカ	1945年	緊急援助、人道支援、地域開発援助、教育、保健衛生
セーブ・ザ・チルドレン	イギリス	1919年	子どもの権利条約に沿って、子どもたちの健全な育成
プラン・インターナショナル	アメリカ・イギリス	1937年	子どもが権利を享受し、可能性を発揮できるための活動、地域開発など
ワールド・ビジョン	アメリカ	1950年	開発援助、緊急人道支援、チャイルドスポンサーシップ
国境なき医師団（MSF）	フランス	1971年	緊急医療支援
アムダ（AMDA）	日本	1984年	緊急医療支援
アムネスティー・インターナショナル	イギリス	1961年	人権擁護
世界自然保護基金（WWF）	スイス	1961年	野生動物・天然資源の保護、環境保全
グリーンピース	オランダ	1971年	核問題や有害物質問題、森林・海洋生態系保護、地球温暖化問題など
フレンズ・オブ・ディ・アース（FoE）	アメリカ・オランダ	1971年	環境保護

まれるずっと以前から、世界を舞台に活動していた組織が多い。先駆者といわれるゆえんでもある（表9−1参照）。

（2）雑草のようなたくましさ（日本のNGO）

　財政基盤も含め、ボランティアに対する制度や環境が決して恵まれているとはいえない日本でも、地道に実績を積み上げてきたNGOは多い。主な団体は、現在の社団法人日本キリスト教海外医療協力会（1960（昭和35）年）、オイス

カ・インターナショナル（1961（同36）年）、シャプラニール＝市民による海外協力の会（1972（同47）年）、日本シルバーボランティアズ（1977（同52）年）、難民を助ける会（1979（同54）年）、日本国際ボランティアセンター（JVC）（1980（同55）年）、幼い難民を考える会（1980年）、中部リサイクル運動市民の会（1980年）、シャンティ国際ボランティア会（SVA）（1981（同56）年[*5]）、日本国際飢餓対策機構（1981年）、ラオスの子ども（1982（同57）年）、ペシャワール会（1983（同58）年）、ハンガーフリーワールド（1984（同59）年）などである。

（3）独自性を誇る（開発途上国のNGO）

開発途上国では、現地の人たちによる自立の模索が盛んに行われている。西欧型の活動や技術ではなく、その土地独自の活動や伝統的に受け継がれている知識や技術を生かしながら社会開発に臨むことを強く主張し、活動目的としている人たちの存在は頼もしい。成功例の代表として、アジア最大の国際NGOといわれるブラック（BRAC）が語られる。1972年、バングラデシュが独立を果たした翌年に設立され、自国内の貧困層の援助を目的にさまざまな活動を積み重ねてきた。現在は多種多様の企業展開をしており、「NGOなのに金儲けをするとは」などの批判もある。しかし、貧困撲滅を目的とした新しいタイプの社会企業として、同じくバングラデシュでユヌス（Yunus,M.）によって創設されたグラミン銀行[*6]の取り組みと共に学ぶ点が多くあると思われる。

[*5] SVAの前身である曹洞宗東南アジア難民救済会議（JSRC）は、1980（昭和55）年にタイにオフィスを開き、カンボジア難民の支援を開始した。

[*6] 2006年にノーベル平和賞を受賞したユヌスは、貧しい農民たち（ほとんどの借り手は女性）が収入向上のための活動資金に困っていることに着目し、彼女らの自立支援のために無担保で小額の貸付を行うことを目的に、1983年にグラミン銀行を設立した。いわゆる、マイクロクレジットといわれるこの方式は、当初は無謀で非常識との非難を浴びたが、90％以上の返却率を常に保ち、次第に女性たちの経済的・精神的な自立という成果をもたらすようになった。

3 国際ボランティア活動のなかでのジレンマや問題

　国際ボランティア活動、特に開発途上国で社会開発や緊急支援などに従事していると、さまざまな問題やジレンマに出くわす。ここでその主なものに少し触れてみよう。

1　自立を損ねる過剰な支援

　最貧国といわれる国には海外からの支援が殺到することがある。政府関連の援助はもちろん、民間からもこぞって手が差し伸べられる。しかし、同じ国内でも、問題が深刻な村もあれば自立できるほどに活発化した地域もある。本当に援助が必要な場所は、地理的にも不便で交通網が整っておらず、アクセスが困難なことが多い。人口がまばらであったり拡散していたりすると、援助をする側にとっては効率が悪い。各国のドナー（資金などの提供者、支援者）による視察も不便である。こうしたことが一因となって、比較的便利な地域や町に援助が集中することがある。しかし、こうした過剰な援助は、そこに住む人たちから自立する気持ちを奪い取る結果となる。誰のための援助か、何のための援助かは、組織が大きくなればなるほど、原点に戻るという意味でも、常に自問自答する必要のある基本的な姿勢なのである。

2　NGO同士の目的がぶつかるとき

　時には、異なった目的をもつNGO同士が、活動の現場で衝突することがある。わかりやすい例として、環境保全に力を入れる組織と、その土地の行政と共に経済開発の手助けをしている組織の衝突がある。森林伐採をして農地を切り開いたり、サンゴ礁に爆発物をしかける漁などは、その土地でその日の生活の糧を求めることに必死の住民にとっては、環境保全より大切なものかもしれ

ない。どうすれば目先の必要性だけではなく、子どもたちの代まで持続的にベストな結果が得られるであろうかをお互いに歩み寄りながら話し合うことで、必ず納得のいく方向性がみえてくるものだ。時には自分たちの目的達成のために過激な行動に走る団体もいるが、心を開いての話し合いは、基本中の基本であり、どれだけ時間がかかろうとも行わなければならないことであろう。

3　水平関係のパートナーシップ

　開発支援などでは、先進国の技術や知識、ノウハウや情報などを伝授したり分かち合ったりすることが必要だ。しかし時折、西欧的な考え方や方法を上からの目線で押し付けてはいないかを振り返ることも大切である。その土地の人たちのニーズに耳をしっかり傾け、彼らの知恵や経験を尊重する。仕事を分担し合い、彼らの主体的・積極的参加を促す。自分たちの村を住みよくする自分たちのプロジェクトだというオーナーシップ感覚や、自分たちの力で改革していくという気持ちを引き出す、つまりエンパワメント（▶キーワード、p.158）などは、社会開発支援のイロハである。

　彼らのもてる可能性やさらなる能力を引き出す手助けをするためにも、対等の立場に立って信頼関係を築くことほど大切なことはない。それは活動の成否を握る鍵といってもいいだろう。

4　人道支援とは

　人道的立場に立って、困難な状況にいる人々に手を差し伸べることは、人間として当たり前の行動のように考えがちである。しかし時には、そこの国や地域に根付いた習慣や文化、価値観と真っ向からぶつかり合うこともある。人権擁護を盾に、「人道的に許せない」と西欧社会全体が反発するような慣習であっても、それは、自分たちの文化が一番良いものだとの考え方、すなわち自文化主義に過ぎない、と逆に批判を浴びることにつながる。

「世界人権宣言」*7が普遍のものではなく、「人権」（▶キーワード、p.158）という概念に賛同しない国や人は多い。人間が生み出したさまざまな価値観は、絶対ではないし、普遍的でもないということは、頭の隅においておく必要がある。

5　国家の壁

　「国家主権」が前提の国際社会では、国家という壁が立ちはだかることが多々ある。国内にいる少数民族の人たちに支援をしたいと考えても、もしその国の実権を握っている人たちが、「彼らは我々に敵対する民族だから、助けなくても結構」と考えれば、活動は困難になる。1990年代の初め頃、イラクにいた少数民族のクルド人たちが、当時大統領であったフセインの政権に追われ、冬の寒さが迫り来るなか北部へと逃げた。ところが、隣国はクルド人の受け入れを拒み、国境を閉ざしてしまった。難民専門の国際機関である国連難民高等弁務官事務所（UNHCR）は、なんとか人道的な立場から彼らを支援しようと試みるが、その当時は、彼らの命が危険にさらされていても、国境を越えない限り、難民としての援助が不可能であったのである。これも、国家の壁が人道的な支援と対立する例といえよう。

6　中立の難しさ

　政治的な対立のある国での活動で、中立を保つことや人道支援を目的にすることは大事である。しかし、それを現実に実践することは大変難しいことを、特に国際的な緊急支援の現場では知っておかなければならない。
　アフリカの難民キャンプでの実例をあげてみる。難民キャンプのなかに、難

＊7　第二次世界大戦後、戦勝国である、主に西欧やアメリカなどが中心になってつくった「世界人権宣言」"Universal Declaration of Human Rights" は、普遍的なという言葉が含まれているが、世界の3分の1ほどの国は、この宣言を西欧のキリスト教圏の産物として認めていない。

民たちと対立する勢力のメンバーがかなりの数まぎれ込んでいた。国連や海外の民間団体からの支援物資を横取りして活動資金にする目的があったようだ。禁止されているはずの武器を持ち込み、キャンプを取り仕切って、支援活動が麻痺するような状態になった。もし中立の立場なら、反対勢力にも難民にもサービスを提供するべきであろう。反対勢力のために支援活動が難しくなり撤退するとなれば、本当に困っている人たちに対する支援を放棄することになる。

　こうしたジレンマは、さまざまな状況のなかで起こる。理想どおりにはいかない場面に出くわすことが多いのも、国際ボランティアの特徴かもしれない。国際ボランティアの場で、もしジレンマや問題に遭遇したときには、あなた自身がどのように考え、どう対処するか、そうした判断力や決断力が試されるよい機会であるととらえるべきであろう。

7　生命の危険と自己責任

　開発途上国でのボランティアで特に気になるのは、政情不安や治安の悪さなどである。2008年8月、アフガニスタン東部のジャララバード近郊で、農業指導などで現地の人たちに溶け込んで活動していたペシャワール会[*8]の伊藤和也さんが誘拐そして殺害された事件は、私たちの記憶に新しい。2004年にも、アメリカによる空爆が続くイラクで、現地で取材活動や、ストリートチルドレンなどの支援ボランティアをしていた日本人3人が長期間にわたり拉致された事件をはじめ、政治的に不安定な国や、紛争最中の地域で活動する人たちの危険と隣り合わせの実態は、これまでも数多く報道されてきた。

　異国における悲劇は、その国のことを知らないだけに不安や恐怖心を倍増さ

[*8] ペシャワール会は、パキスタン北西の辺境地帯で貧困層の人やアフガン難民の医療活動をしていた中村哲医師の支援のため、1983（昭和58）年に設立されたNGO。翌年から現地活動を開始。現在は、パキスタン北西部とアフガニスタン北東部で、医療活動に加え、水源確保のための灌漑用水路建設や、農業計画を含む総合的な農村復興事業を繰り広げている。

せる。いたずらにマイナスのイメージをあおり、ある特定の部分だけの誇張や、「危険地域にボランティアなんて、非常識」ともとれるようなバッシングに近い報道内容や報道姿勢は問われるべきであろう。2004年の誘拐事件において、本来の意味とは異なって、どこか重くて突き放したような冷たいニュアンスで「自己責任論」が世間を賑わしたのもその例だ。

しかし、悪いことばかりを先読みし、過度の不安感を募らせていては、何事に対しても向き合うことが難しくなる。それよりは、危険を回避するためにはどうしたらよいのかということを常日頃から考え実践する力を身に付けることに時間を費やすほうが大切なのではないだろうか。

8　活動の持続性を求めて
　　　―シンパシーからエンパシーへ―　（▶キーワード、p.158）

多くの国際支援を行っているNGOは、財政基盤の確保にかなりの力を注いでいる。特に西欧やアメリカで発達した大きな組織は、行政も、企業も一般市民も、実にうまく連携しており、法律や制度も含め、ボランティアをするための環境が日本に比べて整っている。寄付の制度などの定着、税の優遇、社会活動に貢献している企業などへの消費者の高い評価なども、こうした環境をしっかり支えているようだ。日本の行政においては、徐々に支援体制を整える努力はしているものの、「金を出すけど、口も出す」といった官主導の考え方を払拭できない部分がある。社会事業に貢献することが、会社のイメージアップにつながる戦略であるととらえている企業もまだ少ない。一般の人々も、「かわいそうに…」と同情（シンパシー）から募金をすることは多くても、持続した支援までにはなかなか至らない。今後は真の理解を求めていく啓発活動や関連した教育などに力を注ぐ必要があろうし、行政・企業・市民グループなどさまざまな分野の人たちが、お互いの自立を尊重し、足りない部分を補い合いながら連携プレーをすることが、ますます求められる時期がきている。

4　海外でのボランティア実践から

1　自分の"当たり前"や思い込みがひっくり返る

　南米の山奥のある小さな村での出来事である。子どもたちの健康を守るための衛生プロジェクトの1つとして、トイレや井戸を設置することになった。白い陶器でできた便器をいくつかとりつけ、使い方や維持の仕方、使用後の手洗いの大切さなども話し合い、プロジェクトを完了した。ところが、半年後に再びその村を訪れてびっくり。なんとその便器は、鶏が卵を温める場所として役立っていたのである。これには大笑いをするとともに、村人たちの一番のニーズをきちんと把握していなかった反省も含め、大いに考えさせられた。「自分たちと同じように相手も考え行動するもの」とは決して思うなかれ、という貴重な教訓だ。

2　発想の転換

　「あなた、よく（ストレスで）胃に穴があかないわねぇ」と、日本からバングラデシュのプロジェクトを視察に来た人たちから言われたことがある。確かに、日本人にありがちな勤勉さや、何事も完璧にこなさなくては気になるといった潔癖症は、どこかに一時預けにしたほうが気持ちが楽かもしれない。
　大洪水が発生したバングラデシュで、緊急支援の大きなミルク缶を5つ送ったと知らせがはいった。喜び勇んで飛行場に受け取りにいったが、2缶しかない。普通なら、「えっ～！2缶しか届かないの！」と反応し、怒りで顔もこわばるものだ。でも、そこはぐっとこらえ、「すごい！2缶も届いたぞ。ありがたい（笑）。どうやって分配しようかな」と考えるほうがいい。常に前向きに考える訓練を積むことで、その後の対応も全く違ってくるものだ。

3　視野が広がる

　心を開き、頭を常に柔軟にして、感性を研ぎ澄ませていると、さまざまな出会いや経験が、実に貴重で豊かなものであることに気づくはずである。よく「現地に行かなくては何もわからない」とか、「経験しなければ、その人の気持ちを理解できない」と耳にすることがある。現地で新しいことを経験することは、機会があればぜひおすすめしたい。しかし、現地に行かなくても、視野を広げることや世界の人たちへの理解や協力はできる。逆に、現地に行っても、活動に従事していても、本人の心が閉じており、頭や態度がかたくなであったならば、得るものはとても少なくなるだろう。感性を常に磨き好奇心を旺盛に保つ努力、新しいことを知ろうとする努力、「なぜなのか？」などと考える努力を惜しまないことが必要なのである。

4　次世代へつなげる

　現在、私は大学で教鞭をとっている。毎年、教え子たちの何人かは、アジア地域での国際ボランティア活動に出向き、豊かな経験を楽しんでいる。

　小さなときから異文化に興味をもっていたN君は、ユーゴスラビアの内戦で傷ついた子どもたちのためのボランティアで、大学3年生のときにクロアチアを訪れ、キャンプ地で数週間過ごした。英語はもちろんのこと、コミュニケーションがあまり得意ではなかった彼であったが、現地では身振り手振りで奮闘したようである。帰国してからは、人が変わったように見違えるようなリーダーシップを発揮して周囲を驚かせた。語学の勉強に猛烈に励んだのは言うまでもない。4年生になると、ボランティアのインターンとして、アメリカのいくつかのボランティア組織で自分を鍛えた。現在は、青年海外協力隊[*9]の一員として、バングラデシュで保健衛生の普及に汗を流している。

　NGOのスタディーツアーで、学生時代にベトナムとラオスに2度行ったHさんは、子どもの福祉に特に関心があった。そのNGOがかかわっている現地

第9章 国際ボランティア

のHIV／エイズプロジェクトや、ベトナム戦争時にアメリカ軍に使用された化学兵器、一般には枯葉剤といわれるダイオキシンのために障害をもって生まれた子どもたちの施設を訪ね、子どもたちのお世話をして有意義な時間を過ごした。ベトナムにはストリートチルドレンも多く、彼らに遊びや基礎教育などを通して子ども時代を取り戻す活動にも参加し、時を忘れるほど充実した2週間あまりを過した。

Hさんの先輩であるKさんも、ベトナムを訪ね、卒業後はその経験を上手に生かしながら、養護施設で子どもたちに慕われ生き生きと働いている。ツアーには、子育てに一段落をつけた主婦や定年退職した熟年層も多く、Kさんは、彼らが若い参加者たちにとってとても刺激になったという。なぜなら、彼らは目的意識がはっきりしており、シニア海外ボランティア*10や地域での活動に向けての準備としてツアーに参加していたからである。そのとき行動を共にした仲間とは今でも時折交流があるそうだ。世代や背景を超えて結ば

ストリートチルドレンと遊ぶボランティア(ベトナム)

ベトナムの学校で手品を披露するボランティア

＊9　政府が行う海外開発援助の一環として、1965（昭和40）年に始まった事業。以後は、「国際協力開発機構（JICA）」の人材派遣活動として、世界各地に20歳から39歳までの若者を派遣。農業や水産業、保健衛生、教育、スポーツ、農村開発や女性への支援など、多岐にわたる分野で支援を行っている。
＊10　青年海外協力隊のシニア版で、同じくJICAの技術協力を支える大切なボランティア活動。40歳から69歳を対象としている。

れた絆は彼女にとってはすばらしいものであったに違いない。

　こうした話を聞くたびに、彼らが体験で得た喜びや充実感は、確実に次世代へと受け継がれ、広がり続けていると感じるのである。

5　国際ボランティアの醍醐味

1　喜びと充実感

　国際ボランティアにかかわることは実におもしろい。楽しく感動的な経験もあるだろうし、不愉快な苦い経験もあるだろう。しかし、それらの経験のすべてが生きた教材なのである。教室では手にすることのできない貴重な教材であり、自分を見つめるまたとないチャンスでもある。どこにいても自分探しは可能だ。しかし、住み慣れた環境や家族や親しい友人などと離れ、すべての出来事にひとりで向き合うことでこそ、自分のなかにある新たな可能性や能力の発見ができるのではないだろうか。

　国際ボランティアにほんのわずかな期間でもかかわった学生、主婦、定年を迎えた中高年の方たちから例外なく聞かれるのは、「人生観が変わった」「これほど衝撃を受け、また同時に充実感や喜びを味わったことはない」などの感想である。

2　ボランティアを楽しむためのアドバイス―ア・ラ・カルト―

　最後に、国際ボランティア活動を楽しむためのポイントを簡単にまとめてみた。
①柔らかな頭―自分が絶対ではない！
　謙虚になって自分の思い込みや先入観を疑ってみる。頭を柔らかくして何事

にも向き合ってみよう。人間は絶対的な存在ではないのだから、人間が考え出すことも絶対ではない…ということを忘れないでおこう。

②心を開く勇気

　心の窓を開き、自分のありのままをさらけ出す勇気を出してみよう。「以心伝心」という言葉の通り、自分が警戒心をもっていたり、あの人は嫌だなとか思ったりするときは、相手も同じ気持ちを自分に対してもっているのだと考えるとよいかもしれない。まずは、自分から進んで笑顔であいさつをしてみてはいかがだろうか。

③コミュニケーションは色々

　英語が苦手という日本人は確かに多い。もし話せなければ、今からでも学べばよい。世界には言語がたくさんあり、新しい言葉を覚える楽しさを味わえるチャンスと考えてみよう。言葉はお互いの理解を深めるための大切な道具であることは間違いない。言葉以外にも、コミュニケーションの方法や手段は色々ある。身振り、手振りなど体中を使い、なんとか伝えたい！という思いでぶつかってみることである。

④寛容さと尊敬

　異文化との出会いは楽しいものでもあり、時には不可解なものでもある。世界の国々には独自の歴史があり、そうしたなかで培われてきたそれぞれの文化がある。言葉や宗教はもちろんのこと、食事、日常生活のなかでの習慣、考え方や価値観も多様である。日本の習慣や価値観、言動と違ったことに出くわしても、それを尊重する寛容さが求められる。しかし、ただ一方的に受け入れるだけではなく、相手が「なぜそうするのだろうか？」と考えたり、率直に聞いたりしてみてはどうであろうか。

孤児院の子どもと絵を描いて遊ぶボランティア（カンボジア）

⑤気長にそして前向きに

お互いの歩み寄りの努力が必要になるときは、まず相手を受け入れ、感情的に相手を攻撃（非難）したときには素直にあやまることが必要だ。気長な気持ちで、相手の意見に対して論理的にかつ建設的に話をする力を身に付けるよいチャンスを見逃す前にである。

⑥明日は明日の風が吹く！

　慣れない土地や環境のなかでは、「ケ・セラ・セラ、なるようになるさ」の心のゆとりが大切なのはいうまでもない。がむしゃら、がんばる、必死、真面目などは、日本人が好きそうな姿勢であるが、時として海外では、そうした姿勢はマイナスにみられることが多い。ある難民キャンプ地で週末ごとにキャンプを離れ、遠くの町に気晴らしに出かけて楽しむ西欧からのボランティアに対して、「こんな非常時になんと不謹慎な！」とぼやきながら日本のボランティアは、寝る間も惜しんで働き続けた。その結果、体調を崩し、燃え尽き症候群にかかってしまった日本人に、彼らは言ったそうだ。「自分の体調を万全に整えてこそ、息の長い支援ができるもの。まず自分を大事にしなきゃ」と。

⑦常にハッピーであれ

　どんな状況に置かれても、「今日も１日ハッピーでいよう！」と心がけよう。同じ生きているのなら、ちっぽけなことでくよくよし、つまらないことに怒ってばかりいるのはもったいない。一種の自己暗示なのだろうが、海外ではこの心がけは案外効果があるようだ。

　ここでまとめたものは、ボランティアの基本的な心構えであって、国際ボランティアに限ったことではない。しかし、この章を担当するものとしては、最後に繰り返してもう一度言わせてほしい。

　異国の文化や人々のなかに身を置き、環境の違い、気候の違いなどに対応できるだろうかといった不安、言葉が通じないかもしれないもどかしさ、食べものが口に合わないかもしれない、病気になったらどうしようなど、考え出したらきりがないほどマイナス材料はあるかもしれない。でも勇気を出して一歩を踏み出してみよう。そこには、「地球市民」としての責任を果たす喜びや満足

感が待っている。そこで得た達成感や充実感は、あなたの人生にとって、きっとすばらしい宝物になるはずである。

読者の皆さんへの質問

Q1　緊急医療支援にボランティアとして駆けつけたあなたは、その国の軍隊による大量虐殺を目撃しました。あなたは、まだ誰も知らないその情報を世界に知らせますか。その際は国外退去を命じられ、ボランティア活動をあきらめなくてはなりません。それともその殺戮には目をつぶり、そのままボランティアの医療行為を続けますか。

Q2　治療用の薬が一人分しか残っていない難民キャンプに、ほぼ助からないと思われる重症の10歳の子どもと、緊急に治療をすれば助かる見込みが強い70歳の老人が運ばれてきました。戦争が激化するなか、新たに医療支援物資が届くめどはたっていません。あなたがもしここで働くボランティアの医者なら、どちらの患者に薬を使用しますか。

ボランティアを読み解くキーワード

◾社会開発

　人々の生活向上やさまざまなニーズを満たすためには、貧困撲滅や削減に対する経済開発中心の支援だけではなく、社会的な問題（教育、医療・保健・衛生の充実、飲料水の確保やトイレ、住居の整備を含む生活環境改善など）への取り組み、すなわち「社会開発」が重要であるという考え方は、1990年代半ばから開発支援の柱になっている。

◾NGO（Non-Governmental Organization）

　「非政府組織」といわれる市民による民間団体。国際連合が政府の代表の集まりであるのに対して、国際連合が対応している分野、たとえば世界平和、貧困撲滅、経済開発、人権擁護、環境問題などと同じ分野に取り組む民間団体を区別するために、国際連合が使っていたことば。日本では、上記の分野で国際的な協力・支援活動をする団体をNGOと一般的には呼んでいる。

➡ 地球市民

　地球に生きるひとりの人間、すなわち「地球市民」として大切なのは、地域および地球レベルで自分たちの生活や社会に変革をもたらす主体となることである。世界を取り巻く諸問題の解決に向け、平和、寛容、地球規模の連帯、社会正義や環境意識などの価値観を育み、さまざまな体験を通して理解や行動へと結び付ける教育も始まっている。「Think globally, and act locally」とはよく言われるが、「Think globally, and act both locally and globally」が必要ということである。

➡ 平和

　「平和」とはラテン語で「戦争の無い状態」という意味で、国際社会では長い間この定義を共有してきた。しかし現在、この消極的な概念ではなく、貧困、富や権力の偏在、支配と隷属、差別や人権、環境など、世界のさまざまな問題解決に立ち向かい、社会正義や平等な世界の実現を視野に入れつつ、「積極的平和」を推進する動きが主流になってきている。

➡ オーナーシップとエンパワメント

　国際協力の実践のなかでは、受益者たち自身が活動の計画・実践などへ積極的に「参加」し、自分たちのための活動であるという自覚や愛着心（オーナーシップ感覚）を育み、だからこそ自らが率先してやりとげようという強い意思や力を心から沸き立たせる（エンパワーする）ことが、自立に向けての大切な鍵である。

➡ 人権

　「人が人たることにより有する権利」というのが、現在、広く共有されている定義ではあるが、歴史的にみても、政治的に利用され翻弄され続けてきたイデオロギー性をもった概念である。「人」が、性、人種、宗教、階級、貧富の差などを超え、「すべての人」を意味するようになってまだ60年余りである。「普遍性」を理念とする人権思想や運動も、資本主義体制・自由主義諸国中心のものであるとして、異論や反論を唱える国は世界には多い。

➡ シンパシーとエンパシー

　英語のシンパシー（sympathy）とは、「同情」の意味。一時的な感情で相手を哀れむといった、上から目線の言葉として使われることが多い。それに対しエンパシー（empathy）は、しっくりあてはまる日本語訳はないが、「共感」「相手の立場になりきって感じる感覚」とでもいおうか。対等な立場に立ち相手を理解するという、国際協力においての基本姿勢でもある。

【参考文献】

- 青木公『ODA最前線─国際協力専門家 その素顔』国際協力出版会 1997年
- 田村太郎『多民族共生社会ニッポンとボランティア活動』明石書店 2000年
- 中村哲『医は国境を越えて』石風社 1999年
- 中村哲『医者井戸を掘る─アフガン旱魃との闘い』石風社 2001年
- 藤岡美恵子・越田清和・中野憲志編『国家・社会変革・NGO─政治への視線／NGO運動はどこへ向かうべきか』新評論 2006年
- ムハマド・ユヌス（猪熊弘子訳）『貧困のない世界を創る─ソーシャル・ビジネスと新しい資本主義』早川書房 2008年
- デイヴィッド・ワーナー、デイヴィッド・サンダース（池住義憲・若井晋監訳）『いのち・開発・NGO─子どもの健康が地球社会を変える』新評論 1998年
- 三好亜矢子・若井晋・狐崎知己・池住義憲編『平和・人権・NGO─全ての人が安心して生きるために』新評論 2004年

私にとってのボランティア

人間としての「原点」を問い直すチャンス

　世界の子どもたちの生命や生活の向上などの基本的権利を守る国連機関であるユニセフの専門官として、最貧国の1つ、バングラデシュに勤務していたころの話である。

　イスラムの国では、女性が一人で市場に行くということが珍しいなか、外国人であった私には、それは楽しみの1つであった。しかし、足を骨折し、その楽しみをしばらくおあずけにされていた私は、松葉杖で歩けるようになったある日、久しぶりに市場に野菜の買出しに訪れた。いつものことだが、あっという間に大勢の子どもたちに囲まれた。「車の見張り役やらせてよ！」「荷物持ちさせて！」と必死に懇願する子どもたち。10歳ぐらいの子どもをリーダーに、数人の子どものグループが私の争奪戦を繰り広げる。なかには、3歳〜5歳ぐらいの小さな子どもも混じっている。彼らにとって、私からもらえる20円ほどのお礼は、その日の家族全体の稼ぎかも知れないのだから、必死になるのは当然である。

　その日、リーダーの少年は、4歳ぐらいの恥ずかしげな顔をした女の子を、

「初仕事だから」と私にあずけた。りんごやバナナ、ジャガイモ、玉ねぎ、キャベツ、お米など、大人の男性にとってもずっしりと重くなる野菜や果物の数々。ちっちゃな10本の指は、袋の重さで紫色に変色！袋を地面にすりつけないようにと、死に物狂いで運ぶ。「重いから私がもつよ」と、私が何度言っても、がんとして拒否する小さな彼女。「これは私の仕事だから」と。
　ところが、仕事が終わり、「ありがとうね」と私が差し出した大目のお駄賃を、取り巻いた子どもたちが、「マダム、今日はいらないよ！」と受け取らない。わけがわからなくてびっくりする私を尻目に、荷物を車に運び入れるや、彼らは次の顧客に向かって走り去っていったのである。リーダーの少年が、わたしの不自由な足を指差して、にこっと笑いながら。
　彼らが1日に食べ物を口にするチャンスは、本当に少ないはず。だからその20円は貴重な収入だったに違いない。なのに、私の足が不自由だという理由だけで、お金を受け取らなかったのだ。この子たちにとって、「困っている人」が目の前にいたら、「国籍」も「人種」も「身なりがいい人」も関係ないということなのだろうか。「ボランティアとは何か」とか、「援助とは」なんて頭で考えている「高等教育を受けた私」とは違う。彼らは、空腹のつらさや痛みを、胃の皮を通して知っているのだろう。だからこそ、人の痛みが本能的にわかるのかもしれない。そんなことをぼーっと考えながら、涙があふれてきた。自分が恥ずかしかった。いったい自分は何のためにこの国にいるのだろうか。自分は教育を受けながら、今まで何を学んだのだろうかなど、さまざまなことが頭を、そして心をよぎった。
　今でもあの時のことを思い出すと、無性に彼らに会いたくなる。「人間として恥ずかしくない生き方していますか？」と自分に問い直すチャンスが与えられる気がするからだ。ボランティアの大切な側面、自分自身を大きく、深く成長させてくれるからである。

（中神洋子）

第10章
ボランティア学習

1 ボランティア学習の不確定性と豊かさ

　今日、ボランティア学習ということばは、「日本福祉教育・ボランティア学習学会」「日本ボランティア学習協会」のようなフォーマルな組織名称の一部として用いられているが、学術用語として確定しているわけではない。

　ボランティア学習ということばは、もともと、体験活動やボランティア活動を活用した教育・学習を推進する運動のなかで用いられてきたこともあり（　キーワード、p.177）、論者によって規定の重心が異なる。

　讃岐幸治は、ボランティア学習を「ボランティア活動に対する意欲や関心を高め、それに必要な資質・能力などの育成をめざして、学校の内外で意図的また、制度的に設定して行われる社会貢献型の体験学習[1]」と規定し、青少年のボランティア育成のための体験学習に重心をおく。それに対して長沼豊は、「ボランティア活動のための学習、ボランティア活動についての学習、ボランティア活動による学習[2]」と構造化し、ベテランのボランティアの学習を包摂した広義の学習として整理する。あるいは、より教育的価値に重心をおき、ボランティア育成ではなく、福祉・人権・環境・国際理解などの教育の方法としてボランティア活動を位置づけ、その前後の学習を含めてボランティア学習とするものもある[*1]。このように、いまだにボランティア学習の概念は不確定性が高いのである。

---

*1　文部科学省は、FEの一環に位置づけ「ボランティア教育」という名称を用いている。これもボランティア学習概念の範疇に入るものである。

しかし、裏を返せば、概念の不確定性の高さは、「豊かさ」を示すものでもある。人間の主体としての力の喪失が危惧される現代において、ボランティア学習をいったん「ボランティア活動を機軸とする学習の総体」と了解したうえで、その豊かさや潜在的可能性に目を向けることが、より求められるところであろう。本章は、ボランティア学習の実際・原理をふまえつつ、その可能性を探ろうとするものである。

2　教育力の低下が危ぶまれる時代において期待される役割

1　インフォーマル・エデュケーションとしてのボランティア学習

　教育には、フォーマル・エデュケーション（Formal Education：以下、FE）、ノンフォーマル・エデュケーション（Non-Formal Education：以下、NFE）、インフォーマル・エデュケーション（Informal Education：以下、IFE）の三相がある[*2]。FEとは、学校教育などの組織化された意図的な教育、NFEとは、学校外で柔軟に組織化された意図的な教育、IFEとは、未組織のまたは無意図的な教育や学習のことである。
　一般に教育といえば、意図的・計画的・目的合理的な取り組みが想起されるかもしれない。しかし、教育は、FE（学校教育）、NFE（社会教育）、IFE（地域・家庭教育）の三相が総合されて、はじめて適正に機能するものである。日本において問題視されている学校・家庭・地域の教育力の低下を突き詰めると、FEとしての学校や、NFEとしての学校外教育組織（公民館・博物館・民間教育団体など）ではなく、IFE（学校・社会教育施設や家庭・地域生活のなかに組み込まれている教育や学習）の減退に問題の根幹がある。
　2つの世界大戦後、諸々の社会サービスの基盤であった地域共同体は、急速

＊2　教育の三相については、松岡廣路『生涯学習論の探究』学文社　2006年を参照。

な近代化によって崩壊し、小家族・核家族化、世代間の断絶、経済格差あるいは仕事と生活の分離などが進行した。その結果、コミュニティに内在するIFEが急速に低下し、2006（平成18）年の教育基本法の改正において、生涯学習理念（■キーワード、p.177）のもと、改めて家庭や地域の教育力の重要性を謳わざなければならないほどの状況に陥っている。IFEの機能の低下は、いまや、FEやNFEの問題として現象化し、教育全体の機能不全を引き起こしている。

意図的な教育以外の場で学ぶことがどれほど多いかを考えると、IFEそのものの活性化が喫緊の課題であることは容易に理解し得るであろう[3]。われわれは、FE・NFEとの適正な関係づくりを視野に入れながらIFEを活性化させ、新しい社会に相応しい教育を再び創成すべき時代を迎えている。

そうした時代において、ボランティア学習は、ボランティア活動のIFEとしての可能性を世に問うキーワードである。

ボランティア活動を通して、ボランティアは、未知の社会問題に接近し、異質化され分断された人間同士が有機的につながり、互いの経験や知恵または価値観を交差させ、人間や社会についての関係認識や自身の行動を変えてゆく可能性がある。ボランティア活動はそのようなIFEの場になり得る力をもっている。ボランティア学習として第一に強調されるべきなのは、まさにボランティア活動のIFEとしての特性である[4]。

このような観点で捉えると、ボランティア学習のキーパーソンは、社会的活動・市民活動の主体者あるいはボランティア活動のコーディネーターということになる。団体のリーダーやコーディネーターが、ボランティア学習をミッ

---

[3]　どのような学びがそこに生まれるのかを問わずにIFEの活性化を図れば、問題を含む現在の再生産につながる。それゆえ、IFEの母体としてのコミュニティのあり方についての批判的な検討は不可欠である。

[4]　1995（平成7）年は「ボランティア元年」と呼ばれるが、1980年代には、ボランティア活動の重要性は公式にも認知されていた。今日の「生涯学習」の原型がつくられた臨時教育審議会（1984〜1987（昭和59〜62）年）および生涯学習審議会答申（1992（平成4）年）において、ボランティア活動およびそれによって生まれる新しいコミュニティは、IFEおよび生涯学習推進の母体として重要な役割を果たすものと期待されている。

ション（重要な使命）として捉えるようになると、ボランティア活動は、IFEとしてより適正に機能するようになる。ボランティア学習は、そうした意味でボランティア活動をより活性化させようとする運動のキーワードでもある。

2 「サービス・ラーニング」としての期待

　ボランティア学習は、学校の正課教育や公民館などの学習プログラムを発展させるものとしても注目されている。むしろ、カリキュラムに意図的にボランティア活動を組み込んだ教育実践を、ボランティア学習の中心に位置づけようとすることも少なくない。日本においてボランティア学習推進の中心的役割を担った日本青年奉仕協会（JYVA）が運動のターゲットとしたのは、学校の教師であった[5]。またそのJYVAに影響を与えたCSV(Community Service Volunteer：英国のボランティアコーディネート・体験活動提供組織）は、青少年層の学習をいかに組織化するかに運動の力点をおいている[6]。讃岐の規定のように、意図的な教育との関係は、ボランティア学習研究の重要な争点・課題ともなっている[7]。

　欧米ではすでに20世紀初頭より「サービス・ラーニング（Service Learning)」（以下、SL）という実践が積み重ねられてきた[8]。SLの特徴は、社会的課題の解決と参加者の変革・成長という2つの目標を統合して、学校の正課カリキュラムに計画的に問題解決型の社会実践（コミュニティ・サービス）を組み込むところにある。生徒たちが社会的ニーズに応えてボランティア活動など

＊5　JYVAのボランティア学習観については、興梠寛『希望への力』光生館　2003年 pp.151-189に詳しい。興梠も讃岐同様、主として青少年への教育力としてボランティア学習を定義する。なお、JYVAは、2009（平成21）年に解散した。
＊6　CSVについては、WEBサイト（http://www.csv.org.uk/Volunteer）を参照。
＊7　2001（平成13）年学校教育法・社会教育法の改正において、「ボランティア活動など社会奉仕活動」が学校教育に組み込まれ、議論に拍車がかかっている。
＊8　SLの概念は、米国のNational Service-Learning ClearinghouseのWEBサイト（http://www.servicelearning.org/what-service-learning）に詳しい。

の社会的活動を創出する過程に、自己意識や価値観の問い直しあるいは問題解決のための実践的知識やスキルの習得を組み込むのである。

SLの起源は、進歩主義教育を唱導したデューイ（Dewey, J.）にまで遡る。デューイは、仕事のなかでの学びを重視し、学校という閉鎖的空間における教授スタイルを革新しようとした[*9]。その後、フレイレ（Freire, P.）によって「課題提起教育（problem-posing education）[*10]」が提唱されると、SLには、批判的教育の様相を帯びるものも生まれた。すなわち、人々が社会的課題を意識化しつつ人間らしさを追求し、徐々に市民性（citizenship）を培ってゆく教育の中核概念となったのである[3]。

ボランティア学習は、果たしてこうしたSLと同義であろうか。現実にはSLのような確たる問題意識をもっているボランティア学習は少ない。単に、ボランティア活動や体験活動をアクティビティ（小単元）に加えただけの安易なプログラムもみられるが、ボランティア学習実践が進められていくなかで、徐々にSL同様の革新性が生まれてくるとも考えられよう。

実際、ボランティア活動を企図・運営・評価するという一連のプロセスを、すべて学びの場と捉える事業もみられるようになってきた[*11]。あるいは、学習者の能動性を押し殺しかねない近代教育を刷新しようとする動きが、持続的に活性化する可能性もあるだろう[*12]。ボランティア学習は、その実践が進められていくなかで、新しい教育運動のキーワードとなってゆく可能性をもっている。

[*9] デューイ（宮原誠一訳）『学校と社会』岩波書店　1957年を参照。
[*10] ブラジルの教育実践家であるフレイレは、被抑圧者のエンパワメントを機軸とする解放の教育学を主導した。課題提起教育とは、批判を活性化するワークショップスタイルの教育方法である。パウロ・フレイレ（小沢有作他訳）『被抑圧者の教育学』亜紀書房　1979年を参照。
[*11] 日本の高等教育においては、こうしたSLとしての展開が徐々にみられるようになってきた。筑波大学、国際基督教大学、神戸大学などを参照のこと。
[*12] 20世紀後半より、「ゆとり教育」「生きる力」などを柱とする政策が展開されたが、21世紀になると、基礎学力の向上の名目で、古典的な教授スタイルを是とするゆり戻しが起こっている。

3 社会的に抑圧されている人々のエンパワメント過程に位置するボランティア学習

　ボランティア学習は、社会的問題の周辺に位置する人々の学習に限定されるものではない。問題の真只中に位置する人々、たとえば、社会的に排除されがちな高齢者や障害者あるいはニートやフリーターなどの若者にとっても重要な学習の1つとなる。定年退職した人々のボランティア活動は、現在、もっとも可能性に満ちたものであり、ボランティアされる側とみなされやすい障害者が社会的活動に関与することも不思議なことではない。小杉礼子のいう「モラトリアム型」のフリーター[*13]の社会的な居場所としてボランティア活動が機能することは、1995（平成7）年の阪神・淡路大震災で証明されている。ボランティア活動がIFEとして機能すれば、彼らのエンパワメントを促進する可能性は十分にある。

　エンパワメントとは、権限や活動する機会を奪われている人たちが、自分たちの生活への統御感（係わっている実感）を獲得するとともに、自分たちの生活圏での組織的・社会的構造に影響を与える心理—社会的プロセスのことである。1950年代アメリカ黒人公民権運動を端緒に、現在ではまちづくり・障害者自立運動・女性解放・福祉・医療・経営など広範な領域で使われている[*14]。

　エンパワメントを構成する要素は、①自尊感情の高揚、②能力形成、③権限獲得、④社会参加の実現の4つである。ボランティア活動は、社会参加への1つのステップである。それゆえ、ボランティア学習実践として、この4つの要素が満たされるように支援されることによって、社会の周辺におかれている抑圧されている人々のエンパワメントが促進されることになる。

　子どもたち、とりわけ非障害者の青少年だけをターゲットにするボランティア学習は、ボランティア学習の可能性のほんの一部を語るものにすぎない。高

[*13] 小杉礼子『フリーターという生き方』勁草書房　2000年　pp.12-15を参照。
[*14] エンパワメント概念をまとめたものに、久木田純「エンパワメントとは何か」『現代のエスプリ—エンパワメント』No.376　至文堂　1998年　pp.10-34がある。

齢者のサークル団体によるボランティア活動、あるいは作業所の利用者やフリースクールの生徒によるボランティア活動などのなかに、エンパワメントに資するボランティア学習が組み込まれている。「ボランティア学習」とは呼ばれてはいないが、ボランティア活動を通して被抑圧者がエンパワーされる実践も、しっかりと注目する必要がある。

3 新しい社会づくりに資するボランティア学習

1 専門職主義を変えてゆく活動としてのボランティア活動

　近現代ほど、専門職（テクノクラート、技術者、研究者、教師、弁護士、医師、社会福祉士など）への期待が高まり、そのサービスへの依存度が増している時代はない。自分の生活に重要な影響を及ぼす経済・政治・環境・福祉・医療・教育などの社会の基本領域にかかわらないまま、または、かかわることのできないまま、多くは専門職に身をゆだねて暮らしている。脱学校論を説いたイリイチ（Illich, I.）は、こうした専門職主義の蔓延した社会を、人間が自分でやりぬく力を喪失させられた社会と批判する[15]。専門職によるサービスに依存せず、あらゆる人がさまざまな社会サービスに関与するようになることは、人間疎外が問題になってきた現代社会の大きな目標の１つである。

　ボランティア活動は、こうした専門職主義による人間疎外の状況を変えてゆく活動としても期待されるところが大きい。ボランティアは、本質的にみずからの専門から一歩踏み出して他の専門領域に関与することを意味する。ボラン

---

[15] イリイチは、そうした批判をもとに、人間が、その人の意思に基づいて自由に出会いを選択し専門の境を越えてゆく「ネットワーク学習（learning web）論」を提唱した。イヴァン・イリイチ（東洋・小澤周三訳）『脱学校の社会』東京創元社　1979年を参照。臨時教育審議会によって日本型生涯学習施策が提唱された1980年代中葉から90年代初頭までは、IT化によるネットワークが個人の自由な学習を推進すると楽観視されていたが、その後、有機的な出会いに一層の注目が集まるようになる。

ティア活動によって、1つの専門しかもたない人間から、多様な専門を理解し応用することのできる人間に変わってゆき、自身がエンパワーされ、さらに、そうした変化と同期して現実社会が変わってゆくことが、ボランティア活動と社会との理想的な関係である。

今日、多様な専門領域における活動を主として、そのサービスの受益者の立場から監視するオンブズ・パーソン（ombuds person）の重要性が認識されるようになってきた。ボランティアは、活動の場に参加することを通してオンブズ・パーソンの役割を果たす存在である。

ある専門領域が何らかの全体的力動のなかで社会的に抑圧された場合（たとえば、経済指標によってリストラされるような状況におかれた場合）、少数の専門職に占有されているために、その活動の正統性をうまく主張できず状況に流されるということが起こり得る。ボランティアは、そうした場合、専門職とともに当該領域の大切さを世間に知らしめるサポーター的な存在にもなり得るのである。

専門職とボランティアの関係は、必ずしも予定調和的につくられるものではない。当然、両者の間には摩擦や葛藤が生まれる。しかし、協働する素地は、近年、徐々につくられつつある。

2　葛藤を契機とするボランティア学習

そうした状況のなかで、「ボランティア学習」としての取り組みは、大きく2つある。1つは「適応的学習」、もう1つは「葛藤的学習」とでも呼べようか。適応的学習とは、当該サービスを推進していくために必要な価値観・態度・知識・スキルをボランティアが身に付けることであり、葛藤的学習とは、専門職主義とボランティア主義との矛盾または専門職とボランティアとの葛藤（conflict）を契機に生まれる学習のことである。適応的学習の学習者はボランティアであるが、後者は、専門職もまた学習者になり得る。ボランティアとのかかわりのなかで、その専門性を再検討する機会を得られるということである。

阿部志郎によれば[4]、ボランティア活動の原理には、2種類のボランタリズムが横たわっている。1つは自発性・主意主義を意味するvoluntarism、もう1つは自治や自律を意味するvoluntaryismである。後者の「y」のつくボランタリズムは、もともと国家権力に対する教会の自立性を示す言葉で、権力や組織的または構造的な暴力に抗する姿勢を意味する。適応的学習は前者のボランタリズムの原理をもとに、葛藤的学習は後者の原理をもとにしているともいえる。ボランティアは、単に専門職に従属する存在ではない。専門職との対話・交流のなかで葛藤を感じながら、活動のもつ意味を意識していくことになる。

実際のボランティア学習は、適応的・葛藤的双方の学習が混在している。場に適応する学びのベクトルと場に批判的なベクトルが混ざり合って、学習は現象化する。そうした学習を伴って、専門職とボランティアとの協働的関係が切り結ばれ、新しい事業や活動が生まれるといってよい。ジェルピ（Gelp, E.）は、かつて抑圧と解放の弁証法的関係のなかに生涯教育の実相をみた[*16]。ボランティア学習もまた、適応と葛藤の混在した、緊張感のある関係性のなかで推進していくのである。

3　新しい専門家を育成するボランティア学習

ボランティアは、専門職に随伴して問題解決のプロセスを支援するだけではない。近年では、ボランティアがさらにステップアップし、ボランタリズムを内面化した専門家へと成長することも期待されている。第三の社会勢力への期待が、ますます高まってきたからである。

市民社会論が台頭した1970年代は、NGO（Non-Govermental Organization：非政府組織）が活発であった。その時代のスタッフは、基本的にボランティアの立場にあった。その後、ボランティア団体が市民活動化し、欧米のNPOと

[*16]　エットーレ・ジェルピ（前平泰志訳）『生涯教育―抑圧と解放の弁証法』東京創元社1983年を参照。

同様の体裁をとるようになると、スタッフは有給化され専門職化する。日本でも、1998（平成10）年に特定非営利活動促進法（NPO法）が制定されると、多くのNPO法人が誕生した。しかし、そうしたNPO法人の多くは、寄付や助成金を当てにする弱小組織で、ボランティア団体との差異はそれほど大きくない。市民社会論のなかで期待を込めて唱導されたNPOではあるが、実態は、第三セクターというよりも、行政や企業に付随したオプションに近い状況にある。

　しかし、NPOのなかにも、社会起業化・企業化を図るものが生まれてきた。また、営利主義を機軸とする企業のなかにも、ユヌス（Yunus, M.）が提唱するような「ソーシャル・ビジネス[*17]」に本気で着手するものが生まれている。こうした新しいタイプの第三勢力が台頭するなかで、新しい専門家が求められるようになっている。ビジネス（経済・経営・流通）に長け、特定の社会問題に詳しく、なおボランタリズムを内面化している人材である。

　ボランティア学習は、そうした新しいタイプの専門家を育成する方法としても可能性をもっている。それは、保育士志望の高校生が保育園や子育て支援センターでボランティア活動を経験するという単なるキャリア教育の一環としてではなく、ビジネスや職人の世界で身を立てようとする人間が、ボランティア学習を通して、特定の社会問題への当事者性を高め、ボランタリズムを身に付け、ソーシャル・ビジネスの起業者になり得る資質を身に付けるということである。従来からキャリア教育としてのボランティア学習の有効性は認知されていたが、新しいビジネスやNPOの誕生が期待される今日、ボランティア学習自体が新しいものへと変化することが求められているのである。

---

*17　ムハマド・ユヌス（猪熊弘子訳）『貧困のない世界を創る―ソーシャル・ビジネスと新しい資本主義』早川書房　2008年を参照。

4 ボランティア学習の成立する環境・条件

1 インフォーマル・エデュケーションを豊かにする正統的周辺参加

　ボランティア学習の学習者は、継続的に場にかかわり続けることのできる強い意思をもつ人たちばかりではない。学校や塾に時間をとられている学生、仕事に忙しい会社員、専門的活動をすでに行っている人、ボランティアにネガティブなイメージをもっている人、あるいは社会の周辺におかれている人など継続的に場にかかわり続けることが困難な人たちや関心を抱いていない人々もいる。そうした人々がボランティア学習に参加し学習効果をあげるには、一定の条件ないし環境が整備されなくてはならない。たとえば、短期的または単発の活動を素材としつつ、学習プロセスを成立させる工夫や、交通費・活動費補助などの助成が有効な場合もあろう。

　しかし、ボランティア学習の魅力は、本来、活動の場のなかにある。場に対する好奇心・興味が、ボランティア学習への継続的参加を生むといってよい。それゆえ、ボランティア学習が成立するための場の条件はいかなるものかは、しっかりと問われなくてはならない。

　その際、レイヴ（Lave,J, L.）とウェンガー（Wenger,E.）が提唱する「正統的周辺参加（Legitimate Peripheral Participation）[*18]」という参加・学習の捉え方が参考になろう。正統的周辺参加とは、活動者が、ある実践の場に周辺的にかかわりながら、徐々にその実践の意味やミッションの正統性を理解することができるような参加のことである。正統的周辺参加においては、頭による理解ではなく身体的・感性的な理解を伴う「状況に埋め込まれた学習（situated learning）」が成立し、参加者は、指導者的存在がなくても、十全に実践者と

[*18] ジーン・レイヴ、エティエンヌ・ウェンガー（佐伯胖訳）『状況に埋め込まれた学習――正統的周辺参加』産業図書　1993年

して成長するという。

　レイヴらに従えば、ボランティア活動が豊富なIFEを有するには、正統的周辺参加が成立していなくてはならない。そして、その成立のための条件を整えることが、ボランティア活動の場を魅力的なものにする可能性を高めるということになる。

　レイヴらは、正統的周辺参加が成立するための場の条件として、①正統性を他者が感じえるだけの力を場がもっていること、②参加者が他の実践者たちと十分なコミュニケーションをもつことができること、③周辺者でも全体を見渡せるように場が開かれたものであることをあげている。

　ボランティア学習を意味あるものとして成立させるには、ボランティア活動を推進する組織や団体が、以上の３つの条件を保つことが必要となる。それは、ボランティア・コーディネーションの問題ではない。団体のミッションや社会的意味が明確であるか、ボランティア同士あるいはスタッフとボランティアが活動のなかで豊かにコミュニケーションを取り合えているか、さらに、ボランティアが、全体を見渡せるように組織の風通しがよくなっているか、という組織のあり方自体の問題なのである。

　もちろん、この理論を盾に団体や組織に変化を要求することは難しい。指摘されてすぐに修正できるようなものではないからである。ボランティア学習実践を進めるなかでリーダーやスタッフが、葛藤を感じながら、徐々に正統的周辺参加への理解を深めていかなければならない。つまり、ボランティア活動を主導する団体や組織が、その場に豊かなIFEが生まれているか否かを、緊張感をもって吟味することもまたボランティア学習の成果なのである。

2　不定形性の高い意識化プロセス

（１）組織的な実践との連結を求める意識化

　ボランティア学習を安定化させるための条件は、「場」だけに求められるものではない。ボランティア活動の参加者が、その場を意味あるものとして認識

することこそ、参加の継続性を生み、学習の効果を高めることになる。そのため、学習者の意識化（→キーワード、p.177）を促進する事前の「構えづくり」（motivation）と事後の「ふりかえり」（reflection）という2つのユニットは、ボランティア学習を成立させる必須条件となる。

構えづくりとは、学習者がみずからの興味・関心を意識し、場への好奇心を高めるプロセスであり、ふりかえりとは、文字通り、活動をふりかえり、感じたことや考えたことを整理し、自分の変化のきっかけをつかむプロセスである。正統的周辺参加が成立している場合やボランティア活動が継続的である場合は、この2つのユニットは自然に活動のなかに組み込まれている場合が多い。しかし、学習者の意識や行動あるいは活動の変化を時間的に短縮しようとする場合、この2つのユニットをあえて意図的・作為的に設定することがある。SLはその典型であり、学校やボランティアセンターを中心としたボランティア学習の多くは、そのようなものとなっている。構えづくりは、事前説明会形式もあれば、授業やセミナーとして周到に準備されることもある。また、ふりかえりは、活動直後もあれば、授業やセミナーとして別立てで行われることもある。いずれにしても、こうした2つのユニットとボランティア活動がセットとなって実践は組み立てられる。

（2）意識化の問題性と理想

意図的・作為的に設定された事前の構えづくりと事後のふりかえりの2つのユニットには、①学習の内容や方向がコントロールされる危険性、②他者に依存した学習の経験を増幅させる危険性がある。

ボランティア学習は多様な学びを内包する。しかし、教育カリキュラムと連結することによって、学びのベクトルに制限がかかり、多様な学習展開の可能性がそがれる危険性が生まれる。それは公権力にサポートされるFEだけではなく、NFEも、組織のニーズやミッションに左右されるという意味で同じである。IFEの宝庫としての可能性が減じられてしまうのである。また、外在的な枠付けで意識化する経験を積むことは、学習者の依存的態度を再生産するこ

とにもなる。ボランティア学習は支援者がなくては進まない、といった誤った認識を学習者が内面化してしまう危険性がある。

　構えづくりとふりかえりは、現在、開発の途上であり、研究的にも整理されているとは言いがたい。しかし、参加者を「その気にさせる」ワークショップ的手法が、無邪気に使われている現状を考えると、意識化のユニットの作為的・意図的な設定の問題性を指摘しないわけにはいかない。

　意識化のユニットは、本来は学習者を中心として考えられなければならない。学習者の特性（個性・属性・ニーズ）あるいは活動や意識化そのものへの主体性の度合いに応じて、内容・方法・実施タイミングを変えなければならない。先に紹介したフレイレは、学習者が自らの価値や志向性に気づき、課題を認識するようになる意識化のプロセスは、対話的でなくてはならない、という[19]。教師や指導者が学習の方向・内容を誘導するのではなく、学習者との交流・対話を通して、そうした意識化の条件が明らかになってゆく、ということである。

　以上の点をふまえて考えてみると、ボランティア学習の実践者には、①実践者と学習者との対話を機軸とする交流の場、②学習者の自由選択を進めるための多様な質の構えづくりやふりかえりの組み合わせが可能となるような柔軟な枠組みを用意する必要があるといえよう。

　1日の活動の前後で構えづくりとふりかえりを実施する場合もあれば、学習者の意志にあわせてそれらを用意する場合もあろう。FEのスタイルで、一定の時間に参加者全員に実施する場合もあれば、その定型化を避けて、NFEのスタイルで、ユニットを一定の期間にちりばめ、学習者に自由選択させる場合もある。ボランティア学習における意識化のユニットの設定パターンは多様である。不定形性の高さが、ボランティア学習における意識化の特質といってもよい。

　ボランタリズムはボランタリズムを基底とする実践のなかで学ばれる、という原則を大切にするならば、意識化を促進するユニットの不定形性を重視し、

---

[19]　意識化については、フレイレ（前掲＊10）のほか、松岡（前掲＊2）も参照のこと。

その設定は慎重に行われなくてはならない。奉仕活動に転化したり、強制的ボランティア活動という言語矛盾に陥ったりしないためには、少なくとも、構えづくり・ふりかえりを、対話と批判を機軸とした場・環境のなかで構想・実施されることが求められる。

5 持続可能な開発のための教育としての総合化の可能性
—まとめにかえて—

　ボランティア学習は、FE・NFEとIFEの組み合わせを基本形とするものの、そのポテンシャルは驚くほど大きい。多様な学習システムとして、大きく発展する可能性をもっている。

　問題の数だけボランティアがある、といわれるように、ボランティア活動の領域は、福祉・環境保全・医療・消費者活動・防災・まちづくり・学習支援など、多種多様である。また、実際の活動は、地道な実務もあれば、広報や渉外を含む組織化支援のような活動もある。それゆえ、ボランティア学習は、そうした多種多元的な活動を学習者ができるだけ多く経験し、その差異を認知・認識することによって、新しい枠組みの学習を創出する可能性をもっている。

　たとえば、障害者施設のワークキャンプから通常の地域福祉サービスでのボランティアへと移行する組み合わせや、環境問題に関する提言の発信を中心とするボランティアから国際交流型へと移行するという流れも考えられる。あるいは、ボランティアの活動役割の変化もボランティア学習を生じさせよう。ワークショップの手伝いからファシリテーターへの変化などがそうである。また、ボランティア活動とセミナーや講演会あるいは調査活動などとの組み合わせも考えられる。学習者は、タイプの違いを実感または体感することによって、ボランティアとは何か、社会的活動のミッションや方法はいかなるものか、あるいは自己の存在について考えるようになる。多種多元的な活動を接続させることで、まさに多様な学びを創出することができるのである。ボランティア学習

のポテンシャルは、想像を絶する大きさをもっている。

現在、ESD（Education for Sustainable Development：持続可能な開発のための教育）（→キーワード、p.177）が世界中で求められている[20]。ESDは、①経済の成長、②環境問題の克服、③人間らしい生活の普遍化という、ややもすると矛盾する3つの社会の動きを統合化するために、より多くの人間がその矛盾と葛藤を体感し、その克服の過程に加わっていくことを推進しようとするものである。

ボランティア学習は、そこに貢献できないであろうか。葛藤を契機に矛盾の多い社会に関与しつつ学習する活動としてのボランティア学習は、ESDと構造を同じくする。ボランティア学習は、ESDの具体的な学習プランを提案できるのではないだろうか。2008（平成20）年には、日本福祉教育・ボランティア学習学会においてESDとの関係が問われるシンポジウムが開催された。ESDの本質に位置づくものとして、ボランティア学習への期待はますます大きくなっているのである。

読者への皆さんへの質問

Q1　あなたにとって、「意味があった」と思えるボランティア活動は、どのようなものでしたか？どのような条件をそなえていましたか？

Q2　あなたは、どのような社会的活動に関心がありますか？どのような人に出会いたいですか？ボランティア活動をするなかで考えてみませんか？

Q3　あなたの身近にある学校・公民館・ボランティアセンターには、どのようなボランティア学習のプログラムがあるでしょうか？

＊20　ESDの概念や動向については、NPO法人ESD-JのWEBサイト（http://www.esd-j.org）に詳しい。ESD関連図書としては、日本ホリスティック教育協会他編『持続可能な教育社会をつくる―環境・開発・スピリチュアリティ』せせらぎ出版　2006年などがある。

ボランティアを読み解くキーワード

ボランティア学習

1970年代末より財団法人日本青年奉仕協会（JYVA）が運動のキーワードとして用いてきたことばである。1982（昭和57）年「全国ボランティア学習指導者連絡協議会」誕生後、学校を中心に全国的広がりをみせるようになる。今日では、生涯学習社会に対応してあらゆる人々にターゲットが広がり、ボランティア活動を機軸とする学習の総称となっている。

生涯学習

1965（昭和40）年にユネスコで提唱された生涯教育の理念を基盤に日本型に改良された学習支援システムのキーワードである。臨時教育審議会（1984〜1987（昭和59〜62）年）において基本枠組みが提起され、今日では、学校・家庭・地域・企業・NPOなどの連携によって、あらゆる人々がいつでも学習することができ、その成果を適切に評価されるような社会づくりがめざされている。

意識化

被抑圧者の解放を軸とする教育学を提唱したフレイレ（Freire, P.）によって概念化された。ワークショップを通して批判的省察と文化行動が生まれる過程の総体を示すことばである。本文の「構えづくり」と「ふりかえり」に相当する。意識化によって人は、自尊感情を高め、社会に積極的に関与し、自己と社会を変えていく。ボランティア活動を意味あるものにするためのキーワードでもある。

ESD（Education for Sustainable Development：持続可能な開発のための教育）

国際連合を中心に世界に喧伝されている21世紀の教育・社会運動のキーワードである。経済成長・環境保全・人権尊重・平和維持・貧困解消などの、ややもすると矛盾する地球的課題を解決するためには、人間の暮らし方や社会の仕組みが抜本的に変わることが求められる。ESDは、そうした困難な変化を生み出す教育・学習の総称である。ボランティア活動およびボランティア学習は、その方法のひとつとして期待されている。

【引用文献】
1）讃岐幸治「ボランティア学習」伊藤俊夫編『生涯学習社会教育実践用語解説』全日本社会教育連合会　2002年　p.162

2）長沼豊『市民教育とは何か』ひつじ書房　2003年　p.116
3）興梠寛『希望への力』光生館　2003年　p.154
4）阿部志郎「キリスト教と社会福祉思想」嶋田啓一郎編『社会福祉の思想と理論』
　　ミネルヴァ書房　1980年　pp.83-85

私にとってのボランティア

葛藤や問題を乗り越えて人が成長する摩訶不思議な空間

　現在、私は、複数のNPOのスタッフ・大学院生・大学生・高校生で構成される「ESDボランティア塾ぼらばん」（http：//gpesd.h.kobe-u.ac.jp/68）を主宰している。「なるべく多くの人にボランティアの世界を知ってほしい」「ボランティアの参加によってたくさんのNPOの活動が活発になってほしい」「ボランティア活動を誘い合いながら進めてほしい」という思いで、2007（平成19）年より取り組んできた。

　「ぼらばん」のプログラムは、「ホーム」「トリップ」「オプション」の３つのパートで構成されている。ホームは「構えづくり」「ふりかえり」、トリップは「ボランティア活動ツアー」、オプションは「自分たちで活動を開発する」、いずれも自由参加である。ホームとしては、ハンセン病療養施設や過疎の村での１週間ワークキャンプ、参加デザインワークショップ、参加後の土産話をする会などがある。トリップでは、メンバーが群れになって、障害者・高齢者支援、環境問題、当事者運動、子育て支援、まちづくり、国際交流などの多領域の社会的活動を渡り歩く。オプションとしては、未開発の社会的活動への参加や自分たちで社会的活動を企画・運営・評価する事業などがある。「ぼらばん」のめざすものは、「ボランティア学習の宝箱づくり」である。

　しかし、ボランティア学習を組織化することがいかに難しいことか！というのも、「NPOは案外ボランティアを求めていない！」「多くの若者はボランティアをするゆとりがない！」「参加者のなかに実はボランティアが嫌いな人がいる！」「メンバー間の価値観や意見の食い違いから衝突がたびたび生まれる！」などの、難問山積みだからである。この３年間、ボランティア

学習を推進するということは矛盾と葛藤を経験することだということを強く実感させられてきた。

　ところが、学生たちは偉い！葛藤を学びに変えていくのである。「ぼらばん」の運営に携わる学生たちはたくさんの葛藤を乗り越え、大きく成長してきた。当初は、現場に行くのさえモジモジしていた学生が、今では企画創出のリーダーになっている。プログラムを自分の研究につなげる学生も出てきた。ボランティア学習の真髄ここにあり！という気分である。

　私にとってのボランティア？ボランティアとは、出会いと葛藤のなかで人が成長する摩訶不思議な空間・場・思想である。あなたも体験してください。

（松岡廣路）

第11章
ボランティア活動支援とボランティアコーディネーター

「主体的な活動であるはずのボランティア活動に支援が必要なのですか?」
このような質問を受けることが度々ある。現実に、ボランティア活動の支援は必要とされている。ただし、ボランティア活動の理念や原則同様に、ボランティア活動支援も誤解されることが多い。

本章では、ボランティア活動支援の意味とボランティアセンター、ボランティアコーディネーターの役割について考えてみたい。

1 ボランティア活動の支援とは何か

1 ボランティアセンターへのある相談から

ボランティア活動を支援しているボランティアセンターには、次のような相談が寄せられることがある。あなたはどのように思うだろうか。

例A 「イベントを開くのですが、駐車場係の人がいないのでボランティアを派遣してください。ボランティアならお金を払わなくてもいいんですよね」(イベント主催者などから)

例B 「職員の人数が足らないので介護ボランティアがほしいのです。夜勤とかお願いできるなら謝礼を支払いますから。とにかく人手がほしいんです」(高齢者の生活施設などから)

第11章　ボランティア活動支援とボランティアコーディネーター

　ふたつの相談に共通していることは、①ボランティアを安価な労働力として考えている点と、②本来であれば、アルバイトやパート、職員として募集すべき内容であるという点である。つまり、「ボランティア活動とは何か」ということが理解されていない。例Bの場合は、入居者の安全への配慮もなされていない。謝礼があるなら、と応募者があったとしても、その人に介護に関する知識や技術がなければ、介護を要する入居者の生命も危険にさらされることになる。入居者、ボランティア、意欲をもって働いている専門職員、それぞれの人たちの生き方を尊重する視点に欠けている。このような募集をする人にとっては、ボランティアは安価な労働力、ボランティアセンターは安価な労働力（あるいは特別な人）を調達してくれる場所ということになるのだろうか。

　被災地で支援を待つ人のもとにボランティアが到着したとき、あれもこれも、とにかくなんでもお願いする人たちの姿もみられる。被災地で大変な思いをしているときに、ボランティア活動をしてくれる支援者は心強い存在だろう。しかし、ボランティアはなんでも解決してくれる万能の存在ではない。前述の募集の事例ほど極端ではないが、ボランティア活動に対する理解がないという点では同様である。

　ボランティアとは、困っている人たちの願いをなんでも聞いてくれる存在なのだろうか。ここに、ボランティア活動そのものと、ボランティア活動を支援することに対する大きな誤解がある。ボランティア活動の支援とは、困っている人たちのためにボランティアを調達したりお願いすることではない。また、ボランティアセンターがボランティアを所有しているわけではない。依頼に応じて"派遣"するという表現も、ボランティア活動の理念から考えると違和感を感じる。

　「そうは言っても、実際にボランティアの募集をしているじゃないか。それは活動支援ではないのか」という疑問が浮かぶことと思う。そこでまず、ボランティア活動支援（➡キーワード、p.196）としての募集の意義について考えてみたい。

2 ボランティア活動に対する意識—意欲と行動のギャップ—

　ボランティア活動をはじめとする市民活動、地域社会の活動に対する意識と実際の参加の様子について、「国民生活選好度調査」の結果から関連する項目をみていくことにする。

　2000（平成12）年調査[1]の結果によると、国民の3人に2人がボランティア活動に参加意欲をもっているが（64.9％）[2]、実際にボランティア活動を経験している人は3人に1人（31.1％）[3]である。2005（同17）年調査[4]では、「ボランティア活動に積極的に参加したいか」について、「全くそうである」「どちらかといえばそうである」と回答した人は63.6％で、2000年調査と比較しても意欲をもつ人の割合は、ほぼ横ばいといってよい。2003（同15）年調査[5]では、「NPOやボランティア、地域の活動への参加」について、「現在参加している」人は10人に1人（10.1％）[6]、「今後は参加したい」人が2人に1人（51.6％）であった。「参加したい」と思っているが実際の活動に結び付いていない人が、

---

[1]　経済企画庁「平成12年度国民選好度調査—ボランティアと国民生活—」調査対象：全国に居住する15歳以上70歳未満の男女のうち5,000人を層化二段無作為抽出にて抽出、調査時期：2000（平成12）年5月11日〜6月4日（25日間）、調査方法：調査員による個別訪問留置法、有効回答数3,972人、回答率79.4％

[2]　ボランティア活動に「是非参加してみたい」4.3％、「機会があれば参加してみたい」60.6％

[3]　「ボランティア活動に現在参加している」8.5％、「過去にしたことがある」22.6％

[4]　内閣府国民生活局「平成17年度国民選好度調査—国民の意識とニーズ—」調査対象：全国に居住する15歳以上75歳未満の男女のうち3,000人を層化二段無作為抽出にて抽出、調査時期：2006（平成18）年1月25日〜2月26日（33日間）、調査方法：調査員による個別訪問留置法、有効回答数1,898人、有効回答率63.3％

[5]　内閣府国民生活局「平成15年度国民選好度調査—安心できる社会と人のつながり—」調査対象：全国に居住する15歳以上80歳未満の男女のうち5,000人を層化二段無作為抽出にて抽出、調査時期：2003（平成15）年11月6日〜12月7日（31日間）、調査方法：調査員による個別訪問留置法、有効回答数3,908人、有効回答率78.2％

[6]　「NPOやボランティア、地域の活動へ参加したことがありますか」→「現在参加している」10.1％。これは「現在、積極的に参加している」「現在、お付き合いで参加している」の合計である。

かなりの割合で存在することがわかる。

　2005（平成17）年調査によれば、「暮らしをよくするには、まずひとりひとりが世の中の動きに関心を払うことが大切だ」と思うかについては、91.0％の人が大切だと回答しており[7]、性別年齢別を問わずほぼ同じ割合である。「自分の住んでいる地域との人々との交流があることは大切だ」と思うかについては、9割強の人（91.4％）が大切だと思っており、「家族や職場以外でも積極的に新しい人々とのつきあいを広げていきたい」と思っている人は約8割（79.7％）である。ボランティア活動の大切な要素である、社会への関心、まわりの人たちとのつながりを大切だと思う人が圧倒的に多いことがわかる。しかし、2006（同18）年調査[8]からは、2人に1人（51.3％）が「町内会・自治会活動に参加していない」ことがわかる。

　ボランティア活動への関心、意欲もあり、必要性も認識しているが、参加に結び付いていない人たちがいるのはなぜだろうか。

3　誤解がボランティア活動へのかかわりを妨げる

（1）ボランティア活動に参加できない理由

　2003（平成15）年調査では「地域活動などに参加する際苦労すること、参加できない要因」について質問している。その結果は「活動する時間がない」を回答した人が最も多く35.9％、「全く興味がわかない」が15.1％、「活動するきっかけが得られないこと」が14.2％、「身近に団体や活動内容に関する情報がないこと」が11.1％であった。

　「時間がない」「きっかけがない」「情報がない」は、ボランティア活動に参

---

[7]　「全くそうである」「どちらかといえばそうである」の合計。2005（平成17）年調査の結果はこの2つの合計で示してある。
[8]　内閣府国民生活局「平成18年度国民選好度調査―家族・地域・職場のつながり―」調査対象：全国に居住する15歳以上80歳未満の男女のうち5,000人を層化二段無作為抽出にて抽出、調査時期：2007（平成19）年1月11日～1月28日（18日間）、調査方法：調査員による個別訪問留置法、有効回答数3,383人、有効回答率67.7％

加したくてもできない三大理由といえる。

　「時間がない」と回答した人のすべてが、趣味や余暇の時間を全くもっていないのだろうか。逆に、ボランティア活動をしている人たちは時間にゆとりのある人たちばかりなのだろうか。実際には、意欲的にボランティア活動に取り組んでいる人ほど多忙で、活動するための時間をやりくりしている。人は、好きなことのためには時間をつくるものなのだ。「時間がなくてボランティア活動ができない」という人たちのなかには「時間をつくってまでやりたいと思うボランティア活動が見つからない」人も、かなりいるのではないだろうか。そう考えると、情報ときっかけがあれば、ボランティア活動への関心・意欲が実際の活動に結び付くケースは増えるはずである。

　（２）"思い"を伝え、出会いを提供する
　「楽しくなさそう」「自分のフィーリングに合わない」等という意見に、実際に接することも多い。その人たちのほとんどが、自分でつくりあげた限定的なイメージでボランティア活動をみている。学校教育や会社、近隣での活動のなかでたまたま出会った活動がボランティア活動のすべてであるように思っていることもある。その経験が苦いものである場合、ボランティア活動に対するイメージも否定的なものになり、あるいは「いいことかもしれないけど自分はできない」と、遠く離れた存在としてボランティア活動をみることになる。このような場合は、その人の趣味や特技、気になっていることなどを尋ねて、それらがきっかけとなるボランティア活動の例を提案する。自分の「好きなこと」がボランティア活動につながると知ったとき、その人たちの眼は輝く。適切な情報があれば、多くの人がもっているボランティア活動や社会的活動への意欲が実際の活動に結び付く可能性が高い。
　ボランティア活動へのかかわりを通して、地域社会や身近な環境へ目を向け、新しい人間関係を築くことができる。ボランティア活動の募集・情報提供は、そのためのきっかけとして非常に有効なものである。ボランティアを調達するだけでは決してないのである。ボランティア活動支援としての募集・情報提供

の意義とは、活動を求める人（あるいは組織）の"思い"を伝え、共感する人との出会いの場を提供することである。そして、その出会いや社会参加の場は、年齢や性別、心身の状態、文化などの違いを超えて、誰もがかかわりをもつことができることを、広く伝えていくことが必要である。

4 ボランティア活動を通しての成長、主体形成

　ボランティア活動にかかわるきっかけは人それぞれである。活動を始めるときから大きな目的や使命感、熱意をもっている人もいるが、「親しい人に誘われて」「楽しそうだから」「なんとなく」という理由で活動にかかわる人が圧倒的多数だろう。その人たちが自分なりの価値や喜びに気づくために、ボランティア活動支援者は側面からそっと気づきを手助けしたり、時に相談に応じたりしている。日本のボランティア活動の現状としては「目覚めてボランティア活動を始める」ばかりとは必ずしも限らず、「ボランティア活動を行うなかで多くの人たちの思いや生き様に触れ、目覚めていく」人が多いといえる。

　ボランティア活動は、多様な価値観や経験をもった人たちとの出会いの場でもある。使命感や愛情、愛着に基づいた熱い思いをもった人同士、"ゆずれない思い"がぶつかり合うこともある。それらの多様な人たちとの出会いや気づきを通して、人間的に成長することができる。そして、ボランティア活動は、年齢や性別、心身の状態や文化の違いを超えたところで1人の人間として社会と向き合う機会でもある。

　ボランティア活動という営みを通して、悩み、迷い、社会のなかを生きる主体として目覚めていく、主体形成を成し遂げていくことに、多くの人がボランティア活動にかかわる意味があるといえる。その過程において、悩んだとき、迷ったときに傍らで支え、気づきや喜びを分かち合うこともボランティア活動支援の大切な役割の1つである。

5　ボランティア活動の自由意志、主体性を支援する

　ボランティア活動支援とは、これまでに述べてきたような個人や組織を支える役割に留まらない。広報や啓発活動などを通して、社会のなかでボランティア活動に対する正確な理解を求めていくことも必要である。

　「ボランティア」という特別な人がいるわけではなく、人は誰でも、「手を差し伸べ支える側」になることもあれば、「支えられる側」になることもある。ボランティア活動は、人と人の間を循環していく"思い"あるいは"関係"であるともいえる。このことが理解できていれば、ボランティア活動への参加を呼びかける際に、冒頭の例のような無茶な要求や、求められても自分が応えられないような条件は出さないだろうし、「ボランティアだったら、なんでもやってくれるんじゃないの？」のような誤解も生じないだろう。

　ボランティアの側にも誤解がある。「ボランティアしているのにお礼も言わないなんて無礼だ」とか、「ボランティアだから約束が守れなくても仕方ないよね」などという声にも接することがある。ボランティア活動であろうとなかろうと、社会のなかで守るべきルールを尊重し、みんながお互いに対等な関係であることが理解されていれば、このような発想は起こりえないだろう。お礼を言わないのも問題かもしれないが「お礼を言ってもらって当たり前」という発想も極端である。相手がお礼を言いたくない気分にさせる理由があるのかもしれない。「約束を守らなくてもいい」は論外である。ボランティア活動の「自由」を誤解してしまっている。

　誤解から生じるこれらの出来事や発想は、ボランティア活動にかかわる人たちの尊厳にかかわることでもあるし、場合によってはその活動を阻害することにもなる。適切に情報を伝え、活動に参加する人たちの主体性や思いを活かすことができる環境づくりを工夫すべきである。

　ボランティア活動に関する情報を広く提供し、誤解を解き、ボランティア活動にかかわろうとする人、実際にかかわっている人たちの自由意志や主体性、社会性を尊重した活動を支えていくことが、ボランティア活動支援の目的である。

6　ボランティア活動支援の対象

　ボランティア活動支援の対象は、直接的にボランティア活動にかかわろうとする人たちに限定されるものではない。ボランティア活動に対して誤解している人、活動に無関心な人たちなども含め地域社会に暮らすすべての人や組織である。今は誤解している人たち、あるいは無関心な人たちも、いつでもボランティア活動にかかわるチャンスはある。おそらく、これまでは気づくきっかけがなかっただけなのだ。冒頭の例のような募集の相談があった場合は、少なくともボランティア活動に対して関心をもっているのだから、理解を得るチャンスでもある。たとえば「あなたでしたら、その活動にどのようなやりがいを感じますか？」と尋ねてみてはどうだろう。

　私たちが出会う人たちはすべて、未来に仲間となる可能性がある。一度で理解が得られなくとも、方法を工夫し、あきらめることなく、ボランティア活動の特性、楽しさを伝え続けていくことがボランティア活動支援者には求められる。ボランティア活動に関する情報提供、広報活動が、直接的に活動にかかわりをもつ人たちばかりではなく、広く社会全体に対して行われる必要があるのはそのためである。

　未来の仲間となるであろう人たちに、気づきや出会いのきっかけを提供し、その人たちの自由意志や主体性を尊重することも、ボランティア活動支援の役割である。

7　ボランティア活動支援の内容

　以上のことをふまえ、ボランティアセンターなどで取り組まれている活動支援の事業とその内容を整理してみた（表11-1）。

　これらの事業は、その事業所の位置づけや役割、所在地の地域特性（⇒キーワード、p.196）などによりさまざまな形をとる（第2節第5項(p.193)も参照のこと）。ボランティア活動に対して誤解している人が多い地域では、「①広報・

表11-1 ボランティア活動支援の内容

①広報・啓発	ボランティア活動に関する適切な情報を伝え、ボランティア活動への参加意欲を高めるための活動。	用いる手段・方法などにより、情報の伝わり方に差が生じる。伝えたい対象により、広報誌、放送、回覧板、インターネットほか、多様な手段のなかから媒体・方法を選び、伝え方を工夫する必要がある。
②情報提供（マッチング）	ボランティア活動の場や機会を求めている人や組織と、ボランティア活動による支援を求めている人や組織の、出会いの機会の提供。	
③各種講座の開催	ボランティア活動の機会を求めている人にとってのきっかけづくり、ボランティアのスキルアップなどを目的とした講座や研修の開催。	
④相談	ボランティア活動に伴う悩みへの対応。個人、組織、さまざまな対象からの相談に応じる。課題の発見につながることもある。	
⑤ネットワーク支援	ボランティア活動を行う人同士、組織相互のネットワーク支援をはじめ、地域で連携・協力してボランティア活動振興を実施するためのネットワーク整備。	
⑥活動支援	備品の貸し出し、活動場所の提供（会議室・ロッカーなど）、ボランティア活動保険の加入事務その他、多種多様な方法によりボランティア活動支援を行っている。	

啓発」や「③各種講座の開催」などを中心に広く理解を求める事業が軸になるだろうし、ボランティア活動をしたい、ボランティアを求めたいといった個別相談が多く寄せられる地域では、「②マッチング」や「④相談」などの事業が中心となるだろう。活動支援を行う機関が、学校や福祉施設、企業などのあるセクションである場合、上記の事業のなかのいくつかに特化した事業を展開することになる。

　ボランティア活動支援を行う窓口として機能しているのがボランティアセンターであり、ボランティア活動支援の専門職としてボランティアコーディネーターがある。第2節では、ボランティアセンターとボランティアコーディネーターの概要について整理する。

2 ボランティアセンターとボランティアコーディネーター

1 ボランティアセンターの位置づけ

　ボランティア活動支援を行う機関、組織としてボランティアセンターがある。高森敬久は、ボランティアセンターを「実態としては非常に多様性があるが、ここではその規模や機能の大小はあれ、これらのものをすべて含めて『ボランティア活動のための相談、教育、活動援助、開発、研究などボランティア・サービスの需要と供給をより円滑化、かつ効率化させるための育成・援助のシステム』[1]」と規定した。ボランティアセンターが全国的に広がりはじめた1980年代に定義されたものであるが、ボランティアセンターの機能を端的に規定しており、現代でも通用する概念である。

　全社協・全国ボランティア活動振興センターが毎年実施してきた全国の都道府県・市町村社会福祉協議会を対象とした調査によれば、2005（平成17）年3月現在で、ボランティアセンターを設置している社会福祉協議会（以下、社協）は1,751か所、ボランティアセンター機能を有している市町村社協が557か所、あわせて2,308か所の社協でボランティアセンター事業が実施されているという[*9]。調査時の2,519市町村の約91.6％で、ボランティア活動支援の窓口が開設されていることになる。社協以外にも、行

ボランティアセンターではボランティア活動に関する情報提供、各種相談に応じている（福井県社会福祉協議会ボランティア・カフェの様子）

---

*9　全国社会福祉協議会・全国ボランティア活動振興センター『ボランティア活動年報2005年』

政が開設しているボランティアセンター（まちづくり関係、教育関係の課が担当課になっていることが多い）、学校や企業、NPO法人やボランティア協会などが運営するボランティアセンターなどもあるので、実数はさらに多い。

この調査からも、ボランティアセンターでは、ボランティアが自由に使用できるスペースの有無などハード面もさることながら機能の有無が重要視されていることがわかる。施設整備について規程のある社会福祉施設等とはその点が異なる。このことをふまえ「ボランティアセンターとは、その名称、規模の大小は多様であるが、ボランティア活動を行ううえで必要となる支援を提供するシステム、あるいはその機能を有する機関、窓口」と整理したい。

前述の通り、それぞれのボランティアセンターで実施している事業は実に多様である。ぜひ身近な場所にあるボランティアセンターなどを訪ねてみてほしい。

2　ボランティアセンターとボランティアコーディネーター数の推移

全社協・全国ボランティア活動振興センターの調査によると、ボランティア

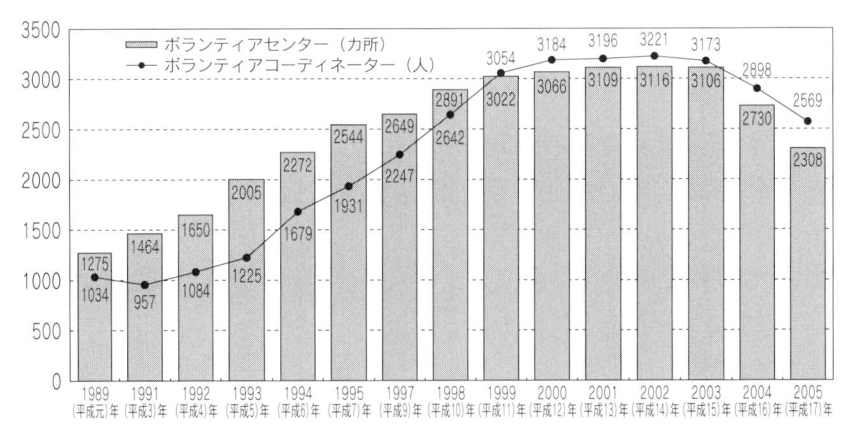

図11-1　ボランティアセンター設置数とボランティアコーディネーター配置人数の推移

資料：全国社会福祉協議会・全国ボランティア活動振興センター『ボランティア活動年報2005年』より

センター数ならびにボランティアコーディネーター数の年次推移は図11－1の通りである*10。調査開始以降、増加を続けていた両者の数が2003（平成15）年以降減少しているが、主な要因としては市町村合併による社協数の減少によるものである。有効回答社協数に対するボランティアセンターの設置率は、ほぼ同率であるという。

3　ボランティアコーディネーター

阪神・淡路大震災以降、ボランティアコーディネーターという名称に対する認知度が高まったといわれている*11。それまでも関係者の間ではボランティアコーディネーター配置の必要性が議論されていたが、それほど一般化したことばではなかった。

NPO法人日本ボランティアコーディネーター協会（JVCA）（■キーワード、p.196）は、ボランティアコーディネーターを「市民の社会参加意識を高め、積極的に行動することを支える専門スタッフ」としている。多くはボランティアセンターに籍を置き、ボランティア活動に関する支援活動を行っているが、事業所によっては「ボランティア担当」のような配置の場合もある。ボランティアセンターのボランティアコーディネーターは有給の職員であることが多いが、ボランティア協会などの組織には、ボランティア活動でボランティアコーディネートを行っている場合もある。組織により、また地域により、位置づけは多様である。

---

*10　前掲*9より。この年次以降、ボランティアセンター数ならびにボランティアコーディネーター数は調査・公表されていない。

*11　石井祐理子「新聞掲載状況に見るボランティアコーディネーター」『ボランティアコーディネーター白書1999－2000』大阪ボランティア協会　1999年によれば、朝日、毎日、日経、読売、産経の5紙に「ボランティアコーディネーター」が掲載された回数を集計すると、1995（平成7）年までは年1回～2回程度の掲載であったのが（掲載なしの年もある）、1995年は6回、1996（同8）年は11回、1997（同9）年は14回と急増している。

前述の全社協・全国ボランティア活動振興センター調査によれば、2005（平成17）年3月現在、市区町村社協に配置されているボランティアコーディネーターは、常勤が1,500人（そのうち専任が673人、兼任が827人）、非常勤が469人（そのうち専任が353人、兼任が116人）、有給・無給の協力員等が600人、合計2,569人であった。社協以外の部署、窓口に配置されているボランティアコーディネーターも数多いことから、ボランティアコーディネーターの実数はこれをはるかに上回るものと考えられる。

4　ボランティアコーディネーターの役割

　ボランティアコーディネーターがいなくても、ボランティア活動は成立する。ボランティアコーディネーターの存在意義とは何なのだろうか。筒井のり子は「ボランティアと要援助者が相手に共感しあい、その共感を土台に問題解決にともに取り組んでいる"よい状態"を実現すること」としている[2]。

　私たちは、誰かに何かを頼むとき、それがどんなにささいなことであっても心に「申し訳なさ」が芽生える。「申し訳ない気持ち」を天秤にかけたとき、もう片側の皿にのるものは頼む相手への信頼であり、親しさであろう。そして「次には自分にも頼んでほしい」と思うからこそお願いができるのではないだろうか。そのような行為の循環「おたがいさま」という関係が、日常生活のなかではごく自然に行われており、だから人間関係のバランスがとれているのだともいえる。

　ボランティア活動をそれぞれの活動ごとに限ってみた場面、「頼む人（要支援者）」と「頼まれる人（支援者）」が固定化される傾向がある。ボランティア活動とは、人間関係のバランスがとりにくい、「対等な関

「いい関係」を支えることがボランティアコーディネーターには求められる

係を保ちにくい状態」であるともいえる。しかし、両者の関係をもっと広く捉えてみると、ある場面では介助という行為を通して支えていた人が、別の場面では誰かに精神的に支えられていたり、別の誰かから知識や技術を得ているものである。人は多様なつながりあいのなかで支え、支えられる存在である。このことへの気づきを促し、個人の尊厳や自由意志を尊重し、出会う人たちすべての対等な関係をつくり、「いい関係」を支えることが、ボランティアコーディネーターに求められる役割である。

5　ボランティアコーディネーター業務の特徴

　ボランティアコーディネーターの業務は、大きく表11-2の3つのタイプに分類することができる。現在、ボランティアコーディネーターという職名はなくとも、実質的に表に示したようなボランティア活動支援を行っている職員も数多く、所在地の地域特性などによりさまざまな形をとっている。

　コーディネートがスムーズに行われるほど、ボランティアコーディネーターの存在は透明度を増していく。ボランティアコーディネーターとは、ボランティア活動という場面における潤滑油、そして黒子である。そのため、優秀なボラ

表11-2　ボランティアコーディネーター業務の類型

タイプ	特徴的な業務	実施している組織・機関など
受け入れ型	ボランティアを受け入れ、支援する。	社会福祉施設、社会教育施設、学校、病院、NPO・NGOなど
仲介型	ボランティア活動希望者とボランティアによる支援をもとめる人（組織）との間で、両者をつなぐ。	社協・行政・市民活動・勤労者などさまざまなボランティアセンター
送り出し型	その構成メンバーがボランティア活動に参加している団体・組織などで、ボランティア活動の場に送り出す。	学校、企業、労働組合、地域住民組織など

資料：全国社会福祉協議会・全国ボランティア活動振興センターボランティアコーディネーター研修プログラム教材開発研究委員会『ボランティアコーディネータースキルアップシリーズ　ボランティアコーディネート論』2001年　pp.64-67を参考に作成

ンティアコーディネーターの存在がボランティアに意識されることは少ない。「見えにくい」専門業務である。一般にボランティアコーディネーターの役割や存在が理解されづらい背景には、その専門性が「見えにくい」という特性をもっているからであると考えられる。

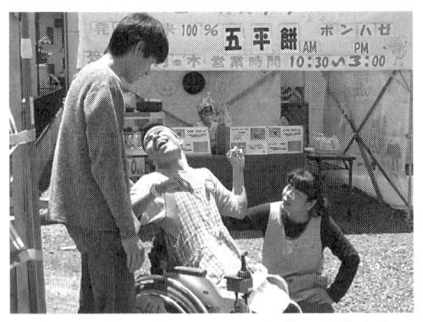

活動現場に赴きボランティアと共に活動をする
（ぎふはしまボランティア協会での様子）

6　ボランティアコーディネーターの専門性向上のために

　最後に、ボランティアコーディネーターとしての専門性向上について考えてみたい。現在のところ、ボランティアコーディネーターとなるための資格要件などはなく、組織のなかで本人の経験や意欲、適性に応じて配置されている。ボランティアセンターを設置している社協、行政、学校、企業、NPOなどの職員となりボランティアコーディネーターとして配属されるというルートが最も多い。ボランティア協会やボランティア活動組織などでボランティアコーディネーターを設置することも可能である。なかには専門性などへの認識のないままに配置を行う機関もあり、本章で述べてきたようなボランティア活動支援を行うことができていないケースも散見される。

　このような状況をかんがみ、NPO法人日本ボランティアコーディネーター協会（JVCA）では、ボランティアコーディネーターの専門性向上と社会的な普及を目指して検定・認定システムの導入を検討している。2009（平成21）年より、ボランティ

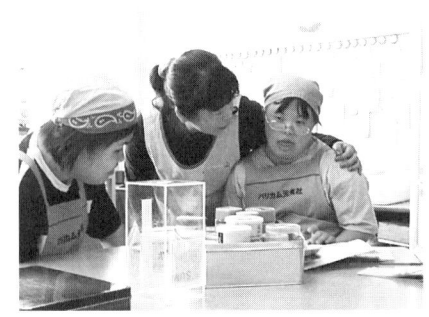

ボランティアコーディネーターには出会いやつながりを通しての学び力が必要である

アコーディネーション力3級検定を開始、順次、2級、1級と開始していく予定である。また、ボランティアコーディネーターとしての体系的な学習の機会を提供し、専門性を保証するものとして、JVCA認定ボランティアコーディネーターシステムの導入の準備に入っている（いずれも2009（同21）年4月現在の状況）。

　これらの検定・認定システムが導入されたとしても、検定に合格していれば質のよいボランティア活動支援を行うことができるとは限らない。資格取得や定期的な研修は、ボランティアコーディネーターの質を向上していくための有効な手段ではあるが、現実の場面で必要とされるスキルは、日々の活動のなかで学んでいくしかない。JVCAのような組織に所属し、思いを同じくする人たちと出会い、情報交換や悩みを語り合い、よりよい方策を検討することなどを通して、テキスト学習や研修会では得ることのできない技術や専門性を体得できる。まずは、近隣のコーディネーター同士が日頃から情報交換などをできる関係を築くことから始めるとよいだろう。

　ボランティア活動同様に、ボランティアコーディネーターとしての質の向上も、多様の人たちとの出会い、つながりあい（ネットワーク）を通しての自らの気づきや学びが不可欠であるといえる。

読者の皆さんへの質問

Q1　ボランティア活動支援はなぜ必要なのでしょうか。

Q2　ボランティアコーディネーターの視点として大切なことはどのようなことでしょうか。

Q3　あなたの身近にあるボランティアセンターが実施している事業に対して、住民として、あなたはどのように考えますか。

●●●●●●●●● ボランティアを読み解くキーワード ●●●●●●●●●

➡ボランティア活動支援

　ボランティア活動にかかわっている人たちの自由意志や主体性、社会性が尊重され、豊かな活動を展開することができるように行われる支援。ボランティア活動の募集・情報提供、マッチング、広報・啓発、相談、活動にかかわる備品の貸し出しや助成金等の情報提供、保険に関する手続ほか、支援活動の形態は多岐にわたる。

➡地域特性

　ある地域を特徴づける性質。他の地域と比較したときに、その地域の固有性を示す特徴的なもの、あるいは事象などである。例としては、自然環境、気候、歴史、特産物、人口分布、生活習慣、食文化、気質他。対象とする区域（エリア）も、アジア、日本といった範囲から市町村、字、町内などの範囲まで、多様なレベルで考えることができる。ボランティア活動に対する住民の意識、活動の進め方、広報の方法などは、その地域の歴史、風土、住民の気質、生活文化、人口分布、社会資源の状況などの影響を受けるので、それぞれの地域特性に応じた働きかけの工夫が必要となる。

➡日本ボランティアコーディネーター協会（JVCA：Japan Volunteer COORDINATORS Association）

　多様な分野で活動するボランティアコーディネーターのネットワークを築き、その専門性の向上と社会的認知をすすめ、専門職としての確立を図ることを目的として、全国各地でボランティアコーディネーションにかかわる人たちによって設立された組織。設立は2001（平成13）年1月27日、同年8月に特定非営利活動法人格を取得している。

【引用文献】
1）高森敬久「ボランティア・センターとボランティア・コーディネーターの機能と役割」右田紀久恵・岡本榮一共編『地域福祉講座④　ボランティア活動の実践』中央法規出版　1986年　pp.194-195
2）筒井のり子『ボランティア・コーディネーター―その理論と実際―』大阪ボランティア協会　1990年　p.9

私にとってのボランティア

ボランティア活動は魔法の切符!?

　小学生の頃、私は虚弱体質であることを理由に当時でいう特殊学級（現・特別支援学級）に在籍していた。私たちのクラスは他のクラスとは異なる日課や行事も多かった。教室には休憩用のベットや体力づくりのためのマットやトランポリンなどの道具があり、毎日の乾布摩擦のあとには煮干と肝油を食べた。当時はそれが不思議だとも思わず、私たちにとってあたり前の日常だった。養護学校（現・特別支援学校）の子どもたちとともに動物園などに連れて行ってもらうこともあった。そのときに出会う「ボランティア」の人たちは、「かわいそうな子どもたちがこんなに頑張っている！」といい、涙ぐむ人までいた。私たち自身は、自分のことを可哀想だとも特別だとも思っていないのに。なぜそういう発想になるのかわからなかった。幼い私にとって「ボランティア」は、自分よりかわいそうで気の毒な存在を探す人たちだった。

　「ボランティアって、なんかイヤな感じ」と漠然と感じつつ、福祉系の大学で学び、地域福祉活動と出会い、やがて社会福祉協議会でボランティア活動支援の仕事に就いた。その日々のなかで出会った「ボランティア」の人たちは、私の狭い思い込みを吹き飛ばすパワーに満ちていた。疑問に思うことに正面から向き合い、アイデアを行動に移し、好きなことを極め、出会う人たちと気持ちを込めてつきあい、真剣に生きていた。私が最初に出会ったような「ボランティア」の人たちもいる、でも、人の生き方の数だけボランティア活動の形もある！そうか、「ボランティア」っていう特別な人がいるわけじゃなくて、この熱い、温かい、ときに重い気持ちが巡り巡って、人をつないでいくものなんだ！と、思うようになった。面白くて不思議で、ボランティア活動から目がはなせない。ボランティア活動とそこにかかわる人たちは、1人の人間の人生を変えてしまう力をもっている。

　いまの私にとって、ボランティア活動は「魔法の切符」である。思いがけない人との出会い、気づいたらとんでもないところにきていることもあり、

またそれが楽しい。奥深いボランティア活動の世界をこれからも探検していきたい。1人でも多くの人たちと「魔法の切符」を分けっこしたいなぁ、と願いつつ。

(大井智香子)

第12章
ボランティア組織の運営

1 個人から組織へ —活動の変化—

「ボランティア活動にお金がかかるの？」

1980年代、ボランティア活動は、一般的にまだそんなニュアンスで考えられていた。つまり、ボランティア活動には、金銭の介在は全く必要のないものと思われていたのである。たとえば、行政も、当時すでにボランティアへの期待があり、高齢者や障害者の生活支援へのボランティアの協力などを考える側面もあったが、予算措置については、特に執る姿勢はなかった。もちろん、ボランティア活動そのものは無償の活動であり、お金が介在する必要はないのだが、市民に対して、ボランティア活動への広報、周知、連絡、処理などに予算は必要という考え方があまりなかったようである。

なぜなら、当時のボランティア活動の多くが、個と個の関係で行われており、中間支援組織（ボランティアセンターなど）のボランティアコーディネーターが、ボランティアを必要とする個人（クライエント）からの要請に対して、ボランティア活動を希望する個人の登録者のなかから適した人を選択し、コーディネートを行い、活動につなげるというシステムが中心だったからである。もちろん、個人の活動であっても、交通費は必要だし、公共交通を利用しなくても自転車が必需品であったり、車いすの介助ならスニーカーは欠かせないものであったりと、必要経費は当然発生した。人が人にかかわる活動である以上、金銭的なことにとどまらず、さまざまなトラブル（リスク）が起こるが、結局、ボランティア、クライエント、ボランティアコーディネーターの三者が、ケー

スバイケースで対応し、難局を乗り越え、あまり表面的な課題にはしていなかったというのが実情であった。

しかし、ボランティア活動の展開が、個人からグループ・団体へ組織化していくのに従い、状況は変わっていった。ボランティア活動において、いわゆる「ヒト」「もの」「金」「情報」の資源が必要となり、社会とのつながりや他団体とのネットワークが重要視されてきたのである。組織構築が進むにつれて、組織運営を考えざるを得なくなっていったのである。

さらに1990年代には、NPOの活動への関心が高まり、1995（平成7）年の阪神・淡路大震災を機に法人化への動きが一気に起こり、1998（同10）年に特定非営利活動促進法（NPO法）が施行された。

本章では、初期のボランティアグループ・団体の立ち上げについて考え、少し成熟したボランティアグループ・団体の組織運営を、テーマ型組織[*1]と地域をベースにした地縁型（エリア型）組織に分けて考え、さらに共通部分として、人材育成について考えることとする。

2 グループ活動事始め

本節では、まず個人の活動からグループ発足までのプロセスを述べ、次に、活動の組織化に着手していくなかでの主な留意点として、「会合の定例化」「機関紙の発行」「会費」についてとりあげる。

1　個人活動から初期の組織活動へ

ボランティアグループの始まりには、いくつかのパターンが考えられる。①

[*1]　テーマ型は、アソシエーション型と表現することもある。エリア型の人間関係を「地縁」というのに対して、テーマ型、アソシエーション型の人間関係を「志縁」ともいう。

個人活動から、ほかの人に呼びかけたり、共感を得たりして、メンバーが揃い、グループ化する場合。②活動以前に、何人かの話し合いのなかから、協働の意志が芽生え、グループ化する場合。③社会の変化や需要に対応して、中間支援組織がグループづくりに取り組む場合。④施設や団体が必要性からボランティア養成を行い、グループ化する場合などが考えられる。

　グループの始まりの経緯はさまざまであるが、大切なのは、ボランティアの主体性である。③や④の場合、ボランティアコーディネーターや担当者と相談をしながら活動を進めていくことが必要であり、大切であるが、グループの運営や対外的な交流などは、ボランティアが責任をもって行うことが重要である。また、ボランティアコーディネーターや担当者も、ボランティアの主体性が大切であることをよく認識し、ボランティアやグループの立場や役割などについて、ほかの職員と共通認識をもてるように努めることが求められる。

　ボランティアグループの組織化のためには、核となる人が積極的にその活動の意義や社会的価値の高さを直接ボランティア（希望者）に伝え、賛同者を募ることが必要不可欠である。

2　会合の定例化

　ボランティアグループの活動はさまざまな現場で行われており、その活動は多様であり、定期的にメンバーが集うことは難しいであろうが、メンバーの定例会は、互いの活動の確認や共有、課題解決、活動の質や意識の向上のためにも、できれば毎月決まった日時で開催することが望ましい。あるグループは、毎月第3日曜日の13：30〜16：00位までの定例会を行い、16年間を数えるが、中止したのは、1995（平成7）年1月の阪神・淡路大震災の時だけという。このような定例会の開催は、参加者からのグループへの信頼が大変強いものになる。出向けば必ず開催されているという信頼感である。せっかく会合に行ったのに誰もいなかった、次はいつ開催されるのか明確でない、わかっていても毎月、開催日が変わるなどというようなことは、参加者の不信感と不安感が増す原因となる。

3　機関紙の発行

　機関紙というと大層に聞こえるかもしれないが、定例会の様子や決まったことを、たとえA４判１枚でも記録して、すべてのメンバーに配布する。そうすることによって、グループの状況がメンバー間で共有でき、欠席した場合にも疎外感がなくなる。大阪市阿倍野区内の「サロンあべの」では、1986（昭和61）年の発足から毎月、機関紙を発行し、一度でも参加した人には、郵送や手渡しなどで、必ず届けるようにしている。それによって、さまざまな事情で参加できない人でも、毎月のグループの様子がわかり、数年ぶりに出席という場合でも抵抗なく参加できる状況になっている。機関紙の発行や配布は、グループの暖かさを感じるとともに、グループ活動の記録にもなり、またメンバー以外の人に対しては、グループの広報紙としても一役買うという、一石二鳥にも三鳥にもなるのである。

定例会開催後、必ず発行される機関紙。左下が、1986年から毎月発行されている大阪市阿倍野区内の「サロンあべの」の機関紙

4　会費をはじめから集めない

　組織活動には、「ヒト」「もの」「金」「情報」が欠かせないことは前述したが、組織活動が始まって、当面出てくる課題は、「もの」と「金」についてである。たとえば、会議や打合せをする会場、その利用料、機関紙の発行費用や印刷方法、最近はインターネットの利用であまり課題にはならないが、郵送などに伴う費用、研修会をする場合の講師への謝礼金などが考えられる。そこで会費徴収ということになるが、発足直後のメンバーの意思は、統一されているとは言いがたい。理念の共有が充分に行われていない状態で、金銭の徴収をすることは、金高にかかわらず、多少の抵抗感があると考えた方がよい。規約などの制

定のまえに、メンバー間の意思疎通を図ることがより重要である。したがって、金銭の徴収には、安易に走らず、メンバー間の理解を充分に得ながら、必要に応じて実費を徴収する。あるいは、無償で得られる社会資源を利用するなどの工夫をした方がよい。発足直後は、会員・非会員を区別することなく、出入りが自由という雰囲気をつくり、安心感を与えることによって、そのなかで互いの信頼感を構築することを大切にすることが重要だと考えられる。

活動が一定程度進行し、メンバー間の人間関係が安定し、凝集性が高まってきた時点で、「もの」と「金」といった物理的な課題の解消に着手しても遅くない。

3 テーマ型組織の運営

1 メンバー間のコミュニケーション

テーマ型組織のボランティア活動は、もともと専門家が行っていたものを、より多くの機会をつくり、より多くの人たちへの支援を展開したいという視点で始まったものが多い。たとえば、音楽療法から派生した歌体操、図書にかかわる活動、住宅改造や福祉機器製作、パソコン指導など、広範な活動が展開されている。これらの組織の特徴は、役職なども設定するが、これまでのピラミッド型の上意下達の関係ではなく、放射線型で、役職者を中心にメンバーが水平の関係にあることである。グループの掲げるテーマに関心がある人が集まってきていることから、グループのメンバーが相互に楽しもうという視点が強い。活動に関する技術や専門性も重要ではあるが、まずメンバー間のコミュニケーションを大切にする立場といえよう。

「ボランティア・モチベーション」（▶キーワード、p.211）は、利他主義アプローチと利己主義アプローチ、さらに複数動機アプローチという3つの考え方があるが[1]、言いかえれば、従来型と今日型の考え方の違いということができ

る。今日型の傾向としては、「楽しく、気負わず」「自己学習的」「ネットワーク型、豊かな関係づくり」などがあげられる（表12－1）。

表12－1　ボランティア今・昔

今日型の傾向	従来型の傾向
自治・自律	慈悲・救済的
楽しく、気負わず気楽に	自己犠牲、忍耐
双方向、たすけられたりたすけたり	一方的、受け手と担い手が固定的
自己学習的	教育的
経費は必要	すべて無償
ネットワーク型、豊かな関係づくり	直線型、一対一関係

資料：上野谷加代子・竹村安子『おおさか発地域福祉実践論―今川ボランティア部』万葉舎　2004年　p.20（抜粋）

2　リスクの解決

　グループの活動の進展とともに、「われわれ」感情[2]が発達し、求心力が高まると同時に、孤立者や、二人組、三人組[3]というような分派活動も生じてくる。グループの中心者にとって、そうしたメンバーへの対応は極めて重要である。また、活動が活発になるほど、さまざまなリスクが生じてくる。ここで大切なことは、リスクの解決法（→キーワード、p.211）と、解決への意気込みである。解決法には、退去、制圧、多数決、少数派同意、妥協、統合があるとされているが、このうち統合は、「全員に満足できるような結論がグループに下されるまで、相反した意見が討議され、比較考量され、補整される」もので、最も分別ある方法とされている[4]。つまり、リスクの解決に際して、メンバー間の意見交換が徹底してなされ、解決を通して、グループの一層の成熟に寄与する結果をもたらすのである。さらにリスク解決の一連のプロセスをメンバー間で、いかに建設的に、誤解を恐れずに表現すると、いかに楽しむかという意気込みがあるグループは、発展の向上も著しい結果を生み出していく。

3 当事者との関係

　福祉や医療にかかわる分野では、ボランティア活動の対象が高齢者や障害者の場合、活動や交流を通して、それらの当事者とボランティアの人間関係が深くなっていくのは当然である。ボランティアの活動の社会的な意義が深いほど、当事者の関心が深まることも当然である。当事者のなかで社会参加への意欲が湧いてきた場合、ボランティアとともに活動に参加したいという欲求がでてくる。ここで成熟度の高いグループでは、この当事者の活動への参画を検討することになる。当事者の参画は、グループにとって、ニーズへの対応の深まりや、ほかの当事者へのかかわり（ピアヘルプ）につながることもある。こうして、ボランティア活動の対象であった当事者が、ボランティアとの協働を通して、ボランティアとしての社会的な役割を果たすことにもつながるのである。そして、ボランティア活動を「する側」と「される側」という壁を取り払うことにつながっていくのである。

4　エリア型組織の運営

1　地域診断・住民アンケート

　住民の日常生活の基礎範囲を小地域（「地域」の概念はさまざまであるが、ここでは、小地域という）と規定した場合、小地域とは、たとえば、都市部では小学校区や自治会、地方では集落や隣保組織のようなエリアと考えられる。なお、地域活動を行う組織として、すでに組織化されている住民組織があるが、ここでは、新たに活動を開始するボランティアグループを前提とする。

　小地域をエリアにボランティア活動を行うには、地域の実情を把握する必要がある。歴史や文化・風土、商・工業地、住宅地、住宅の構造（一戸建て、マンション、賃貸、持ち家など）、住民の年齢構成、ひとり暮らし世帯の割合（高齢者中心か、若い世代中心か）など、地域の状況を把握することが必要である。

次に、すでに組織化されている住民組織の状況、リーダー層の傾向、さらにいえば、役員間の力関係も重要な要素である。住民にとって、新しい活動への期待と不安は表裏一体である。ネガティブな要素をポジティブな状況に変化させるために、役員の協力は不可欠である。そのためにもよい人間関係をつくる機会をみつけ、交流しておくことは重要なポイントである。

　こういった診断とともに、住民のニーズを把握するためには、住民アンケート（→キーワード、p.212）を行うことも重要である。アンケート調査は、対外的には、活動の必然性の証明になり、グループのメンバー間では、地域活動を展開する意義の共有にもつながる。ただし、住民へのアンケートは、世帯や世代によって、回答への協力の難易度が異なるので、結果がアンバランスにならないように、実施には充分注意する必要がある。

2　活動展開と住民との関係づくり

　「ヒト」「もの」「金」「情報」のなかで、地域での活動では、特に、「もの」「情報」の入手について、住民といかに連携できるかが重要である。活動拠点、それに伴う物品などの確保について、住民の協力を得ることが、その後の活動のしやすさに深く影響する。また、調達品について、地元にあるものはできるだけ地元で購入するなどの姿勢も大切である。情報についても、住民のさまざまなネットワークから入手できるよう、人間関係を構築していく努力は欠かせない。この辺の「気遣い」を疎かにして、住民との関係がうまくいっていない事例は、これまでにも多々あるので注意が必要である。

3　グループ運営に住民代表を

　地域での活動の展開においては、グループの役員として、住民組織から参画してもらうことが重要である。そのことによって、グループの運営を住民に見られるという不安をもたらす反面、メンバー間の緊張と協力が高まるという

利点がある。さらに住民代表がグループ運営に積極的になった場合、住民への有効なアプローチや活動を展開するうえで、地域の実情でクリアしなければならない課題解決への糸口や早道の方法を提供されることなどがあり、グループ運営にとっての利点も考えられる。

4　住民との共通基盤や共有づくり

住民との交流を深めるために、グループからの住民への情報提供も重要である。具体的な方法として、講演会を開催して、社会的に新鮮な情報を提供することや講座開催で知識の提供をすることなどがある。これにより住民がボランティアとして参加することにつながることも考えられる。また、広報紙をメンバーだけではなく、住民へも広く提供することにより、住民の関心を高めることも大切である。

地域には発掘されていない人材が多数存在する。既存の活動だけでは満たされていないと感じている人も多い。そういった住民を糾合していくことも重要である。学習や広報を通じて、幅広い住民に呼びかけ、新たな活動に参画の機会をつくっていくことは、地域活動への住民参加を促すとともに、活動の活性化にもつながっていく。

住民組織の役員や住民とのさまざまな有効な交流の機会を演出していくことは、地域で活動を展開するうえでの住民との共通基盤や共有づくりとして重要である。

5　地域活動のこれからの方向性

都市化する現代社会のなかで、人間関係の希薄化はますます進行している。一方で、阪神・淡路大震災以降、地震や水害が多発するなかで、住民間のコミュニケーションの重要性が指摘されている。ここまで、テーマ型、エリア型のボランティア活動の組織運営について考えてきたが、既存の住民組織と、ボラン

ティアやNPOの組織が、今後、協働することの重要性はさらに高まるであろう。現に既存の住民組織が、NPO法人格を取得し、介護事業などに着手する例もでてきている。今後は、これまで相対する概念としてあった、地域の共同体的発想と個人の自由な活動を基本とするボランティアやNPOの発想をどのように作用させあって、構造化していくべきかが問われている。コミュニティにおける、多様な立場からのコミュニケーションが求められているのである。

5　人材育成

1　3つの研修

　ボランティア活動をより広く推進していくためには、新しい人材の育成、組織を運営していくためのリーダーの研修などは必要不可欠であり、人材育成はどのボランティア組織でも重要な課題となっている。各自の目的に合った適切な研修、講座をメンバーに提供することもボランティア組織の役割の1つである。研修には3つの方法がある（表12-2）。

表12-2　研修方法の種類

研修方法	内　容
①OJT（オン・ザ・ジョブ・トレーニング）	仕事を通じて研修・育成する
②Off-JT（オフ・ザ・ジョブ・トレーニング）	集合研修
③SD（セルフ・ディベロップメント）	自己啓発

資料：松本修一『新・共感のマネジメント』大阪ボランティア協会　2008年

①OJT（On the Job Training：オン・ザ・ジョブ・トレーニング）
　業務に必要な知識・技術を実際の業務を通して習得する研修・訓練のことである。集合研修（Off-JT）で、受講者が「期待していたものとは違う」という

不満をもっていることがよくある。その多くが、グループや職場での個別の問題を解決できるという期待をもって受講した場合である。日常業務の個別の課題解決は、OJTによって、学習・解決することが肝要である。その解決のための学習においては、本人の問題解決のための思索、発見のプロセスが大切である。「コーチング」という手法は、そういった視点から考えられたものであり、指導者（リーダーや先輩）は、本人の主体性を引き出しながら、研修を進めていくことが求められる。

②Off-JT（Off the Job Training：オフ・ザ・ジョブ・トレーニング）

職務の遂行を通じて教育を行うOJTに対して、職場以外で行われる研修・訓練のことである。Off-JTは、問題解決のための思索・発見のベースとしての手法や知識、情報を得るための研修である。近年は、さまざまな手法の研修が用いられており、特に受講者間の交流や情報交換も集合研修の大きな柱となっている。Off-JTで学習したことは、グループや職場において報告したり、共有する機会を増やすことにより、さらに受講者自身にとっても血肉となるものである。したがって、集合研修を受講した者だけではなく、修了後は、研修で得た手法や知識、情報をグループや職場内で共有しようという風土づくりが重要である。

③SD（Self Development：セルフ・ディベロップメント）

3つの研修のなかでは、SDが最も自発的なものといえる。しかし、人は日常生活の忙しさにまぎれ、なかなか自己研さんの環境をつくることは難しい。グループ全体が自己啓発・研さんに前向きに取り組む環境づくりが求められる。そのためには、常に活動の課題を明確にしたり、問題意識を確認しあうことや、自己研さんの成果を共有するための発表の場を設定することなどが重要である。

近年は、受講者が島型に分かれて意見交換をする、参加形式が主流になっている

2　3つの講座形態

　講座において、受講者が自身の目的と違う内容であったと不満を告げられる場合がある。これは、主催者の開催目的が明確でない場合が多い。講座開催の目的には、大きく、①啓発目的、②人材養成目的、③スキルアップの3つがあると考えられる。講座の主催者のなかには、この区別が明確でない場合が多い。研修を効果的にするためには、①から③のように目的を明確化にすることが必要不可欠である。

　啓発が目的の場合は、広報もよく目立つものがよいし、参加（受講）者も、数百人であっても可能である。たとえば、精神保健や海外支援など、人権や人命にかかわる講演会などは、受講者にとって、まずは知識として得たいということが中心になっている場合が多いからである。

　実際に継続的な活動やイベントなど、一時的な協力が必要な人材養成が目的の場合は、主催者の活動内容が受講者にきちんと伝わり、講座修了後の活動に参加してもらうことが目的であることを周知しなければならない。受講者数もせいぜい100人までが限度であろうし、質の高さを考えると、30人程度が適切である場合もある。知識として得たいという受講者に、修了後の活動を説明して自身の意図と違うと言われる場合や、活動が目的の受講者に、啓発的な内容で、不満を告げられることがないように、主催者は、開催目的や受講対象者を明確にして、講座を行うことが求められる。

　現在すでに活動をしているボランティアが、知識や技術の向上を求めることは、喜ばしいことであり、グループリーダーは、そのことにきちんと答えていかなければならない。

　ボランティア養成の講座（初級）を開催して、すでに活動中のボランティアもいっしょに受講するグループがあるが、これでは、ボランティアのモチベーションは下がる。スキルアップの講座は、メンバーを増やすための広報技術、組織運営に関わる集金技術、あるいは、組織内のグループの中心者になるための指導者育成など多様なものがあるが、それぞれのニーズに合わせ、数段階の設定が必要

である。これには費用もかさむかもしれないが、人材養成には、ボランティアのレベルにあった講座を開催していくことは不可欠である。費用の点では、受講者負担も一緒に考えながら、それに見合ったレベルの講座を開催していきたい。

> ### 読者の皆さんへの質問
>
> Q1　ボランティア活動の技術が専門化すると、ボランティアがもつスキルに格差が生じるが、このことと、メンバー間の人間関係をどのようにバランスをとるのがよいと考えますか。
> Q2　リスクの解決法では、「統合」が最も良いとされますが、物理的時間が非常に必要です。現実的対処としてどのようなことが重要と思いますか。
> Q3　これからのコミュニティにおいて、地域活動（エリア型）とテーマ型の活動の融合が重要ですが、どのようなアプローチが考えられますか。

ボランティアを読み解くキーワード

▶ボランティア・モチベーション

　ボランティア・モチベーションには、①利他主義（Altruism）アプローチ、②利己主義（egoism）アプローチ、③複数動機アプローチの３つの考え方がある[1]。
　①は、自己犠牲的な発想で活動する。宗教的な価値観と結び付くこともある。
　②は、自分勝手な存在と解釈する立場であり、これには、❶一般交換理論（巡り巡って自分の益となると考えてする行為とする考え方）、❷投資理論（自分への投資とする考え方）、❸消費理論（旅行やスポーツのように、自分の楽しみのために行うとする考え方）の３つの代表的な理論がある。
　③は、①と②の両方をあわせもつ。またそれ以外の動機も含む複数の動機により活動する立場である。

▶リスクの解決法

　グループ活動のなかで、メンバー間にさまざまな葛藤が生じ、その解決の方法として、コノプカ（Konopka, G.）は、①退去（身をひく、逃げ出す）、②制圧（最

も有力な個人あるいはサブ・グループが力を誇示することで、自分（たち）の見解を受け入れさせる）、③多数決（少数派の参加を含み、上記の制圧ほど専横ではないが、少数派制圧の一種）、④多数決への少数派の同意（協議が行われ、多数決に少数派が従うことに同意する。制圧の要素はない）、⑤妥協（双方満足ではないが、各自の提案に制限が加わることに同意）、⑥統合（全員が満足できる結論が下されるまで、相反した意見が討議され、比較的考量され、補整される）の6つをあげている[5]。

これは、グループの意思決定の過程においても類似するとされており、本文では、その視点で引用している。

▶住民アンケート

地域活動の展開を始めるにあたって、住民の意識や意向、ニーズの数量的な傾向などを把握するために行う。社会福祉協議会の住民アンケートでは、実態を把握するとともに、活動の開始を促進し、住民が積極的にかかわれるようになるきっかけとしても役割を果たす意味もある。

【引用文献】

1）川口清史ほか編『よくわかるNPO・ボランティア』ミネルヴァ書房　2005年　p.114
2）J. M. ストーン著（大利一雄ほか訳）『ボランティアのグループ指導入門』勁草書房1987年　p.59
3）同上書　pp.59-60
4）前掲書1）　p.114
5）大利一雄著『グループワーク』勁草書房　2003年　pp.167-168

【参考文献】

- 川口清史ほか編『よくわかるNPO・ボランティア』ミネルヴァ書房　2005年
- 松本修一『新・共感のマネジメント―市民活動団体のリーダー、スタッフに知ってほしい組織運営のポイント』大阪ボランティア協会　2008年
- J. M. ストーン（大利一雄他訳）『ボランティアのグループ指導入門』勁草書房　1987年
- 上野谷加代子・竹村安子編『おおさか発地域福祉実践論―今川ボランティア部』万葉舎　2004年
- 兵庫県社会福祉協議会編『地域福祉活動リーダーのための小地域福祉活動の手引』筒井書房　1998年

第12章　ボランティア組織の運営

私にとってのボランティア

出会い、ネットワークは人生の宝物

　19歳の時に地域の子どもたちを援助する活動を頼まれて、何気なく引き受けたのが、ボランティア活動の始まりだった。当時はボランティアという意識もなく、子どもたちとソフトボールや秋のハイキング、夏のキャンプ、冬のアイススケートなどに興じることが楽しかったのだが、それ以上に、私に影響を与えたのは、一緒に活動したリーダーたちの存在だった。同年代の人から、20歳以上年長の人まで、15人ほどでさまざまな地域活動を展開した。子どもたちが参加する本番の活動以外にも、毎月の定例会をはじめ、行事ごとの打合せ会、市レベルの研修会、行事の反省会、忘年会や新年会などもあり、相当濃密な人間関係があった。

　職業もさまざまで、価値観もバラバラである。キャンプのプログラムひとつをとっても、喧々囂々侃々諤々と数時間話し合ったりもする。そんな活動を通じて学んだことは多いが、大きく2つのことがいえる。1つは、中心者であったOさんのリードである。Oさんは、家内工業の細々とした商売をされ、高学歴でもない。しかし、地域の子どもたちを大切にし、会議の話し合いがもつれても、じっと聞きいったあとで、子どもたちの視点での結論を話し、みんなをまとめていた。結局、みんながOさんを信頼し、集うことの喜びを実感していたのだと思う。もう1つは、このこととつながるのだが、それほどぶつかり合っても、活動を離れる人がいなかったことだ。年齢差も大きく、若いほうの私は、鬱陶しいと思うこともあったが、それ以上に大人の社会のいろいろなことを学べることに新鮮さと魅力を感じていたのだ。

　19歳からの11、12年間の地域の人たちとの出会いと活動は、その後の生き方にも影響している。多くの出会いが、人生にとってどれほど大切かという観点を植えつけてくれた。出会い、ネットワークをつくるということは、生活のなかでとても大切で、人生の宝物になるものだが、ボランティア活動を通しての出会いは、尽きない原石だらけである。そう、ボランティア活動は、出会い、ネットワークづくりの宝の山だと断言できる。

（脇坂博史）

第13章
ボランティアの可能性と展望

1 ボランティアへの第一歩

1 「かかわること」で生まれる新しい「出会い」と「つながり」

　阪神・淡路大震災で被災した人々を支援するための支援グループである「ながた支援ネットワーク」に参加したボランティアたちの声を集めた一冊の本がある(『ボランティアと呼ばれた198人─誰が神戸に行ったのか』(1995年))。「なぜ、ボランティア活動に参加したのか」という問いに対して、多くのボランティアたちは、「いてもたってもいられなかった」と語っている。「いてもたってもいられない」という気持ち、それは「ボランティア活動の動機」という以前の、人を動かす内的な気持ちの高まりをあらわした言葉だと思う。もちろん、これは阪神・淡路大震災という未曾有の大災害であり、連日テレビやマスコミで大々的に取り上げられたため、多くの人がそのような気持ちを抱くことになったことは想像に難くない。しかし、人は日々の生活のなかで「いてもたってもいられない」気持ちになる時があるのではないか。ボランティア活動の出発点は、この「何かをしたい」という思いではないだろうか。これは、問題に「気づく」とか「切実さをもつ」とか、「自分の問題として考える」とか、「他人事としてとらえない」などということもできる。

　阿部志郎は、ボランティアについて次のように述べている。

物が豊富になればなるほど、「心の貧しさ」が目につきます。お互いに、少しでも心を豊かに、生活を美しくするためにも、そして、誰もが「共に生きる」福祉社会を築くために、他人と勇気を持ってふれ合うこと、見ず知らずの人と縁を結び、これを育てることを提案したいと思います[1]。

　つまり、ボランティアとは、「他人と勇気を持ってふれ合うこと」「縁を結び、これを育てること」だという。
　金子郁容も、ボランティアを次のように説明している。

　あるきっかけで直接または間接に接触するようになった人が、なんらかの困難に直面していると感じたとしよう。ボランティアとは、その状況を「他人の問題」として自分から切り離したものとはみなさず、自分も困難を抱える1人としてその人に結びついている「かかわり方」をし、その状況を改善すべく、働きかけ、「つながり」をつけようと行動する人[2]。

　阪神・淡路大震災に駆けつけたボランティアたちは、「いてもたってもいられなくなった」と述べているが、これは、ブラウン管やさまざまな情報を通じてそこに暮らす人々の「困難」を「他人の問題」とはせずに、「勇気をもって」、「かかわること」を選択したということだろう。
　考えてみれば、私たちは他人とかかわりあいをもたなくても十分暮らしていけるし、かかわりをもつということはいつでも感謝されたり、いいことばかりが起こるわけではない。つまり、まったくの赤の他人とかかわるということは、リスクを伴う行為であり、「勇気」が必要なのである。人がどの問題に気づき、その問題と自分との間になんらかの結びつきを感じるかは、人それぞれでよいはずである。地球規模の環境汚染を自分の問題として「かかわること」を選択する人もいるだろう。発展途上国の子どもたちの問題を自分の問題として「かかわること」を選択する人もいるだろう。地域の問題を自分の問題として「かかわること」を選択する人もいるだろう。共通していることは、社会という1

つの網の目のなかで、その問題が自分となんらかの形でつながっているという感覚をもち、それにかかわるということである。自分が何の問題と勇気をもってかかわるか。それは、まさに自発性の問題である。

　したがって、ボランティアとは、なんらかの問題を感じ取り、その問題に切実さをもつことでいてもたってもいられなくなって、勇気をもってかかわることを自分で選択した人である、といえるのではないだろうか。勇気をもってかかわることによって、新しい「出会い」が待っている。新しい出会いは、新しいつながりが生まれるということでもある。ボランティアは、お金や命令ではなく、自分の意思でこうした新しい出会いや、つながりを求めていく人なのである。

2　ボランティアの「関係性」

　もちろん、勇気をもってかかわったとしても、それが単なる「おせっかい」だったり、「迷惑がられる」というリスクも存在する。原田隆司は、「『よいこと』と思い込んでいるからこそ続くのだし、一生懸命なのだろう。しかし、そのことが、結果として相手を深く傷つけてしまう。ボランティアにはそのような奥深さが潜んでいるのだ[3]」と指摘している。特に福祉のような「相手」が存在する場合のボランティアの場合は、相手との「関係性」を無視することはできない。

　自分たちが「勇気をもって」かかわることを選択したとしても、その新しい出会いには「相手」がいることを忘れてはならない。私が求めるそのかかわりを相手が求めていなかったり、相手の気持ちを無視していては、それは「相手を深く傷つけてしまう」のである。私たちの日常を考えてみれば、それは当たり前のことかもしれない。しかし、そんな当たり前のことを、ボランティアという行為を通じた新しい出会いやつながりのなかでも常に考えておかなくてはならないだろう。

3 ボランティアを求めるということ

　そもそも人はどうしてボランティアの応援を求めるのだろうか。ボランティアの応援が求められている問題の背後には、大げさに言えば、なんらかの「社会問題」が隠されている。ボランティアという不確定で、頼りにならないかもしれない人に応援してもらいたいと考えるのだから、逆に考えれば、今ある頼りになるもの（行政や企業、家族）ではなんともならない問題を抱えているということを意味しているとはいえないだろうか。制度やお金ではなく、ボランティアという「かかわりたいという意思」にかけざるを得ないのっぴきならない事情を抱えた問題が存在しているということである。

　もちろん、すべてのボランティアへのニーズがそういった深刻な問題を抱えているわけではない。施設のお祭りや、行事へのボランティアは、比較的簡単に参加できるボランティア活動の1つだろう。しかし、たとえば、施設やそこに暮らしている人が地域社会に十分に溶け込んでいないとか、偏見をもたれているという課題が背景にはあるかもしれない。このように、ボランティアを求める背景には、安易なボランティアの募集を除けば、活動内容が簡単か難しいかという問題ではなく、ボランティアという自発性にかけざるを得ないなんらかの問題が背景に存在しているはずなのである。

　ボランティアの可能性を考えるうえでは、この「背景にある社会問題」に留意することが必要であろう。人が、ボランティアという不確定で頼りにならないかもしれない「意思」にかけざるを得ない状況、既存の制度や資源では解決のできない問題の存在、そうしたことに気づき、自分とのつながりのなかでそれをとらえるようになったときが、ボランティアが社会を変えていく第一歩を踏みだす瞬間なのではないかと思う。

4 問題を知り、解決に動く

　出会いを通じて、ボランティアの応援を求めている人たちの背景にある社会

問題を知るようになるのだから、ボランティアにかかわるということは、もしかすると日々の生活のなかで考えなくても問題がなかったようなことや、自分とは直接関係のなかったことを背負い込むというリスクを負うことになるかもしれない。知らなかった問題に自分も当事者として直面することで、悩み、自分ひとりの力やボランティアの力の無力さを思い知らされることになるかもしれない。しかし、逆にいえば、それは新しい発見であり、ないものを創造していくやりがいでもある。制度や行政ではどうしようもない、もしくは解決できない問題を当事者とともに解決していくという創造的な挑戦ともいえるだろう。誰もやっていないこと、やれないこと、気づいていないこと。制度やお金では解決できないこと。それを自発的なボランティアの力で解決できるかもしれないのである。ボランティアという社会全体からみれば小さな波紋が、もしかしたら大きな変化につながっていくかもしれない。ボランティアはそうした可能性も秘めているのである。ボランティアがかかわる問題には、「本来なら制度で解決すべきもの」と思われるものもあるかもしれないし、「制度ではどうしてもできないもの」もあるだろう。いずれにしても、それらが、現在解決されていない問題であることに変わりはない。

　次節では、こうしたボランティアのもつ社会を変えていく可能性を、「ボランタリズムの可能性」として簡単に素描してみたい。

2　福祉の原点としてのボランタリズム
　　　―ボランタリズムの逆説を超えて―

1　福祉はボランティアから始まる

　私が専門にしている社会福祉の歴史は、ボランティアの歴史であるといってもいい。いつの時代でも、新しい活動は常にボランティアから始まったのである。たとえば、イギリスで19世紀に始められた慈善組織協会（COS：Charity

Organization Society）の活動や、セツルメント運動は、ソーシャルワークの原点として有名である。こうした活動は、いずれも多くのボランティアの市民たちによって支えられていた。もちろん、その援助理念は、現代からみれば時代遅れな面をもっているとしても、社会福祉の援助（ソーシャルワーク）の原型が、これらの活動にあったことは歴史的な事実であり、この時代の社会福祉は、ボランティアを中心とした民間の社会福祉によって支えられていたのである。

　もちろん、ボランティアが中心になる社会福祉には限界があった。社会福祉の問題の背景には、個人の責任ではどうしようもない社会問題が存在しており、福祉を権利として認め、政府によってそれを保障する必要があることが次第に明白になっていった。また、その援助は、ボランティアだけでは限界があり、専門的な知識と訓練を受けたワーカー（ソーシャルワーカー）が必要なことも次第に明らかになっていった。

　そこで、20世紀になると、ソーシャルワーカーのための学校が作られ、それまでボランティアで行われていた援助の方法や技術が体系化され、専門職としてのソーシャルワーカーが誕生した。同時に、20世紀の先進国は、福祉国家を目指し、ボランタリズムによって先導されてきた福祉は、国家に吸収されていくことになった。

　しかし、このことを単純に「ボランティアによる福祉の限界⇒政府による権利としての福祉と専門職の成立⇒ボランティアによる福祉は不要になる（べき）」と理解することは誤っている。たとえば、岡村重夫は、社会福祉を「法律による社会福祉」と「自発的な社会福祉」を区別したうえで、「『法律による社会福祉』が社会福祉の全部ではない。いな全部であってはならない」とし、「法律によらない民間の自発的な社会福祉（voluntary social service）による社会福祉的活動の存在こそ、社会福祉全体の自己改造の原動力として評価されなければならない」と指摘している[1]。つまり、ボランティア活動を中心とした民間の自発的な社会福祉が、社会福祉を変えていくための力（原動力）として重視されているのである。

また、岡本榮一は、社会福祉の構造を「制度的保障体系」と「直接的住民（市民）参加体系」としてとらえ、この2つの体系が時に協働しながら、時に拮抗しながら、豊かな社会を創出していくというモデルを提示している（図13-1）。制度的保障体系とは、すでに述べた「福祉国家」における「法律による社会福祉」であり、直接的住民（市民）参加体系とは、市民的自由に支えられた住民・市民の「ボランタリー」な「自発的な社会福祉」である。このように、岡本に

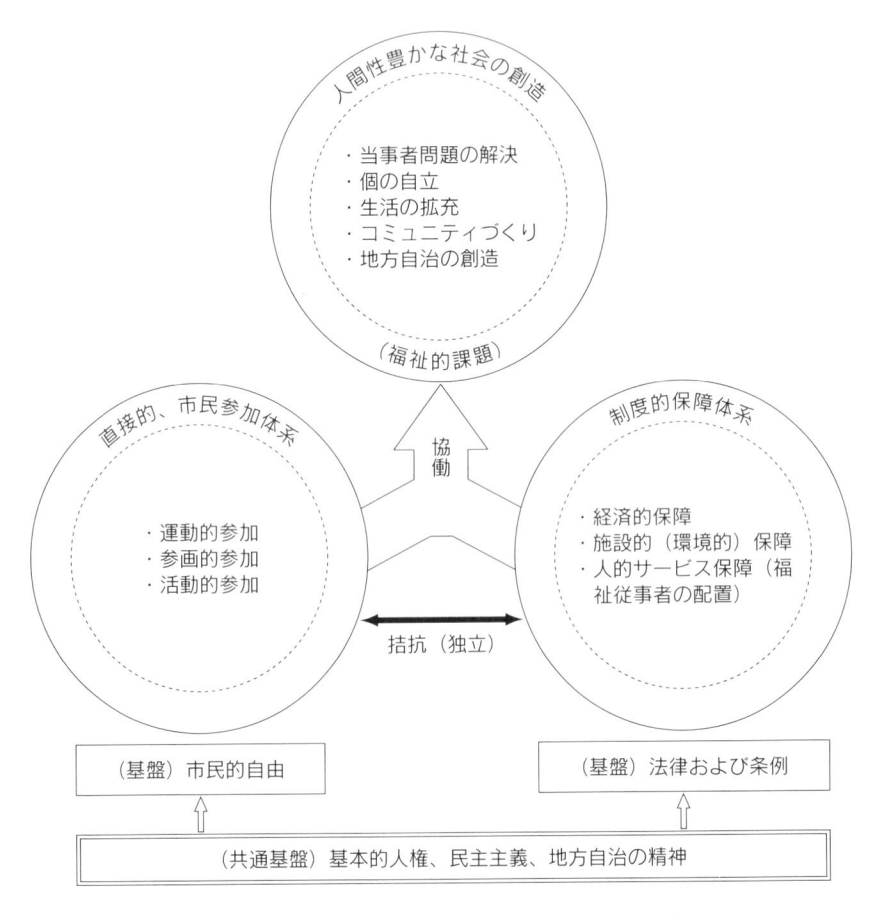

人間性豊かな社会の創造
・当事者問題の解決
・個の自立
・生活の拡充
・コミュニティづくり
・地方自治の創造
（福祉的課題）

協働

直接的、市民参加体系
・運動的参加
・参画的参加
・活動的参加

制度的保障体系
・経済的保障
・施設的（環境的）保障
・人的サービス保障（福祉従事者の配置）

拮抗（独立）

（基盤）市民的自由　　（基盤）法律および条例

（共通基盤）基本的人権、民主主義、地方自治の精神

図13-1　制度的保障と直接的市民参加との関係

出典：岡本榮一・大阪ボランティア協会編『ボランティア＝参加する福祉』ミネルヴァ書房　1981年　p.37

よれば、ボランティアをはじめとした住民の自発的な福祉は、問題解決や豊かな地域社会を作り出していくために制度と協働する関係であると同時に、問題点や不十分な点についての建設的な批判を通じて問題提起をしていく存在として位置づけられているのである。

以上のように、現代社会においては、福祉国家の「法律による社会福祉」を基盤とした「制度的保障体系」と、ボランティアなどの「民間の自発的な社会福祉」を基盤とした「直接的住民（市民）参加体系」の両者が不可欠の存在なのである。そして、ボランティアは、民間の自発的な社会福祉の主要な担い手として、既存の制度と協働すると同時に、問題点を指摘し、先駆的に新しい活動を作り出すことで、「社会福祉全体の自己改造の原動力」となっていくことが期待されている。

2　ボランタリズムの逆説を超えて

岡田徹は、本来ボランタリズムによって始まった社会福祉が、専門化し、国家化することでその本来の意味を失っていくことを「ボランタリズムの逆説」といっている。そして、ボランタリズムを失った福祉は、「魂なき専門人」となってしまう危険性がある、と警告している[5]。

すでに指摘したように、自発性に基づいたボランティア活動は、福祉の原点であると同時に、これからの新しい福祉を創り出していくための原動力でもある。新しい福祉を創り出すという創造性や開発性、そしてその構想力を失うことが「魂なき専門人」だとすれば、それに警鐘を鳴らすことは、ボランティアによる「自発的な社会福祉」の役割である。

ここまで、ボランタリズムと社会福祉との関係を取り上げて考えてきたが、ボランタリズムと専門職の問題は、福祉の分野に限ったことではないだろう。あらゆる専門職は、強弱の違いはあれ、かつては「ボランタリズム」に基づいており、それが次第に専門職化し、他の専門職との住み分けのなかでそれを強化してきたのである。どのような専門職であっても、それが職業化され「いて

もたってもいられない気持ち」を忘れたとき、与えられた仕事をこなすだけの「魂なき専門職」となってしまう危険性があるのである。

したがって、どのような分野であってもボランティアやそれを支援する人には、「なんらかの背景にある社会問題」に気づき、新しい社会の姿を構想していく創造性や開発性、構想力を失わず、伝えていくことが大切ではないだろうか。今の社会や制度のなかではどうしても解決できない問題や困難を、どうにか切り開いていくという活動のなかから、新しい社会の構想が生まれてくる。そして、その新しい「構想」を、多くの人とともに共有し、育てていくことで、ボランティアから社会を変えていく道筋が見えてくる。それが、岡本榮一のいう既存の福祉のあり方や、専門職と協働しながらも、拮抗するという役割であり、専門職の「ボランタリズムの逆説」を克服する道でもあるのである。

3　ボランタリズムの可能性

社会福祉を学ぶカリキュラムのなかでは、既存の「制度」（たとえば、介護保険法や障害者自立支援法）を学ぶことや「技術」（援助技術といわれる一連の科目）を学ぶことが中心になってしまい、「ボランティア」について学ぶことは「付け足し」のように扱われている。しかし、すでに指摘したようにボランティアの原点であるボランタリズムは、社会福祉の原点でもあり、それを忘れることは「ボランタリズムの逆説」でみたように、「魂なき専門人」を作り出してしまう危険性をはらんでいるように思われる。

すでに述べたように、ボランティアの魅力は、なんらかの問題に自分から動き出すことで、新しい出会いや関係が生み出され、それが大小さまざまな広がりを生み出し、問題解決へとつながっていく可能性にある。金子郁容は、ボランティアを「個人がひっそりとやる、大勢に影響のない『小さい美しいこと』と捉える従来の考えかた」ではなく、「もっと広く深い可能性を持っている」と見ている。そしてその可能性を、「ボランティアの提示する関係性、つまり、個人や社会への『かかわり方』と『つながりのつけ方』は、社会を多様で豊か

なものにする、新しいものの見方と、新しい価値を発見するための人々の行動原理を提示するものであり、社会の閉塞状況を打破するための一つの窓」になると指摘している[6]。お金や命令ではなく、自発的に動くというボランティアの行動原理は、権利・制度としてあるべき福祉の補完的な役割を超えたもっと大きな可能性をもっていると考えるべきであろう。ボランティアを、労働力を無償で提供しているという「資源」としての物差しだけで考えるのではなく、そこで生まれる新しいさまざまな出会い、新しい関係とそこから生み出される小さな風穴を社会に開けていくという可能性にも着目していきたいのである。言いかえれば、小さな活動が、出会いになり、そこでのつながりが自分を変えるだけではなく、社会を変えていくという可能性をもっていることがボランティア活動の可能性であるといえるのではないだろうか。そして、それを支えているのは、ボランティアが誰かの命令や、利益があるかといった動機ではなく、やむにやまれぬ気持ちで動き出そうとする、その自発性にあるのではないかと思う。こうしたボランティアがもっている豊かな可能性をここでは「ボランタリズムの可能性[7]」と呼びたい。

4　ボランティア活動の展望

　ボランティア活動の展望は、私たちの「自発性」のもつ力の可能性をどう考えるかということである。私たちの「自発性」のもつ力の領域は、広がっているのだろうか、それともますます小さいものとなってしまっているのだろうか。
　近代社会は、政府や市場といった力が拡大していくことで成立した。私たちの生活の多くの部分は、政府や市場の力に頼らなければ成り立たない。一方で、近年のNPOなどへの注目は、政府や市場だけではない「新しい公共」の再発見であり、その担い手としての期待でもある。公共的なことがら、つまり「みんなの問題」は、決して参加者の自由な取引（市場）を通じてのみ解決されるわけではなく、だからといって政府がすべてを解決できるわけではない。私たち一人ひとりの自発性や主体性、そしてその集積を地域や社会の自治力とする

ことが、政府や市場の仕組みとともに社会を持続可能にしていくためには不可欠なのである。

しかし、地域での実情をみていると、しばしば「ボランティア」といわゆる「NPO」などの活動者との間に深い溝があることを感じることがある。その多くは有償・無償をめぐる感情的なことである場合が多い。「ボランティアは無償であるべきだから、あの人たちはボランティアではない」とか、一方では「ボランティアといわれる人たちは、無償性にこだわりすぎて新しい感覚がもてない」といった話を実際に聞くことがある。

私は、ボランタリズムの可能性を、地域や社会を変える力としてみた場合、「ボランティア」のもつ無償性を大切にしながらも、「ボランタリズム」という点では、自発性に基づいた活動を包摂して「ボランタリズムの力」として考えていく必要があると考えている。

地域や社会を市民主導で変革していくためには、無償で地道に活動するボランティアから、そうした活動を通じて問題に気づき、組織を作り、事業を展開するようになったNPOまでが、連携し協力することで「ボランタリズムの力」となって、「新たな公共」を作り出していくことが必要ではないかと考えている。

読者の皆さんへの質問

Q1 ボランティアを通じて「背景にある社会問題」を実感したことがありませんか。あれば、そのことを思い出してみてください。またその問題は、今、どうなっているでしょうか。ボランティアがそれに取り組まなかったら、その問題はどうなっていますか。

Q2 ボランティア活動を行う場合に、「やる人が楽しくなければ意味がない」という意見があります。皆さんはこの意見をどう思いますか。

【引用文献】

1）阿部志郎『ボランタリズム　講演集2』海声社　1988年　p.13
2）金子郁容『ボランティア―もう一つの情報社会』岩波書店　1992年　p.65
3）原田隆司『ボランティアという人間関係』世界思想社　2000年　p.20
4）岡村重夫『社会福祉原論』全国社会福祉協議会　1983年　p.3
5）岡田徹「ボランタリズムの可能性」岡田徹・高橋紘士編著『コミュニティ福祉学入門―地球的見地に立った人間福祉』有斐閣　2005年　pp.86-87
6）前掲書2）　p.69
7）前掲書5）　p.91

【参考文献】

- ながた支援ネットワーク『ボランティアと呼ばれた198人―誰が神戸に行ったのか』中央法規出版　1995年
- 岡本榮一・大阪ボランティア協会編『ボランティア＝参加する福祉』ミネルヴァ書房　1981年

私にとってのボランティア

Iさんとの出会いとかかわり

　私は大学生のころ、筋ジストロフィーという障害のあるIさんという人の介助の「仕事」をしていた。

　きっかけはこうだ。大学2年生になった頃、Iさんから突然電話がかかってきた。「施設を出て一人暮らしをしたいから、手伝ってくれないか」という内容だった。Iさんは、全介助だったから、夜間は同性の大学生や社会人の人たちが交代で泊まり、昼間は障害者の自立を支援するためのセンターをつくってその活動をする、については、夜間の介助に入ってくれ、ということだった。当時（1990年代のはじめ）は、こうした運動が「障害者自立生活運動」といわれ、各地で障害者の人たちが、地域での当たり前の暮らしを求めて活動し始めているということも知らなかった。

　さて、私は、週に1日、夕方Iさんの家に行き、Iさんが決めた夕食をつくり、風呂に入る日は入浴介助をし、夜間に数回の体位交換をし、翌朝Iさんの身支度を整えて次の介助者とバトンタッチする、という活動を2年間続けた。

　当初、この活動はボランティアだった。しかし、Iさんには、介助をボランティアではなく有給の仕事にしていくという理想があった。ボランティアだった時代はすぐに終わって、報酬が支払われるようになり、その額はどんどん上がっていった。私が大学を卒業して定期的に介助に入らなくなるころには、数人の固定の介助者がIさんの介護をし、人によってはIさんの介護を生活の糧としている人も出てきた。額が次第に上がっていったのは、生活保護の他人介護加算などの制度が充実していったからだろう。

　つまり、Iさんは、「ボランティアに頼らない」ことを信条としていた。それは、生活の最も基本的な、それなしでは地域で生きていくことができないような、そういったことを「ボランティア」という不確かな力に頼りたくない、という強い意志だったと思う。だから、Iさんは、制度が十分に整っていない段階から私たちに報酬を支払うことにこだわっていた。

だからといって、Iさんがボランティアを嫌っていたわけではなく、実際に多くの人がIさんをボランティアとして支えていた。しかし、Iさんは、自分が生活していくうえで最も基本的な、そしてそれがなければ死んでしまうような（実際に、Iさんは筋ジストロフィーだったから、介助者が気まぐれで休んだりすれば生死にかかわることだった）、そういった部分は、しっかりとした制度で支えるべきだというのが信念だったのである。

　こうした経験を通じて当時の私は、ボランティアに対して複雑な思いをもっていた。ボランティアは制度ができるまでの「つなぎ」に過ぎないのではないか、また、本来は不要になることが望ましいのではないか、と。

　しかし、いま改めて思うのは、ボランタリーに動き始めることで私は、かけがえのないたくさんの出会いを経験し、同時に社会の問題を考え、そして少しではあるが行動もしたのである。一緒に行動するなかで、小さなこと（八百屋さんが私ではなく本人に話しかけるようになるといったこと）から大きなこと（制度が変わったとか、駅にエレベーターがついたこと）まで少しずついろいろなことが動いていった。もちろん、もっとも大きな力になったのは当事者の力である。しかし、一方でIさん自身もボランティアだった、と今では思う。彼は、自分だけではなく他の障害者のためにも活動していたのだから。自分が自立生活できればよいのではなく、他の人の相談にのり、励まし、一緒に行動していた。だから、Iさんとのかかわりは、いわゆる純粋なボランティアだった期間は短かったけれども、私にとっては「ボランタリズムの可能性」を感じる貴重な経験だったのだと思う。

　ボランティアは、ボランタリズムを維持し、「魂のある職業人」を育てるために大事な活動だと思う。だから、私たちも本当に自発的な気持で何かをするという時間を確保して、社会とのつながりを感じ、時々枯れそうになるボランタリズムに水をやらなければ、魂の入った原稿を書けないし、授業もできないのではないかと思う。

（永田祐）

終章

先人から学ぶボランティア
―阿部志郎先生のボランティア論をどう受け止めるか―

1 連帯性と「自己にとっての不利益の選択」を問い直す

　本書を企画する際に、横須賀基督教社会館名誉館長の阿部志郎[*1]先生にご相談させていただいたところ、阿部先生は筆者に、引用文献にあげられた著作を送ってくださった。そこでここでは、「先人から学ぶボランティア―阿部志郎先生のボランティア論をどう受け止めるか―」として、阿部先生にお送りいただいた論文から、先人から学ぶべきこと、これからの世代が考えてゆかなければならないことなどをまとめた。それゆえに以下の内容は、阿部先生ご自身の「ボランティア論」というよりは、筆者なりに読み込んだ結果に過ぎないことをお許しいただきたい。

1　連帯性と「重荷を負う人々」との共生の選択

　阿部先生は「ボランティア活動の思想的基盤と今日の課題」において、施設を支え、ボランティアを生み出すエトス（ethos：精神風土）をボランタリズ

[*1] 1926（大正15年）生まれ。東京商科大学（現在の一橋大学）、ユニオン神学大学大学院で学び、明治学院大学助手、講師、助教授を経て、1957（昭和32）年から2007（平成19）年まで横須賀基督教社会館館長を勤め、現在は横須賀基督教社会館名誉館長。それ以外にも、日本社会福祉学会会長、日本キリスト教社会福祉学会会長、神奈川県立保健福祉大学初代学長、「広がれボランティアの輪」連絡会議会長など、さまざまな役職を歴任された。

ムと呼び、その性格として「連帯性」「主体性」「社会性」をあげた。連帯性とは「重荷を負う人々に『仕え』、共生共死の生活を送る同一化」である[1]。

それではボランティアはなぜ連帯性というボランタリズムにつき動かされて、重荷を負う人々と共に生きるのだろうか。前述の「ボランティア活動の思想的基盤と今日の課題」では、ボランティア活動は、他者の利益のために、あえて自己にとっての不利益を選びとる自主的意思と自発的行為である「サクリファイス（sacrifice：犠牲）」の上に成立し、サクリファイスの根底には宗教的にいうと「アスケーゼ（禁欲）」がある、と書かれている。そして阿部先生はサクリファイスやアスケーゼを仏教的にいうと「捨身」であり、ボランティアにはこの捨身的要素が求められるから日常化が困難なため、「捨身」をいかに自己の主体的課題として担うかがボランティアの課題である、と記述されている[2]。

2 「自己にとっての不利益の選択」を問い直す

「犠牲」ということばは、ボランティアをされる側に抵抗感を生じさせるおそれもある。しかし阿部先生の論文を読み、筆者はこのような時代だからこそ、「他者の利益のために自ら不利益を選びとる」ことが、なぜ、どのような意味で自分にとって「主体的な課題」なのかを考えることも重要である、と考えるようになった。

阿部先生は他の文献で、「ヨーロッパ文化にはボランティアをしていない人も多いがしないことへの罪意識もある」という考え方や、日本の文化でもみられる「自分は恵まれているのに人が苦しんでいることを申し訳なく思う思想」を紹介した[3]。今日の日本では、かつてに比べるとボランティアの数は激増した。そして「なぜ自分がアルバイトや余暇に使える時間でボランティアをするのか」を考えるボランティアが増えると、日本のボランティアは人数が増えただけではなく、上述のような思想や価値観が深まり、日本社会の「質」を変えることに貢献できるのではないだろうか。

2 日本社会における「主体性」と互酬、双方向性

1 主体性と日本社会の特質

　他者の苦しみへの「共感」や他者の苦しみを放置することへの罪意識に基づいた「自らの不利益の主体的な選択」から、ボランタリズムの性格としての「主体性」が生じる。そして阿部先生は主体性について、社会の中に埋没した無批判な連帯ではなく、苦しんでいる人を第一義とし、その人を抑圧する社会への抵抗を内に秘めた、状況を見分けるだけの客観化の態度をはらむと説明された[4]。

　上述のような、西欧的な文脈でのボランタリズムや主体性を紹介することも大切だが、阿部先生はそれにとどまらず、「日本の風土のなかではどう考えるべきか」を問い続けてきたように思われる。

　前述の「ボランティア活動の思想的基盤と今日の課題」では、「他人の世話になるのを恥とする意識は他人の世話をすることにも消極的にならざるを得ない。個人の道徳が先行して、社会意識は希薄になる。ボランティア活動が、能動的で無償な行為として認識されることが、第2の課題であろう[5]」と述べ、ヨーロッパの動的なボランタリズムと日本との違いが指摘されていた。また「倒れている人がいれば手を貸そう」というのがボランティアだが、私たちはたびたび「手を貸せない自分」に気づかされ、実践とはその「気づき」の連続である、という記述は、「主体性とは何か」について教科書的な「ことばの説明」で終わらせずに、日本人や日本社会の特質と向かい合わなければならないことを、暗喩しているように思われる[6]。

2 日本社会の特質とボランティア、互酬

　また阿部先生は「弱さをもつ人、問題をもつ人に近寄る人」がボランティアであり、「どうやって内社会・よそ社会の違いを越えることができるのか。ボ

ランティアというのはそれを乗り越えようとする人のことをいうのだと思います」と、日本社会の性質とボランティアのかかわりについて述べた。そして戦後日本では、家やムラという伝統的な共同体が崩壊させられてきたが、日本の伝統的な「互酬」を古い考え方として克服するのではなく、「仲間内のたすけあい」を乗り越える方法を見出して、大事にすることを提案している[7]。

急速に近代化した日本社会では、それまでの家族主義、集団主義により、個が完成していないため、集団を離れるとどうしたらよいのかわからない、という指摘も、重要である[8]。

3　自他の「共同」開発と双方向性

「手を貸せない日本人」が、上述のような「主体性」の壁を越えるためにはどうすればよいのだろうか。阿部先生は「二人は一人に勝る」という聖書のことばから、倒れたときに助け起こすことができる、という双方向性において成立するのがボランティアだと述べている[9]。

阿部先生は「ボランティア活動でよく『自己開発』がいわれる。自己開発は動機として認められても、目的にはなりえない。『自己』開発が『他者』開発へと変えられ、さらに自他の『共同』開発へと高められることが、ボランティア活動の目標である」と記述されている[10]。自他の「共同」開発が「あなたも私も暮らしやすい社会づくり」につながるならば、ボランタリズムは「社会性」を獲得できるであろう。

3　現代における「社会性」とボランティアの役割

1　社会性とボランティアの価値の質的意味

ボランタリズムの第3の性質は「社会性」である。社会性について阿部先生

は、対象者への同一化と客観化が個人の思想ではなくこれを包摂する民衆の論理となると述べ、世論を喚起し、状況の改善にまで導くという課題を指摘された[11]。このような指摘をするボランティア論者は少なくないが、阿部先生はそれにとどまらず、以下のような興味深い記述をされている。

仏教によって培われたわが国の土壌には、ヨーロッパとは異なる豊かな国民的エトスがあるが、多分に個人倫理の色彩が濃い。これをヨコに結びつけ、社会的広がりへと発展させ、民衆のエトスを形成することが重要である。ボランティア活動は、その先駆とならなければならない。それには、保健・福祉問題を社会問題として捉える視点と、自制的人間像を他者との連帯に育てる社会的努力を欠かすことができない。

ボランティアの数が少ないことを嘆くことはない。ボランティアの価値を質的意味で理解することが先決ではあるまいか[12]。

2　「ボランティアの価値の質的な意味」の現代的役割

1978（昭和53）年に「ボランティアの価値の質的な意味での理解」が提起されてから約30年後には、ボランティアの数も増えた。そして阿部先生は、日本の社会でボランティアがもつ意味として、弱さをないがしろにし、強さを尊重してきた社会のなかで、弱さと共に生きようとするあり方という新しい道を切り開いたことを評価されている[13]。

明治維新以降、日本は富国強兵と殖産興業をすすめ、終戦後は貧しさから抜け出すために高度経済成長を追求し、産業化と近代化をすすめて所得という「お金の量の豊かさ」を追い求めてきた。このような日本の産業化と近代化は日本人に、受験競争に勝ち抜いて有名校に進学し、大企業に就職して給料を稼ぎ、消費社会のなかで物やサービスを大量に購入し、たくさんお金を消費して「豊かな社会を支える」ことに社会的な価値があるというイメージを発信してきた。しかしそのなかで「弱さと共に生きる」人間的な価値観は、ないがしろにされ

てきたかもしれない。

　かつてローマクラブは「成長の限界」というタイトルの報告書を公刊し、経済成長を追い求める社会に警鐘を鳴らした。今日の日本では経済のグローバリゼーションによって企業は買収から身を守るために利益の追求や統合による「生存競争」に邁進し、労働コストを下げるためにパート労働者や派遣労働者への依存度を高め、景気が悪くなると雇用保険などの安全網の不備にもかかわらず、派遣労働者を解雇するという「競争の限界」が露呈しつつある。

　最近ではかつての「自由競争至上主義」ともいうべき社会的な風潮に対して、「競争」には経済を成長させ、豊かな社会を創り出す特効薬という側面だけでなく、果てしなく勝者と敗者を生み出し続ける側面もあるのではないかという疑問をもつ人もみられつつある。このような人に対して弱さと共に生きる体験から「人間の尊厳」を示し、社会では強者中心の競争だけでなく、人間を尊重する社会保障制度の構築も重要であることを伝えることが、「ボランティアの価値の質的な意味での理解」の今日的な役割かもしれない。産業化と近代化の過程が「民衆の論理」の衰退をもたらしたのならば、ボランティアの論理が民衆の論理に果たす役割は、さらに重要になってくるであろう。

3　行政、コミュニティとボランティア―公共性と市民社会―

　ボランタリズムの第3の性質である「社会性」が「状況の改善」として実を結ぶためには、行政との関係が不可欠である。ボランティアと行政のかかわりは、当初は社会福祉のボランティア活動に行政は介入してよいのか、悪いのか、良いとしたらどこまで関与できるのか、という問題から出発し、西ドイツ（当時）のベーテルやバチカンを例にあげて、公私関係では厳しい緊張関係によって信頼関係が保たれていることが紹介されていた[14]。

　その後1960年代、1970年代の土壌のなかでボランティアが育ち、阪神・淡路大震災を経験することで、ボランティアと行政のかかわりについても、「公私協働」や「ボランティアとNPOの活動が社会を変える」という意識がみられ

るようになった。阿部先生は「協働」には「何のために協働するか」という目的意識や「協働の前提」が必要であり、官と民の協働は「公」という目的があってはじめて成り立つため、市民総体が「公」という世界を描き、その「公」から「連帯」という市民相互の関係が生まれる、と述べられている。「21世紀にはこのような『公共性』がボランティアと行政との公私関係の課題である」ということも、阿部先生からのメッセージの一つかもしれない[15]。

　阿部先生は1978（昭和53）年に、日本のボランティアが施設中心で進んできたボランティア活動をコミュニティに根ざすボランティアとして発展させる「コミュニティのボランティアへの姿勢の転換」という課題に直面している、と指摘した[16]。今日ではこの論点は、「コミュニティは市民がつくるものであって、行政はそれに参加をするものであり、そのひとつの資源に過ぎないと、考えるようになりました。市民社会ができてはじめて、行政がそこに生かされるし、またそこに協働というものが生まれるのだろうと思います」という、市民社会論へと発展した。ボランティアの主体性を支えるのが市民社会であり、阿部先生は市民社会論において市民が開かれたコミュニティをつくることに期待し、コミュニティと専門職との関係について以下のような興味深い問題を提起している。そもそも専門職の「慈しみ」などの価値観の原点はコミュニティにあり、かつては市民が専門職を作ってきた。それゆえに専門職は市民にお返しをしなければならず、今日私たちはそのような関係から隔絶されているため、阿部先生はその関係を修復するという課題を提起している[17]。これもまた、今後のボランティア論の重要な課題である。

【引用文献】

1）阿部志郎「ボランティア活動の思想的基盤と今日の課題」『公衆衛生』vol.42　No.6　医学書院　1978年　pp.12－13
2）同上　p.13
3）阿部志郎「記念講演　福祉の心とボランティアスピリット」日本福祉教育・ボランティア学習学会編『日本福祉教育・ボランティア学習学会年報』vol.10　万葉社　2005年　p.27

4）前掲書1）　p.13
5）同上　p.14
6）阿部志郎・和田敏明「シリーズ対談10　21世紀ボランティア論　ボランティアの哲学　福祉コミュニティ形成力の原点を問う」『月刊福祉』2000年1月号　全国社会福祉協議会　p.3
7）シャロン・ケイプリング・アラキジャ、カン・ヒュン・リー、阿部志郎・池田実・山崎美貴子「21世紀の市民社会とボランティア活動」『赤い羽根』中央共同募金会　2000年　p.7
8）阿部志郎・山崎美貴子・早瀬昇「市民社会形成のために～ボランティア・市民活動の経緯と展望」『ボランティア活動年報2007―ボランティア活動のいま』全国ボランティア活動振興センター　2008年　p.20
9）同上　p.17
10）前掲書1）　p.14
11）同上　p.13
12）同上　p.14
13）前掲書3）　p.24
14）阿部志郎「これからのボランティアは日本の風土にどう育つか」『所報』第4号　財団法人社会福祉研究所　1978年　p.3、前掲書1）　p.12
15）前掲書8）　pp.19－20
16）阿部志郎「これからのボランティアは日本の風土にどう育つか」『所報』第4号　財団法人社会福祉研究所　1978年　p.2
17）前掲書8）　pp.19－20、p.22

事項索引

あ行

阿部志郎　228
意識化　177
インターミディアリー　59,68
インフォーマル・エデュケーション(IFE)　162
withの関係　82
NGO　157
NPO　94,104
エンパシー　158
エンパワメント　147,158,166
オーナーシップ　147,158
岡本榮一　72
オフ・ザ・ジョブ・トレーニング(Off-JT)　209
オン・ザ・ジョブ・トレーニング(OJT)　208
オンブズ・パーソン　168

か行

学童・生徒のボランティア活動普及事業　38
葛藤的学習　168
構えづくり　173
環境カウンセラー　117
環境学習施設　114
環境教育　112,120
環境権　111
環境問題　108
企業市民活動推進センター(CCC)　59,68
企業社会貢献　60
企業の社会的責任(CSR)　24,61
木谷宜弘　36,45
救援物資は被災地を襲う第二の災害　127,135
協働　234
京都議定書　112,143
勤労奉仕　29
経団連1％クラブ　60

KJ法　100
研修方法の種類　208
現代の貧困　62
公害　111
コーチング　209
国際交流から国際協力へ　141
国際ボランティア　138
国際ボランティア組織　143
国民の社会福祉に関する活動への参加の促進を図るための措置に関する基本的な指針　32
互酬　9
国家の壁　148
個別化の原則　79

さ行

サービス・ラーニング(SL)　164
災害準備金制度　135
災害ボランティア　125
災害ボランティアセンター　132
参加システム　55
COS　52,67,218
資金の確保　135
自己実現の装置　83
慈善・博愛の思想　10
持続可能な開発のための教育(ESD)　120,176,177
持続可能な社会　120
自尊感情　89
児童委員　105
シニア海外ボランティア　153
自発性　2
慈悲　4
市民　61
市民活動　61
社会開発　157
社会関係資本　→ソーシャルキャピタル
社会貢献活動　24

236

索　引

社会性　231
社会生活の7つの基本的欲求　87, 89
社会福祉　219
社会福祉活動参加指針　→国民の社会福祉に関する活動への参加の促進を図るための措置に関する基本的な指針
社会福祉協議会　25
社会福祉の構造　220
社会奉仕　21, 29
住民アンケート　206, 212
住民主体の原則　37, 43
生涯学習　31, 32, 177
生涯学習とボランティア活動　31
小地域　205
シルバーパワー　33
人権　158
人道支援　147
シンパシー　158
正統的周辺参加　171
制度的保障体系　221
青年海外協力隊　152
世界人権宣言　148
セツルメント運動　52, 67
セルフ・ディベロップメント（SD）　209
善意銀行　36, 48
全国ボランティア研究集会　59
ソーシャル・アクション　89
ソーシャル・インクルージョン　93, 102, 105
ソーシャルキャピタル　21
ソーシャル・ビジネス　170
ソーシャルワーク　219

た行

体験的学び　77
魂なき専門人　221
地域還元型学習　32
地域社会のボランティア　95
地域特性　196
地域福祉を推進するプラットフォーム　43
地域福祉計画　92
地縁型組織　21, 25

地球温暖化防止　112, 120
地球温暖化防止活動推進員　117
地球市民　158
地区社協（地区社会福祉協議会）　104
知の循環型社会の構築　32
中央慈善協会　36
直接的住民（市民）参加体系　220
テーマ型組織　22, 25, 200, 203
適応的学習　168
デューイ　165
トインビー・ホール　5
特定非営利活動促進法（NPO法）　15, 41

な行

難民　139
日本の環境活動　111
ノンフォーマル・エデュケーション（NFE）　162

は行

vs. の関係　82
バーネット夫妻　4
博愛　5
バリアフリー　89
阪神・淡路大震災被災地の人々を応援する市民の会　57
BBS運動　68
被災者の自立　131
被災者本位のボランティア活動　128
「広がれボランティアの輪」連絡会議　41
VYS運動　68
フォーマル・エデュケーション（FE）　162
福祉教育　49
　…の推進　38
プラットフォーム　43
ふりかえり　173
ふれあい・いきいきサロン　94, 104
ふれあいのまちづくり事業　38
フレイレ　165
ブレーンストーミング　100

平和 158
ベヴァレッジ 5
防災とボランティアの日 40
奉仕銀行 37
方面委員制度 67
ボートピープル 142
募金活動 127
ボランタリー・アクションの動機 11
ボランタリーセクター 28, 43
ボランタリズム 3, 10, 174, 228
…の可能性 222
…の逆説 221
ボランティア 1, 2, 77, 167
…の自発性 3
…の自由 3
…の成果 7
…の性格 1
ボランティア学習 161, 166, 168, 177
ボランティア活動 31, 34, 77, 83
…の機能 34
…の構造化 34, 35
…の支援・推進 31
…の4原則 1
…の理念 1
…の歴史 52
ボランティア活動支援 196
…の対象 187
…の内容 187
…の目的 186
…の役割 187
ボランティア活動推進7ヵ年プラン 38, 94
ボランティア元年 40, 124
ボランティア教育 161
ボランティアコーディネーター 191
…の業務 193
ボランティアコーディネート 136
ボランティア国際年 41, 143
ボランティアセンター 93, 104, 189, 190
ボランティアセンター事業 37
ボランティア・モチベーション 203, 211
ボラントピア事業 38

ま行

民生委員 105
迷惑ボランティア 129
滅私奉公 28
問題解決型学習 32

や行

四大公害病 111

ら行

リスクの解決法 204, 211
利他主義 4, 10

わ行

ワークショップ 54, 68

ボランティア論
―「広がり」から「深まり」へ―

| 2010年4月1日 | 初版第1刷発行 |
| 2024年3月1日 | 初版第9刷発行 |

編　　　者	柴田謙治・原田正樹・名賀亨
発　行　者	竹鼻均之
発　行　所	株式会社みらい
	〒500-8137　岐阜市東興町40 第5澤田ビル
	TEL　058-247-1227代
	https://www.mirai-inc.jp/
印刷・製本	サンメッセ株式会社

ISBN978-4-86015-206-2　C3036
Printed in Japan　　　　　　　乱丁本・落丁本はお取り替え致します。

福祉関係図書のご案内

福祉・保育小六法〔年度版〕

福祉・保育小六法編集委員会編　大学や短大、専門学校で福祉を学ぶ学生の方々にとって必要な法令等を厳選して収載。条約や政府の審議会答申、関係資料なども豊富に付す。Ａ５判　2,090円（税10%）

福祉哲学の構想

中村剛著　世界は私によって経験されるもの全てという自己中心の世界経験から他者へと思考を拓き、真に他者と共にある世界経験の中で福祉の本質を明らかにする。四六判／318頁　2,640円（税10%）

社会福祉学原論

中村剛著　人間理解および社会福祉の原理や本質を基盤とし、倫理と正義を軸に体系化した社会福祉学原論である。社会福祉教育の導入科目のテキストに最適。Ａ５判／298頁　2,640円（税10%）

地域福祉と包括的支援体制

木下聖・佐藤陽編　地域福祉の理念や理論とともに、それらが包括的支援体制と地域福祉実践にどのように関わり、推進されているのかを解き明かす。Ｂ５判／292頁　2,860円（税10%）

ボランティア論

柴田謙治・原田正樹・名賀亨編　ボランティア活動のきっかけやふり返りの機会を与え、ボランティアの考えを深められるように編集。Ａ５判／252頁　2,420円（税10%）

障害者福祉論

相澤譲治・橋本好市・津田耕一編　障害者福祉の理念・思想、施策・制度の仕組み等が理解でき、障害者福祉実践におけるソーシャルワークの視点が学べる。Ｂ５判／288頁　2,860円（税10%）

貧困に対する支援

渋谷哲編　貧困という生活課題を抱えた低所得者に対するソーシャルワーカーの支援について、その具体的な内容や役割を学べる一冊。Ｂ５判／248頁　2,640円（税10%）

貧困と地域福祉活動

柴田謙治著　セツルメントの実践にみられた代替性にまとめられない貧困の質的側面に関わる意義を考察。社協の事例分析等からセツルメントと社協の役割を論述。Ａ５判／320頁　3,300円（税10%）

権利擁護を支える法制度

山口光治編　社会福祉士に必要となる知識としての法の理解と、法を駆使する実践力を身につけられるよう構成している。Ｂ５判／256頁　2,750円（税10%）

ソーシャルワーク演習ワークブック【第2版】

ソーシャルワーク演習教材開発研究会編　学生用のワークブックと指導者用マニュアルを分け、学生が考えながら具体的なワークを通して演習を進めるよう編集した。Ｂ５判／228頁　2,420円（税10%）

事例中心で学ぶ相談援助演習

中川千恵美・峯本佳世子・大野まどか編　理論、ロールプレイ、豊富な事例の3つのステップを経ることでわかりやすく演習が進められるように編集した。Ｂ５判／232頁　2,420円（税10%）

ソーシャルワーク実習ノート【第3版】

杉本浩章・田中和彦著　計画書・日誌・報告書作成にあたっての思考を促すワークシートを中心に構成。自ら実習課題を導き、ワーカーとしての視点を養う。Ｂ５判／108頁　1,650円（税10%）

株式会社みらい　〒500-8137　岐阜市東興町40番地　第五澤田ビル　TEL 058-247-1227
E-mail info@mirai-inc.jp　URL https://www.mirai-inc.jp/